THE NEW SILK ROADS

絲綢之路

——續篇——

THE PRESENT AND FUTURE OF THE WORLD

霸權移轉的動盪時代，
當今的世界與未來文明新史

PETER FRANKOPAN

彼德·梵科潘——著　苑默文——譯

獻給路易斯·梵科潘（Louis Frankopan, 1939-2018）

我光榮且摯愛的父親

目次

地圖 006
前言 009
第一章 通向東方之路 023
第二章 通向世界心臟之路 049
第三章 通向北京之路 087
第四章 通向對立之路 143
第五章 通向未來之路 193
感言 267
注釋 271

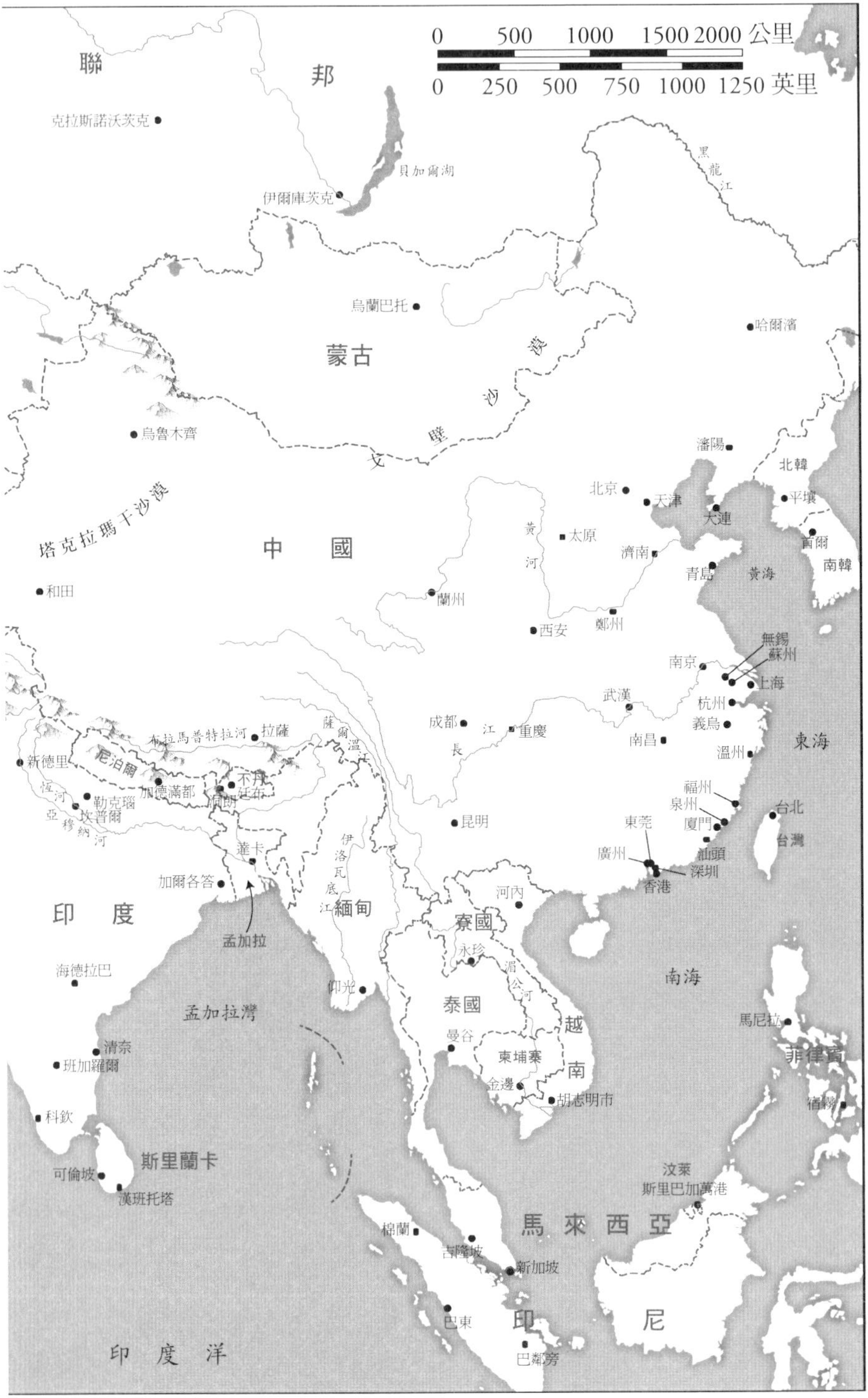

0 500 1000 1500 2000 公里
0 250 500 750 1000 1250 英里
聯
邦
克拉斯諾沃茨克
貝加爾湖
伊爾庫茨克
黑
龍
江
烏蘭巴托
哈爾濱
蒙古
戈壁沙漠
烏魯木齊
瀋陽
北韓
北京
天津
大連
平壤
塔克拉瑪干沙漠
中
國
黃
河
太原
濟南
首爾
南韓
青島
黃海
和田
蘭州
鄭州
西安
無錫
蘇州
南京
上海
武漢
杭州
義烏
成都
江
重慶
長
南昌
東海
溫州
布拉馬普特拉河
拉薩
薩
爾
溫
江
新德里
尼泊爾
不丹
加德滿都
廷布
恆
河
勒克瑙
亞
穆
納
河
坎普爾
伊
洛
瓦
底
江
昆明
福州
泉州
廈門
台北
台灣
東莞
汕頭
廣州
深圳
香港
達卡
加爾各答
河內
印
度
緬甸
寮國
孟加拉
永珍
湄
公
河
海德拉巴
仰光
南海
泰國
越
南
孟加拉灣
曼谷
馬尼拉
清奈
菲律賓
柬埔寨
班加羅爾
金邊
胡志明市
科欽
斯里蘭卡
可倫坡
漢班托塔
汶萊
斯里巴加灣港
馬來西亞
棉蘭
吉隆坡
新加坡
巴東
印
尼
印度洋
巴鄰旁

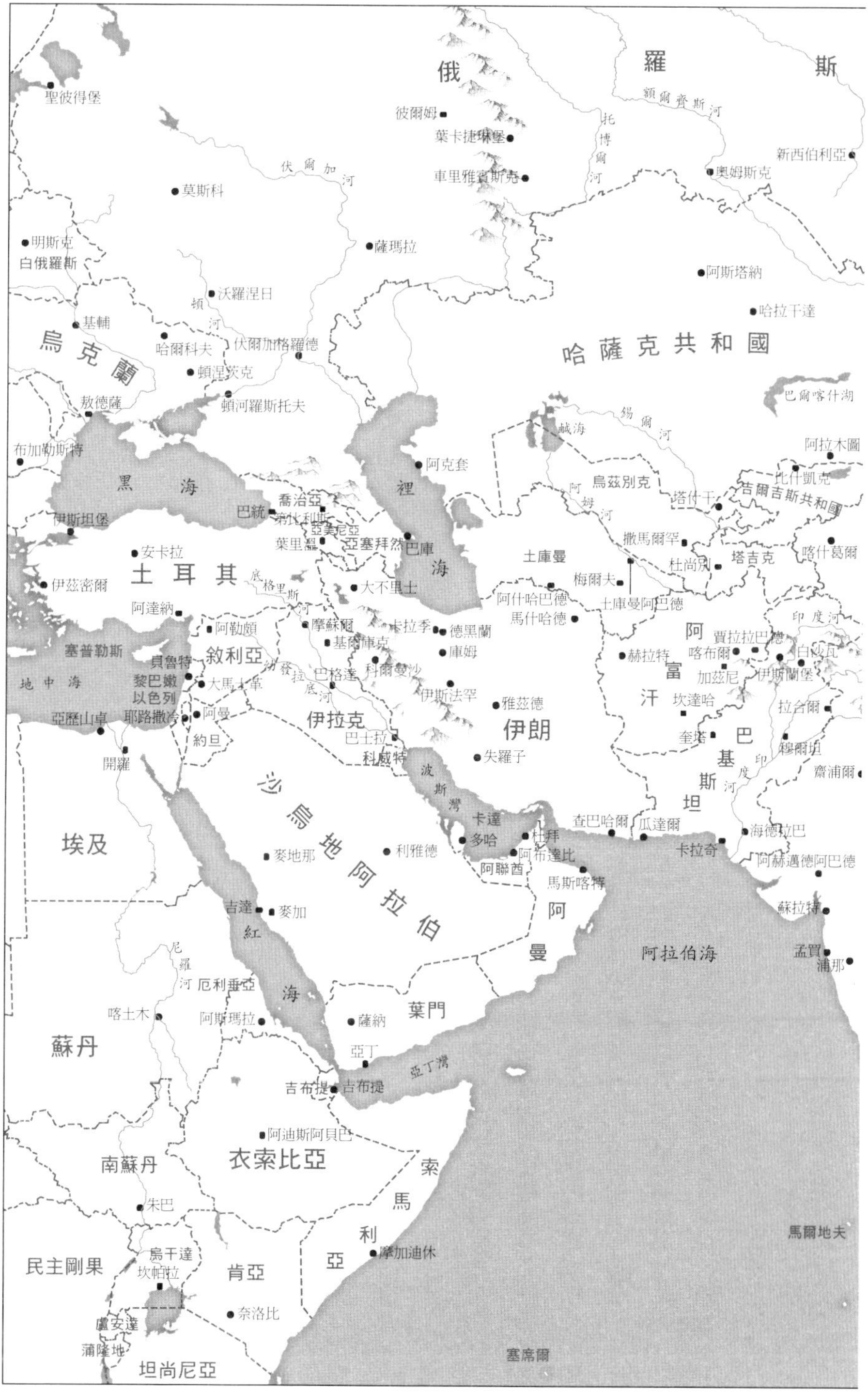

俄
羅
斯
聖彼得堡
彼爾姆
葉卡捷琳堡
車里雅賓斯克
額爾齊斯河
托博爾河
新西伯利亞
奧姆斯克
伏爾加河
莫斯科
明斯克
白俄羅斯
薩瑪拉
阿斯塔納
沃羅涅日
頓河
基輔
哈拉干達
烏克蘭
哈爾科夫
伏爾加格羅德
哈薩克共和國
頓涅茨克
頓河羅斯托夫
敖德薩
巴爾喀什湖
鹹海
錫爾河
布加勒斯特
阿拉木圖
阿克套
黑海
裡海
烏茲別克
比什凱克
喬治亞
提比利斯
巴統
阿姆河
塔什干
吉爾吉斯共和國
伊斯坦堡
亞美尼亞
葉里溫
亞塞拜然
巴庫
撒馬爾罕
喀什葛爾
安卡拉
土庫曼
塔吉克
杜尚別
土耳其
底格里斯河
梅爾夫
伊茲密爾
大不里士
阿什哈巴德
土庫曼阿巴德
阿達納
馬什哈德
印度河
阿勒頗
摩蘇爾
卡拉季
德黑蘭
阿富汗
賈拉拉巴德
塞普勒斯
基爾庫克
庫姆
赫拉特
喀布爾
白沙瓦
貝魯特
敘利亞
幼發拉底河
科爾曼沙
伊斯蘭堡
地中海
黎巴嫩
大馬士革
巴格達
加茲尼
以色列
伊斯法罕
坎達哈
亞歷山卓
耶路撒冷
阿曼
伊拉克
雅茲德
拉合爾
約旦
伊朗
巴士拉
開羅
科威特
失羅子
奎塔
巴基斯坦
穆爾坦
沙烏地阿拉伯
波斯灣
印度河
齋浦爾
埃及
查巴哈爾
瓜達爾
卡達
多哈
杜拜
卡拉奇
海德拉巴
麥地那
利雅德
阿布達比
阿聯酋
阿赫邁德阿巴德
馬斯喀特
吉達
麥加
阿曼
蘇拉特
紅海
阿拉伯海
孟買
浦那
尼羅河
厄利垂亞
葉門
喀土木
阿斯瑪拉
薩納
蘇丹
亞丁
亞丁灣
吉布提
吉布提
阿迪斯阿貝巴
衣索比亞
索馬利亞
南蘇丹
朱巴
馬爾地夫
烏干達
民主剛果
摩加迪休
坎帕拉
肯亞
奈洛比
盧安達
蒲隆地
塞席爾
坦尚尼亞

前言

在二〇一五年《絲綢之路》這本書面世以後，它可謂引起了一陣躁動。很自然的，作為一名作者，我希望人們可以讀我的作品並且喜歡我寫的內容；但作為一名學術界的歷史學家，很久以來，我發現我想要研究的內容常常引不起他人的興趣。在宴會、酒會上，關於我研究內容的談話總是沒辦法持續很久，甚至和我的同事聊天的時候也是這樣，話題總是直接聯繫到我們共同感興趣的時代或領域上去。

因此，《絲綢之路》一書獲得的成功讓我大吃一驚，從結果看起來，就像我年輕的時候一樣，很多人想要更多地學習和了解世界。我並不是唯一一個對此有興趣的人，畢竟還有很多人想要了解其他的那些在過去享受了輝煌時代的人、文化和地區，這些內容已經被更後來的歷史中引人矚目的故事沖刷得掉色了。很快，很明顯地，我就成了一個把關注點從人們熟悉的歐洲和西方故事上移開的人，對很多讀者來說，亞洲和東方的故事就像是一股清新的空氣。

同樣的，關注在一千年之久的時間裡把各片大陸聯繫起來的溝通角色，也同樣讓人耳目一新。在十九世紀末的時候，德國地理學家費迪南・馮・李希霍芬（Ferdinand von Richthofen）想出了一個專有名詞來描述連接漢朝中國和世界其他地方的交換網絡。他把這些聯繫網稱為「die Seidenstraßen」——也就是絲綢之路，這個名詞抓住了學者和一般公眾的想像力。[1]

在一片地理範圍明確的區域內，理解商品、思想和人是如何在亞洲、歐洲和非洲之間移動，解釋太平洋和南海是如何與地中海和最終的大西洋聯通時，李希霍芬的這個「絲綢之路」的概念是模糊、曖昧的。實際上，「絲綢之路」這個概念意涵具有的鬆弛性讓這個概念可以很寬泛，不僅是因為它們不是現代語意中的「路」，而且也因為它的意涵模糊了短途和長途貿易之間的區別，再者除了絲綢以外，還有許多其他商品和貨物在這個網絡中流通，甚至在一些案例中，這些商品的貿易量比昂貴的紡織品更大。

事實上，「絲綢之路」作為一個專有名詞所提供的是一個描述方法，在絲綢之路中，人、文化和大陸都交織在一起，而且透過這種描述，我們可以更好地了解宗教和語言在過去的傳播方式，同時也清晰地表明了關於食物、風尚和藝術的觀念是如何彼此融合、競爭和借用。絲綢之路讓我們更清晰地看到了對資源和遠途貿易加以控制的重要性，因此解釋了那些穿越沙漠和大洋的遠征的背景和動機，這些遠征改變了帝國興起的樣貌。絲綢之路表現了技術創新是如何刺激到數千英里以外的人，也表現出了暴力和疾病是如何以相同的模式順序造成破壞。絲綢之路讓我們得以了解過去發生的事情並不是彼此孤立、互相截然不同的一系列時期和地區，它讓我們看到歷史的節奏脈動，世界在一千年來都是彼此相連的，我們生活的世界一直是更大、更廣闊的全球歷史的一部分。

如果我是在二十五年前寫成了《絲綢之路》這本書的話，它具有的話題性也一定絲毫不差。在九〇年代初，柏林牆的倒塌和蘇聯解體不僅在俄國造成了重大波動，同時也波及蘇聯解體後紛紛獨立的十五個加盟共和國。九〇年代初還發生了第一次波灣戰爭，這場戰爭和二十一世紀初對伊拉克的軍事介入緊密相連。這一時期也是中國發生重大變動的時刻，一系列的改革讓中國不僅作為一股地區力量而崛起，更成為了一個全球超級強權。隨後的風向改變也出現在土耳其、印度、巴基斯坦、阿富汗、伊朗和整個中東地區——因為這是絲綢之路永遠不變的狀態，這一片網絡是世界的中樞神經系統的所在地。

當我的書在二〇一五年夏天出版上市的幾個星期後，我和一個朋友在倫敦吃午飯，他是那本書的最初讀者之一。「我感到了一種陌生的慰藉，」他告訴我。「這本書讓我認識到變化是常態，全球力量中心的大轉移十分正常，當前這個混亂又不熟悉的世界或許並不是那麼奇怪，也並非多麼的不尋常。」

*

甚至在《絲綢之路》這本書出版後的短短幾年中，許多的事情都已經發生了變化。以我作為一個歷史學家的視角來看，出現了一系列讓我們可以了解過去的新進展，這是極其令人激動的事情。在不同領域耕耘的學者們，他們研究不同的時期和地區，也都得出了既有說服力又有創新性的成果。考古學家利用衛星圖像和空間分析認定了組成蓄水池、運河和大壩的灌溉系統，這些設施可以追溯到西元四世紀，並且能為我們解釋為什麼農作物可以在中國西北的荒涼條件下生長，在那個時候，與其餘的世界進行交換的時代正在到來。[2]

來自商業衛星和間諜衛星的數據，以及在阿富汗用於軍事監視活動的無人機所提供的數據，已經被阿富汗遺產繪圖聯合計畫（Afghan Heritage Mapping Partnership）中的研究者利用起來。這讓人們可以對貿易客棧、水道和定居建築群的基礎設施有更詳盡的了解，這些設施都曾是中亞旅行者的居住地，這些研究成果轉變了我們對於過去絲路是如何連接的理解。[3]這些研究的大部分都是在極偏遠的地方進行，這件事本身也表現出了二十一世紀的學術研究本身取得的發展。[4]

在學術研究方法上的進展，也給研究前現代時期在亞洲心臟地區的游牧民和定居民之間的關係帶來了新的啟示。對中亞十四個墓葬中遺留的七十四具人類遺體進行的碳和氮同位素分析，有助於科學家揭示出在定居民和游牧民之間，存在著截然不同的飲食習慣，這種分析也指出游牧民的飲食種類範圍要遠比那些定居在村、鎮和城市中的人更廣泛多樣。這個研究發現也反過來提出了一些重要問題，關於流動人口在數百甚至數千英里外的地方推廣新潮流和在傳播文化變革中所扮演的角色。[5]

與此同時，基因和民族語言學上的證據也被用來展示核桃樹林的散播是如何在亞洲大部分地區與語言發展重疊的。乾枯的核桃種子化石遺跡指出，核桃樹是被沿著絲路旅行的商人作為長期農業投資而有意種植的。這項發現反過來開啟了更好的理解方式，讓人們看到自然世界之間的關係以及越來越高的本地交換、區域交換水平所造成的影響。就像是其他的各種事物一樣，絲綢之路的作用也是一個「基因走廊」，對人類、植物和動物都是如此。[6]

後來又有了新的研究將意第緒語的起源和跨越亞洲的商業交換聯繫了起來，新的研究聲稱它的發展和保護交易安全的方法有關，是為了只讓特定的少數人明白而發明的語言。[7]這和二十一世紀產生了明顯的共鳴，祕密貨幣和黑鏈技術也是為了解決貿易商人如何安全地完成交易的問題。人們驚人地發現，利用新一代的冰芯技術可以為人們了解黑死病造成的毀滅性影響提供新線索，這項技術可以顯示出在十四世紀中葉的鋼鐵生產曾大幅度衰落。[8]

在二〇一七年解密的文件記載了一九五二年英國大臣和美國官員在華盛頓會面的內容，克里斯托弗・斯提爾（Christopher Steel）爵士和美國助理國務卿亨利・拜羅德（Henry

Byroade）討論了推翻伊朗總理的政變，這份文件有助於我們理解這個臭名昭著計畫的形成過程。[9]與之類似的，先前解密的冷戰初期美國祕密核武攻擊計畫的文件，也幫助我們揭示出美國軍事和戰略部署的重要內情，以及當時對戰爭爆發後如何最好地消除蘇聯武裝的評估。[10]

這些只是歷史學家不斷地使用不同技術來精煉和改進對過去歷史的理解區區幾個例子。這就是讓歷史成為一個如此動態性和激動人心的學科的地方：受到以不同的方式考慮事情的刺激的過程中有一種感動，在發現人、地區、思想和主題之間存在著聯繫時也會讓人激動。過去的幾年已經讓一些事情顯現得十分清晰了：無論是英國脫歐時代的創傷、引人發笑的政治生活、當代歐洲政治的混亂或是唐納・川普，真正對二十一世紀有重大影響的是那些絲綢之路上的國家。真正對今天的世界造成影響的決定並不是像幾百年前一樣，在巴黎、倫敦、柏林或是羅馬制定，而是在北京和莫斯科，德黑蘭和利雅德，在德里或伊斯蘭堡，在喀布爾和塔利班控制的阿富汗地區，或是在安卡拉、大馬士革和耶路撒冷定案的。世界的過去已經被絲路沿線發生的事情所塑造；同樣的事情也會在未來發生。

隨之而來的是一張細節詳盡的當代事物快照，但這張快照是透過一個廣角鏡頭，拍攝的目的是為了提供世界事務的大環境和背景，並且突出一些和我們的生活和生計息息相關的主題。絲綢之路就位於這張快照的正中央——它的位置如此重要，事實上，如果我們不把位於地中海東部和太平洋之間的地區納入考量的話，我們根本就不可能對今天或明天擺在商店裡的商品有真正的了解。因此，這本書就是為了把故事更新到最新，來解釋在過去幾年的重大轉型時期中發生的事情。

自從二〇一五年以來，世界發生了劇烈變化。對西方來說，生活變得益發艱難，也有更多的挑戰，這就是我寫這本書的時間。毫無疑問的，在脫歐投票和圍繞在歐盟未來的不確定性之後，隨之而來的就是我在此刻所討論的感受。在川普當選後，美國也處於同樣的軌道上，川普是一個讓人迷惑又難以評估的人。問題並不在於他發推特的高頻率——他的很多推文內容都成了評論人的笑料來源，但問題在於試著理解白宮是否想要從全球事務中退出或是要重塑全球事務——以及白宮打算這麼做的原因。

而且還有俄羅斯，雖然普丁總統和他的內部小圈子已經連續執掌國家二十年了，但這個國家和西方的關係已經開啟了一段新篇章。在烏克蘭的軍事介入，遭到指控介入美國和英國大選，以及試圖暗殺前情報官員的事蹟，已經讓俄國和西方的關係來到了柏林牆倒塌之後的最低點，而且，正如我們將要看到的，這將會給莫斯科的南向和東向的重新配置整合打下基礎。

在世界的心臟地區，雖然有大量的財政、軍事和戰略支出已經投放到了這裡，以便改善局勢，但阿富汗問題仍在延續著，敘利亞的解體是多年來的內戰造成的後果，伊拉克重建的曲折過程讓幾乎所有人都喪失了信心。伊朗和沙烏地阿拉伯之間的仇視，以及印度和巴基斯坦之間的敵意幾乎一刻不停，它們頻繁地發出憤怒的指責，威脅著有比口水戰更嚴重的事情發生。

土耳其的時局也很困難，步履蹣跚的經濟和大規模抗議引發了二〇一六年的一場政變，軍隊中的一群人試圖奪權。在這之後，數萬人遭到逮捕，可能有多達十五萬人因為被懷疑和受到指控的政變幕後大腦法圖拉・葛倫（Fethullah Gülen）有關聯而遭到解雇。這些丟了工作的人中包括司法部門的高級成員、學者、老師、警察和記者——以及軍隊成員。[11]監獄空間變得十分緊缺，以至於在二〇一七年十二月，政府宣布將在未來五年中新建兩百二十八個監獄——這幾乎是把土耳其的監獄設施數量翻了一倍。[12]

然而，在亞洲各地，仍然有充滿希望的時候。有一種各國政府正在越來越緊密地合作，將各自的利益合併起來，將分歧擱置在身後的強烈感受。正如我們將會看到的，各種的合作意向書、組織和論壇已經在最近幾年成立，它們的目標是鼓勵聯合、合作和討論，並且提出了一致的團結和彼此共享未來的論述。

那些認識到潮流趨勢和決定潮流趨勢並從中獲得經濟成功的人們，已經注意到了並且正著手進行的事情。例如，在二〇一五年，Nike在訓練鞋中引入了新的設計。按照Nike的說法，籃球明星科比・布萊恩特（Kobe Bryant）在義大利和中國的旅行經歷，「建立了歐洲大陸和亞洲大陸的聯繫」，並啟發了Nike的設計師，他們想到了「傳奇的絲綢之路，這就是KOBE X Silk球鞋的靈感來源」。[13]

可以和這些訓練鞋做一個理想對比的，是愛馬仕推出的一款名為「Samarcande eau de toilette」（撒馬爾罕清香）的香水，它帶有一些「胡椒、麝香和一點點煙燻木頭的氣息」，這讓「老橡木的靈魂和胡椒交融在一起，讓這些氣息在這一款香型中鮮活起來」。這也是受到了絲綢之路的啟發，調製香水大師讓－克勞德・愛蓮那（Jean-Claude Ellena）解釋說：「它的名字是撒馬爾罕，這是向一座曾經有香料商隊從東方前往西方的城市表達敬意。」[14]

有些人甚至比Nike和愛馬仕更迅捷地看到了絲綢之路的潛力，這個人就是第四十五任美國總統川普，在二〇〇七年，他在哈薩克、烏茲別克、吉爾吉斯、土庫曼、亞塞拜然和亞美尼亞註冊了川普商標，打算生產同名的伏特加。他在二〇一二年故技重施，將他的同名飯店和房地產項目在跨越絲綢之路腹地的所有國家中註冊了商標——在這些國家中還包括伊朗這個自從他二〇一七年上台以來就開始孤立的國家。在喬治亞共和國，川普也有生意往來，他在該國制定了計畫，準備開發一個「豪華炫目的賭場」，恰如其分地起名為「絲路集團」，該集團隨後也成為了媒體大力監督的焦點。[15]

絲綢之路的字樣在亞洲隨處可見。理所當然的，有數不清的旅行社提供絲路旅遊項目，帶領遊客一窺那些坐落在世界心臟地區的神祕國家，以及它們在時間的迷霧中漸漸被遺忘的過往輝煌。但是還有大量的更新跡象呈現在這個無論是過去、現在還是未來都擁有巨大力量的網絡上。位於哈薩克首都阿斯塔納的超級絲路購物中心就提供了這樣的一個例子，國泰航空的國際班機上的機內雜誌《絲路》（*Silk Road*）則提供了另一個例子。在杜拜機場，旅客們會看到渣打銀行的廣告看板上寫著：「一帶、一路、一家銀行。讓您的生意跨越非洲、亞洲和中東」，在科威特，媒體熱情洋溢地報導著「絲綢之城」建案的開工計畫，據說這個建案的投資金額高達將近一千億美元。[16] 抑或是在天然氣資源豐富的土庫曼，這個坐落在裡海東岸的國家於二〇一八年採用的國家官方宣傳詞是：「土庫曼——偉大絲路的心臟」。[17]

在亞洲心臟地區，各國表現出樂觀情緒的一個原因是這裡擁有富裕的自然資源。例如，根據英國石油的估計，中東、俄羅斯和中亞占據了大約百分之七十的已知石油儲量和將近百分之六十五的已知天然氣儲量——這個數字還沒有算上土庫曼，這個國家的南約洛坦氣田（Galkynysh）是全世界第二大天然氣田。[18]

樂觀情緒的另一個來源是地中海和太平洋中間各國擁有的農業財富，像是俄羅斯、土耳其、烏克蘭、哈薩克、印度、巴基斯坦和中國這樣的國家占據著全世界超過一半的小麥產量——而且如果把緬甸、越南、泰國和印尼之類的東南亞國家算進去的話，所有國家的大米產量占了全球產量的百分之八十五。[19]

還有像是矽之類的元素，它在微電子和半導體生產中占有重要角色，而俄羅斯和中國就占了全球生產量的四分之三；或者說像釔、鏑和鉽之類的稀土，無論是超級磁鐵還是電池，無論是驅動器還是筆記型電腦，這些元素都是必不可少的，光是中國一國就在二〇一六年占據了這些稀土全球生產量的百分之八十。[20]當未來學家和網絡先驅常常高談闊論人工智慧的世界有多麼激動人心的時候，地球大數據和機器學習有可能會改變我們的生活、工作和思考的方式，但是很少有人問一句這些材料是從哪個數碼新世界來的，或者想一想如果供應縮減或是那些幾乎壟斷了全球供應的人把供應當作是商業或政治武器的話，這會造成什麼樣的後果。

其他豐富的財富也會給控制它們的人帶來豐厚回報。這也包括海洛因，超過十年以來，它都是阿富汗塔利班的關鍵經濟資源。[21]在二〇一五年的一份聯合國調查報告中指出，那裡「將近有五十萬英畝，或是七百八十平方英里的土地種植罌粟花」。為了讓這個面積有直觀的感受，發言人補充說，「它相當於四十萬個美式橄欖球場大——而且包括了球門區」。[22]在二〇一七年，罌粟培育量激增，有八十萬英畝的土地種植罌粟，破紀錄的收成占到了全球市場量的百分之八十，市值超過三百億美元。[23]

資源總是扮演著塑造世界的核心角色。政府給國民提供食物、水、能源的能力是十分明顯且重要，正如政府也提供免於外力威脅的保護一樣。這讓對絲綢之路的控制變得比以往都更重要，但是這也在一定程度上解釋了在亞洲各地對人權、媒體自由和言論自由的打壓——聯合國人權事務助理祕書長安德魯・吉默爾（Andrew Gilmour）就在最近指出了這一情形。「有些政府對任何的異議都感到是威脅」，他說，這些政府將人權疑慮貼上標籤，說成是對國家內政的「非法外力介入」或是試圖推翻政權，或是強加「西方」價值觀的企圖。在一個處於變化中的世界裡，對於誰的聲音應該被聽見、誰的聲音不能被聽見的決定，是和權力的鞏固與保留緊密地聯繫在一起，這些政府對不同觀點如果被允許表達出來會產生怎樣的後果感到恐懼。[24]

我們已經生活在一個亞洲世紀裡了，這是一個國內生產總值（GDP）以令人震驚的規模和速度從西方的發達經濟體向東方的發達經濟體移動的時代。有些規劃預計，在二〇五〇年時，亞洲的人均收入將會在購買力平價（Purchasing Power Parity, PPP）的意義上上翻六倍，讓以目前標準衡量的享受豐裕生活標準的亞洲人的人數再增加三十億人。透過全球GDP占有量的翻倍，亞洲GDP已經占據了世界GDP總量的百分之五十二，正如近期的一份報告所言，「亞洲將在工業革命的三百多年後重新獲得經濟主導地位。」[25]正如另外一份報告也贊同的，全球經濟力量向亞洲的轉移「可能會發生得更快或是更慢」，「但是總體上的變化方向和這一變動的歷史本質是清晰的」——這份報告得出了相似的結論，說我們正生活在一個迴轉到西方崛起之前的世界樣貌的時代。[26]

在亞洲各地發生變化和成長的規模讓人驚嘆不已。按照一份預估報告的說法，到二〇二七年的時候，亞洲各城市的GDP總和將會超過北美和歐洲的總和——也就是在八年後，亞洲將超過歐洲和北美百分之十七。當然了，在經濟上、地理上，整片大陸上的城市發展是不一致的，有些地方會比其他地方更繁榮。超大型城市的興起所造成的壓力也會帶來前所未有的環境、社會和行政挑戰，而且在一些案例中，將會讓基礎設施和資源到達極限的崩點。[27]

對於編織在一起的新世界的敏銳認知已經促使了一些未來計畫的提出，這些計畫將對經濟力、政治力的變化模式加以利用，並且加速變化的發生。在這些計畫中最主要的就是「一帶一路」，這是習近平的招牌經濟和外交政策，這項計畫利用的是古老的絲綢之路和這些路線的成功，將其作為中國對未來長遠打算的基石。自從這項計畫在二〇一三年宣布以來，已經有接近一兆美元的資金得到允諾將投入到基礎設施之中，主要是以給大約一千個工程提供貸款的形式來達成。

有些人相信，那些作為包括海上和陸上的「一帶一路」計畫的一部分而湧入中國鄰國的錢，最終將會隨著時間翻倍，創造出一個內部四通八達的世界，鐵路線、高速公路、深水港口和機場將會把貿易活動聯繫得更緊更快。

中國也面臨著其他方面的挑戰，不只是一位頂尖經濟學家已經提出的「生育低谷」問題，這種局面會造成老齡化和人口更新方面的挑戰。[28]隨後還有信用泡沫構成的困難，中國的信用泡沫已經大到國際貨幣基金（IMF）在二〇一七年發布了一項警告，說債務水平已經到了「危險」的等級。[29]信用泡沫刺激了快速超過需求量的房地產增長，據估計，之後會有五分之一的住宅——大約是五千萬個住房單元是閒置空屋。[30]另外還有快速城市化和大量流動人口造成的威脅，這個問題凸顯了生活理想和教育差別上的城鄉差距，這件事也在全國範圍內給性別角色造成衝擊。[31]

然而還有其他方式來了解今日和明日的世界。在二十世紀初的時候，魯德亞德・吉卜林（Rudyard Kipling）讓「大博弈」的說法變得流行起來，在亞洲的心臟地區，英國和俄國展開了政治、外交和軍事上的競爭來競逐地位和主導力。今天，一系列的「大博弈」仍在發生，爭奪的是影響力、能源和自然資源、食品、水、乾淨的空氣、戰略位置，甚至是數據。這些爭奪的後果將會給我們之後幾十年的生活造成深遠的影響。

絲綢之路正在崛起，我二〇一五年就是這樣寫的。這些地方仍在繼續成長。我們有必要繼續小心翼翼地關注這樣的崛起，了解它會如何對我們每一個人產生影響以及箇中的原因。

第一章

通向東方之路

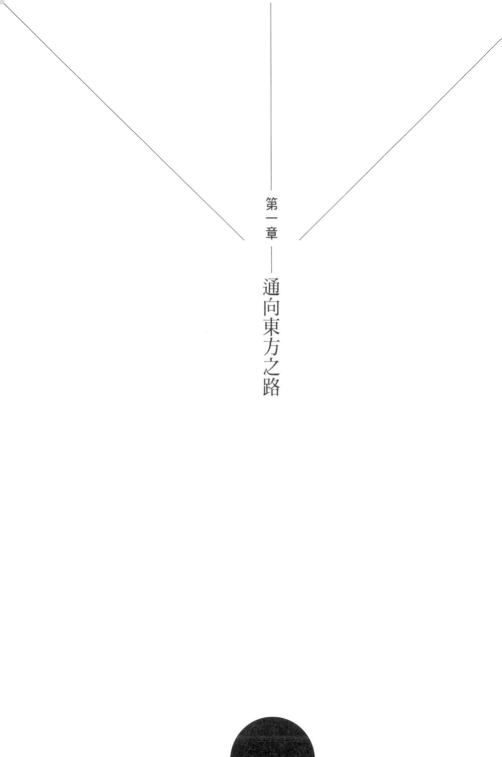

二十五年前，我正要大學畢業，那時候的世界看似是一個不一樣的地方。冷戰結束了，這讓人們懷著對和平與繁榮的希望。比爾・柯林頓總統於一九九三年和俄國總統在溫哥華會面的時候這樣說，「鮑里斯・葉爾欽（Boris Yeltsin）和俄國人民的英雄行為」已經將俄國導入了改革和民主的進程。一個「新的多產而繁榮的俄羅斯」對所有人都好，他這樣表示。[1]

充滿希望的時代也擺在南非的前方，結束種族隔離的緊張協商已經足以讓諾貝爾獎委員會預先將一九九三年度的諾貝爾和平獎頒發給德・克拉克（F. W. de Klerk）和納爾遜・曼德拉（Nelson Mandela），以表彰他們「為和平結束種族隔離政權，並且給一個新的民主南非打下基礎而做出的努力」。[2]這個家喻戶曉的獎項是南非的希望時刻，對於非洲和世界來說也同樣如此——即便後來曼德拉的許多親近密友曾努力勸說他不要接受這個和「他的壓迫者」分享的獎項，但曼德拉仍然堅持原諒是和解的關鍵部分。[3]

在朝鮮半島，事情看起來也很有希望，在一次和二〇一八年相似的進展中，美國和北韓之間達成了協議大綱以推動兩韓和平統一，一條去核化的道路是向著核不擴散前進的重要一步，也是讓地區和世界更安全的重要一步。[4]

在一九九三年，中國和印度達成了重要協定，關於過去三十年的對立和苦難的來源，兩國建立起了一個解決領土爭端問題的框架，雙方都同意減少在前線的軍隊等級，並共同努力達成一個雙方都能接受的結果。[5]經濟擴張和自由化正處於兩國受尊敬的政治領導人政策的重中之重，解決領土爭端對於兩國都十分重要。在中國，鄧小平不久前曾經到中國南方省分南巡，表達了進行更快的社會、政治和經濟改革的意願，並且處理了反對自由市場的強硬派，在一九九〇年，股票交易市場在共產中國的上海出現曾引起強硬派的反對。[6]

南韓的轉型已經在有條不紊地進行之中了。在一九六〇年代，它曾是全世界最貧窮的國家之一，沒有自然資源，而且處在亞洲東極的偏僻之地。南韓轉變成一個經濟超級大國，擁有像是三星、現代和韓華這樣的公司，每一個這樣的公司都有超過一千億美元的資產。這讓一些評論人說南韓是「世界上最成功的國家」。[7]

在印度，就像是在其他國家一樣，於九〇年代初出現了一波經濟增長——儘管很少有人對一個在一九九三年二月費了九牛二虎之力才讓自己在孟買上市的小軟體公司有什麼期待，無論是規模和潛力，印度都是經濟中的一條小魚，在技術領域中也很小而且還未經考驗。那些足夠勇敢並握有印孚瑟斯科技（Infosys Technologies）股份的人，在股票市場上獲得豐厚的回報。截止到二〇一八年三月三十一日，這家公司的獲利已經超過二十六億美元。[8]如今的股票比他們在二十五年前上翻了超過四千倍。[9]

在一個波灣小國成立的新航空公司看起來也有宏偉的長久打算。一九九三年十一月成立的卡達航空在兩個月後開始營運，很多人預計這只是一個低調的舉動，他們只飛一些地方航線，這些線路的需求量很有限。今天，這家航空公司已經贏得了人們的讚嘆，它擁有超過二百架飛機，超過四萬名員工，超過一百五十個航班目的地，在二十五年前，很少有人會相信這是可能完成的成就。[10] 二〇一八年四月，卡達航空同意購買莫斯科伏努科沃（Vnukovo）國際機場百分之二十五的股份，這家機場是俄羅斯的第三大機場。[11]

當然了，在一九九三年時，好消息並不是到處都有，紐約世貿中心的卡車炸彈和孟買的一系列配合爆炸事件殺死了超過二百五十人。塞拉耶佛，一個已經因為費迪南大公在一九一四年被刺殺而引來戰爭的城市，經歷了波士尼亞塞族（Serb）武裝的包圍，這場包圍戰的時間超過了第二次世界大戰中的史達林格勒戰役。狙擊手向穿過街道的市民射擊的景象成了司空見慣的事，同樣糟糕的是來自鄰近山丘向城市裡發射的迫擊砲所造成的破壞。在歐洲重新出現的集中營，以及九〇年代中葉在塞布雷尼卡（Srebrenica）和戈拉茲德（Goražde）發生的種族滅絕行為提醒著人們，即便是從過去學到的最恐怖的教訓也很容被忘記。

九〇年代初還有一些讓我們更感到熟悉的問題。例如在不列顛，關於歐盟會員國身分和呼籲全民公投的政治對話中充斥著惡毒的辯論。這些辯論幾乎讓政府停擺，並導致首相約翰・梅傑（John Major）被自己內閣裡的一些人稱作是「私生子」。[12]

這些事情都是在並不久遠的以前發生的。然而它們現在給人的感覺十分遙遠，好像是來自不同時代的事情。在一九九三年夏天，我在準備期末考試的時候聽的是一張叫Pablo Honey的專輯，它是出自一個新興樂團，名叫Radiohead。我在當年根本不知道這一年最具預言力的歌曲並不是在Spotify上有超過兩點五億次播放的「Creep」，而是一首當年贏得了奧斯卡的歌曲。「一個全新的世界，」正如阿拉丁向雅絲敏所許諾的，「一個新的美麗視角。」的確，雅絲敏同意，這是一個「全新的世界，是一個我從不知曉的絢爛地方」。這首來自絲綢之路上傳誦已久的故事中的歌曲預見了未來。

沒有什麼比將一九九三年在英格蘭進行的一場足球比賽和今天的足球做一番比較更能清楚地看到這個全新的世界了。在一九九三年於劍橋進行的決賽開始的一週前，我看了一場阿森納對謝菲爾德星期三的足總杯決賽重播，這場比賽就像是首輪交戰一樣地無聊乏味。在這場比賽中登場的所有球員（包括替補隊員）都來自英倫三島。在二十五年後，切爾西和曼聯的決賽是一場同樣沉悶的比賽，但是球隊的構成卻是有著天壤之別：在溫布利球場的二十七名球員中只有六人是在聯合王國出生。其餘的球員都來自世界各地，包括西班牙、法國、奈及利亞和厄瓜多。

如果說這樣的情形講述的是全球化在一代人的時間裡的推進速度的話，那麼也許英格蘭足球俱樂部在這段期間內所有權的劇烈變化甚至更加令人驚嘆。在並不久遠以前，英格蘭強隊的所有權將會由外國人掌握的想法會被認為是天方夜譚——在那個時候，甚至連董事會房間裡的一點外國口音都會讓俱樂部管理者們在中場休息喝茶的時候嗆到，或是被口中的豬肉餅噎到。但是在今天，英格蘭和歐洲足壇中有許多著名球隊都有來自外國的老闆，而且有很多人都是來自絲綢之路地區的國家。

在某種意義上說，這並不令人吃驚。畢竟，雖然足球在一八六三年的倫敦制定下了規則和玩法，但足球並不是在英格蘭發明的。根據國際足聯的說法，足球是在漢代的中國（西元前二〇六－西元二二〇）首先出現的，這是一個參與者把一個填滿羽毛的皮球踢到兩根竹竿擺成的球門裡的運動，它被叫作「蹴鞠」。[13]

即便是如此，這項運動從它的起源經歷了很久才出現伯明翰周圍的重要球隊有了來自中國的老闆的情形，自從《絲綢之路》在二〇一五年出版以來，包括阿斯頓維拉、西布朗維奇、伯明翰城和狼隊在內的球隊都有了中國老闆。在二〇一七年，義大利足球的兩個巨人——共同使用雄偉的聖西羅球場的AC米蘭和國際米蘭，在同一時間被賣給了中國買家。

在這之後，英格蘭和歐洲最強球隊的老闆則是來自波灣國家。在所有的國內賽事中大獲成功的曼城隊以史無前例的領先優勢贏得了二〇一八年的英超聯賽冠軍，曼城隊的老闆是曼蘇爾・賓・札伊德・阿爾－納伊汗（Mansour bin Zayed al-Nayhan），他同時也是阿聯酋的副總理。和曼城隊交相呼應的是巴黎聖日耳曼，這支球隊在同一年中閒庭信步一般地贏得了法甲聯賽的冠軍，它的卡達老闆有能力給球隊帶來兩名新球員——內馬爾（Neymar）和姆巴佩（Kylian Mbappe），他用創下夏季轉會紀錄的轉會費簽下了這兩名球員，兩人的轉會費超過三點五億歐元（不包括工資和獎金）。

埃弗頓隊的主要所有人是法爾哈德・莫什利（Farhad Moshiri），他在伊朗出生，現在住在摩納哥，憑藉和阿里希爾・烏斯曼諾夫（Alisher Usmanov）一同工作賺到了錢，後者是一名來自烏茲別克的商人，他在俄羅斯、中亞等地有超過一百五十億美元的投資——從而讓他能夠購買阿森納俱樂部很重要的部分所有權。烏斯曼諾夫曾一度想要購買全隊，但是被複雜的股東結構阻止了。在他於二〇一八年夏天最終處理了他的股份之前，阿森納球迷曾懇求他不要出售股份。但是多年以來，這支驕傲、著名的足球俱樂部的命運都懸在這位烏茲別克大亨的一念之間。[14]

曾幾何時，富有的英國人能夠走向歐洲各地，作為壯遊行程的一部分，穿梭在像是威尼斯、那不勒斯、佛羅倫斯和羅馬這樣的城市中，讚嘆著他們的藝術和建築並且受其啟發，有些人買走了繪畫、素描、雕塑、手抄本、甚至是把整個建築物內的東西全都帶回老家。[15]這些都是增長中的財富、商業和軍事成功帶來的戰利品，它們將一個北大西洋上的島嶼變成了一個全球超級強權。現在，拿來炫耀的獎盃是舉行世界盃的資格（由俄羅斯和卡達成功競得）、舉行冬奧會（二〇一四年在索契〔Sochi〕舉辦）以及絢麗奪目的藝術畫廊——例如不在巴黎而是在阿布達比的新羅浮宮，或是不在倫敦而是在深圳的維多利亞&阿爾伯特博物館。後來還有勒姆・庫哈斯（Rem Koolhaas）設計的莫斯科車庫現代藝術博物館，或是位於土庫曼首都阿什哈巴德的冬季運動中心，這是一個比麥迪遜廣場花園還要大的場館。

在十八世紀，一個英國旅行者會踏上前往義大利的旅程，「心浮氣躁地渴望參觀這個歷史上如此著名的國家，一度為全世界制定法律的國家」。[16]今天，事情已經發生了變化，現在是不列顛的歷史變成了受讚美的對象，是不列顛的法律和法庭來解決爭議、確定離婚官司，新富和新貴們追逐的是在不列顛的榮譽——例如足球俱樂部，或者是世界知名的旗艦店地產，如Harrods和Hamleys、金絲雀碼頭、芬喬奇街（Fenchurch Street）二十號的「對講機」大樓，或是《獨立報》（*Independent*）和《標準晚報》（*Evening Standard*）的媒體中心，所有這些地產的所有者都擁有中國、俄羅斯或是波灣酋長國的背景。

在美國也在發生著同樣的事情，在紐約，布魯克林籃網隊的經營權、《紐約郵報》（*New York Post*）、Waldorf Astoria酒店和Plaza Hotel以及華納音樂只是那些眾多旗艦產業和品牌中的幾個，這些資產有的是被完全收購，有的則是有和俄羅斯、中東和中國聯繫緊密的合作投資人。

在這一切發生的過程當中，還包括傳奇娛樂（Legendary Entertainment），也就是在一九九三年夏天橫掃票房的《侏羅紀公園》的幕後好萊塢工作室——這部電影是我在當年期末考試結束後享受到的消遣之一。這個工作室現在是王健林的大連萬達集團的一部分，萬達集團在歐洲、美國和澳洲還擁有Odeon、UCI、Carmike和Hoyts連鎖院線，總共超過一萬四千個銀幕，以及聖汐克（Sunseeker）遊輪和盈方體育傳媒（Infront Sports and Media），後者擁有各種體育賽事的獨家轉播權，其中還包括二〇一八和二〇二二年的足球世界盃。

很自然的，雖然擁有這樣的一些產業可能算得上是拿來揮霍的習慣和激情，但有很多的產業是嚴肅的大金額投資。這些產業的基礎是過去二十五年來全球GDP發生的巨大變動，光是在中國一個國家，自從八〇年代以來，就有超過八億人脫離了貧困線。[17] 雖然「貧困」所包含的定義仍是一個發展經濟學家等人爭論的話題，但毫無疑問的是，中國成長的速度和覆蓋面是驚人的。在二〇〇一年，中國的GDP是美國的三九%（按照購買力平價來看）；在二〇〇八年，這個百分比已經變成了六二%。到二〇一六年時，按照同樣的衡量標準，中國的GDP是美國的一一四%——很可能在接下來的五年中更進一步地急速增長。[18]

這樣的變化並不只是在中國具有轉變意義，它也對世界其他國家具有同樣的意義。例如，隨著對中國中產階級將會進一步增長的預期，一個在北京的企業家已經在法國中部買了三千公頃的土地，目標是為他計畫在中國各地開辦的一千多家連鎖麵包房供應麵粉。按照老闆胡克勤的說法，他預期是中國人的口味會從以米飯為基礎的食品向其他類型的食品發展，因此在這個過程中，「潛力是巨大的」。[19]

如果這會給法國人帶來麵包價格上漲的憂慮的話，由於麵粉可能會被用來出口而不是供應在地的麵包坊，那麼同樣的焦慮也會出現在釀酒業——但是二〇一七年一年，向中國的出口就提高了一四％，接近二點二億升的出口量。在五年時間裡，法國向中國出口的紅酒預計超過二百億美元，有時候相較喝酒的人，這對葡萄酒農來說是個更好的消息。[20]

同樣惱人的是，許多波爾多的著名酒莊不僅在過去幾年被像是演員趙薇或是富豪馬雲（他擁有包括著名的Château de Sours在內的四個酒莊）之類的名人收購，連酒莊的名稱也被改成了對中國飲酒人更具有吸引力的名字。

為了對中國的飲酒人更有吸引力，一些酒莊已經改了名字。位於梅多克（Médoc）的Château Senilhac已經更名為藏羚羊酒莊，Château La Tour Saint-Pierre更名成了金兔子酒莊，而Château Clos Bel-Air現在的名字是大羚羊酒莊。[21]

這可能會惹惱那些對這些在幾個世紀中贏得了尊敬和榮耀的酒莊名稱感到驕傲的純粹主義者，但是東方的興起已經對我們周遭世界中的平凡事物造成了變化。卡達航空只是眾多急切追求商業客機的航空公司中的一個——這種對客機的需求只會繼續增加。國際航空運輸協會（IATA）預計截至二〇三六年，搭乘飛機的乘客人數將會接近翻倍，達到每年七十八億人次，這個數字的增加伴隨的是亞洲富裕人口的成長，領導這個數字增加的國家有中國、印度、土耳其和泰國。[22]

按照對波音公司的單獨分析，這意味著在接下來的二十年中，將有五十萬名新飛行員的職缺。[23]人們已經能感覺到後果了：當這一切發生的時候，將會面臨沒有足夠的飛行員服務的狀況。這導致了薪水飆升，讓廈門航空的波音737飛行員的年薪到達了四十萬美元，根據報導，在一些季度中提供的年薪開價高達七十五萬美元。[24]

這種幅度的薪水上漲會明顯地影響到機票價格。但是世界範圍內的飛行員短缺所造成的壓力，已經讓資源消息靈通的航空業者開始取消航班，以此來應對員工短缺。[25]這也許看起來難以置信，但是當前往美國中西部地區的出差、從阿爾卑斯山滑雪度假歸來，或是夢想已久的跨大洲旅行的航班被取消時，絲綢之路的崛起也在這些事情中扮演了角色。

同樣的因素也會影響賓館房間的裝潢、大廳裡播放的音樂和吧檯提供的飲料種類。在一九九〇年時，中國遊客出國旅遊的數量微乎其微，幾乎全都侷限於和政府相關的活動，在國外的總開銷約為五億美元。[26]在二〇一七年時，這個數字已經上翻了五百倍，每年的消費金額超過二千五百億美元——這個數字大約是美國旅客每年在海外開銷數字的一倍。[27]考慮到只有約百分之五的中國公民有護照，這個數字將會在未來繼續飆升。按照一些預估的結果，在二〇二〇年，將有兩億中國人出國旅遊，有研究指出這將會給遊戲和化妝品產業提供大量機遇，同樣也將給飛往正確地點的航班、提供中國口味飲食的飯店和出國旅遊的線上訂票代理商帶來刺激——就像Skyscanner，在二〇一六年底以十七億美元的交易額被中國公司攜程旅行網收購。[28]

變化中的世界也帶來挑戰，這些挑戰經常是以出人意料的方式出現在意料之外的地方。中國的崛起已經給從中亞到西非的毛驢和養驢人造成了嚴重問題。驢皮是阿膠的一種原料，這種藥品替代物在中國十分流行，阿膠據傳不僅有止痛和治療痤瘡的功效，還能抗癌和改善性欲。對阿膠的需求已經讓中國的驢隻在過去的二十五年中數量減少了一半，而且人們正開始從其他地方尋找驢隻來源。[29]在塔吉克，毛驢的價格上翻了四倍，而且在非洲也同樣價格飆漲。這未必是個好消息。因為毛驢通常是用來馱貨物的動物，在農業生產和將食物運輸到市場的過程中有著重要作用，牠們數量突然、劇烈地減少（以及價格上漲）已經威脅到了農業經濟的穩定，在這些國家中，經濟平衡本來就已經十分脆弱。出於這一原因，禁止向中國出口毛驢的禁令已經在尼日、布吉納法索和非洲其他國家生效了。[30]絲綢之路崛起的效應之一是驢皮黑市的出現。[31]

把毛驢貿易和倫敦地產市場上的初次置產者面臨的困難聯繫到一起，看似並不是一個很明顯的分析步驟。然而湧入倫敦中心房地產市場中的外國資本，已經成為一個讓房價變得支付不起的程度的因素。在一九九九至二〇一四年間，外國資本的激增在昂貴住宅價格上漲的過程中起到了作用，同時也在不那麼貴的地產項目上造成了「涓流」效應。按照一位學者的研究成果，如果沒有這期間湧入城市中的外國投資的話，房價本應比實際情形低一九％。[32]

這裡邊有大量的金額是來自俄羅斯。在二〇〇七年至二〇一四年之間，幾乎有一〇%的花在倫敦房地產市場上的錢是來自俄國人——和這個數字相輔相成的是超過一千萬英鎊的住宅價格上漲了二〇%。[33]湧入海外住宅房地產市場的中國資本也在飆漲，中國公民在二〇一六年購買了超過五百億美元的房屋，這個數字在二〇一七年是四百億美元。[34]這個數字還不包括二〇一七年在倫敦商用房地產項目的投資中有三分之一的資本來自中國。[35]

在其他地方也發生相似的事情。中國買家讓溫哥華的房地產價格在二〇一六年以每個月三〇%的增幅上漲，在此前一年，溫哥華的城市當局實施了針對外國買家的一五%房地產稅，以求讓市場冷靜下來。相似的壓力在加拿大的其他地方也存在——同樣也能在舊金山、澳洲、紐西蘭出現，現在在東南亞也同樣如此。[36]買不起房子的根源也許不在絲綢之路上，但是這種情形是世界的經濟重心正在遠離西方的敘事的一部分。

東方正在崛起的財富在規模上令人大開眼界。二〇一七年二月，一個伊朗商人馬赫達德・薩法里（Mehrdad Safari）在伊斯坦堡租了一間公寓，他在這裡住得十分滿意，因此直接花九千萬美元（不包括增值稅）買下了整棟建築。曾經只有美國人才會喜歡什麼事情就把整間公司買下來——例如維克多・奇亞（Victor Kiam）曾經轟動一時的買下電動剃鬚刀公司雷明頓（Remington）；現在其他人也有手段可以如法炮製了。[37]

變化中的世界意味著變化中的消費模式和生活習慣，這在國內外都是如此。巴基斯坦現在是世界上增長最快速的零售市場，一部分原因要歸功於自從二〇一〇年開始的可支配收入翻倍增長。在二〇一七至二〇二一年間，零售商店的數量據估計將會增加五〇%，這也是歸因於人口中的三分之二在三十歲以下——年輕人看待金錢的態度正在改變，與其把錢積攢著以後用，他們更樂於享受舒適的生活。[38]

在印度，中產階級的戲劇性擴張在過去的三十年中持續以出乎意料的速度發生。雖然有些經濟學家注意到了印度財富分配的高度不平均，有不成比例的財富由富人取得，但是印度從一九九〇年至二〇一四年間，擁有超過一萬美元的可支配收入的家庭數量從兩百萬上升到了五千萬，這個情形本身也可以說明問題。[39]這只是在規模和重要性上都有地震般效應的變動開端。近期的研究預計，在接下來的八年裡，消費意願將會翻三倍，在二〇二五年之前到達四兆美元。這樣的變化正在影響著印度人的生活方式：傳統的共生大家族正在被無論是否有子女的夫妻二人或是小家庭取代。這一點會很自然地對家庭生活產生重要影響，並且給房屋市場造成挑戰，同時也給例如交通、電力、用水、健康和教育方面的基礎設施帶來挑戰。但同時也帶來巨大的機遇，尤其是按照市場調查的預估，小家庭比共生大家庭的人均消費高二〇%至三〇%。[40]

這些轉變也同樣出現在奢侈品產業上，奢侈品的需求模式已經自一九九〇年代初就開始超越了所有人的理解。當時，中國消費者只是奢侈品消費者中微不足道的一部分。現在他們則是占據了全球奢侈品消費的足足三成，到二〇二五年時，將會買走所有奢侈品總量的四四%。[41]這就是為什麼Prada集團在二〇一八年只是在西安一座城市就開了七家新店面的原因之一。[42]這也能解釋Chanel所做出的商業決定，例如收購下一系列的絲綢生產商，以確保其商品的供應，考慮到這個品牌在中國和世界其他地方的受歡迎程度，這樣的決定並不令人吃驚。[43]

這樣的趨勢在連鎖咖啡廳星巴克上面也表現得十分清晰，這家公司將注意力放在了擴張中國市場上。星巴克雄心的規模表現出了它相信世界上人口最多的國家在變化的時代中會有多麼巨大的商機。在二〇一七年，公司宣布將在二〇二一年以前在中國開設兩千家店——也就是說每隔十五個小時就會有一家新的星巴克開業。[44]中國不僅是一個提供豐厚回報前景的市場，也是一個不容忽視的市場。

在印度、巴基斯坦、俄羅斯或是波灣國家也有類似的情形，單是阿聯酋的消費者就在一年中花了三十億美元在高端汽車上。在東方把事情做對能成就出一個領先品牌，或是讓領先品牌的地位被打破。[45]同樣的事情幾乎在每一個經濟產業中都是如此，也包括音樂和文化在內。例如，當中國政府在二〇一五年停止了獨生子女政策，這讓那些製造嬰兒車、尿布和奶粉的公司股票激漲——而流行品牌保險套的股票則急遽下跌。[46]一份由瑞士信貸（Credit

Suisse）做出的報告指出，新生兒的激增將會導致數千億人民幣花費在和嬰幼兒、兒童相關的零售商品上。[47]隨著消費習慣的改變，在正確的時間出現在正確的地點就可以大賺一筆，不立刻做出調整和回應也將面臨後果。

做錯事情也要面臨後果。D&G在二〇一八年冬天做了一個失敗的廣告，公司的創辦人們在社交媒體上的評論更讓局面雪上加霜，這場風波被一些評論者稱為是在零售業歷史上最具破壞力的誤判。在中國激起的憤慨導致該品牌被全中國各地的重要商家和線上平台下架，而且連Net-a-Porter也在它的中文網站上將D&G的產品下架了，這導致了數億美元的利潤至少在短期內變得危在旦夕。[48]

在錯誤的時間出現在錯誤的地點也會對錢包有傷。當科技通訊業巨頭華為的財務官孟晚舟於二〇一八年十二月在溫哥華被捕，這激起了中國的怒吼。在中國政府要求釋放孟晚舟時，《人民日報》的一篇社論文章聲稱這一逮捕行為是「卑鄙的」，並且是侵犯基本人權，其他人則採取了更激烈的行動。[49]中國社交媒體公司微博呼籲進行抵制，導致Canada Goose的股票下跌了超過二〇％，讓這家戶外大衣的製造公司損失了十億美元的價值。[50]

未來在旅遊產業中的輸家和贏家將會由位置、飯店、設施、菜單和最吸引亞洲人的旅遊景點來決定，亞洲人口目前有將近四十五億人，這個數字還在增長，而且人們也變得越來越富裕。[51]

以長遠分析的眼光來看，按照世界銀行和經濟合作暨發展組織（ＯＥＣＤ）的數據來判斷，在二〇一七年發展最迅速的十個經濟體中沒有一個是位於西半球的國家，在近十年中也沒有西半球的國家。[52]口味、趨勢和嗜好將會在興旺、成長和雄心勃勃的地方出現，而不是在停滯或褪色的地方。

變動中的渴望將會驅動人們的需求——正如亙古不變的情形一樣。但轉變的速度是令人驚訝的。麥肯錫公司（McKinsey & Company）最近的一份報告指出，中國消費者選擇商品的方式發生了變化。在這家公司問卷調查目錄中的幾乎一半商品中，包括食品、電子產品、個人用品和啤酒，受訪者表達出了對當地品牌的喜愛更勝過外國同類商品。[53]公司的成功或失敗將取決於它們在東方——而不是在西方的表現。

電子產品和人口方面的增長是總體變化的一部分原因。但重要的是認識到這兩方面的增長都會帶來成長的痛楚。理所當然的，興建基礎設施來支持人口增長的任務充滿了困難，這件事做起來十分昂貴而且要求提前規劃，不僅如此，還需要巨大的運氣來預期未來的能源、技術和交通方面的需要。

因此具有諷刺意義的是，從圖紙開始建造一個智慧城市要比升級現存的都市中心更容易。例如在班加羅爾（Bangalore），快速城市化和ＩＴ產業的成功導致了城市嚴峻的水資源壓力。雖然班加羅爾的用水委員會已經準備了細節詳盡的提案，他們聲稱，這些提案不僅能夠改善城市中大約八百萬人的當前人口，而且也能供應預計在二〇五〇年前翻倍增長的人口，有些高階官員已經提出了在「歸零日期」到來之前疏散人口的需要——這一天指的是所有水龍頭都流不出水的乾涸之時，這樣的情形有可能最早在二〇二五年到來。[54]

班加羅爾是一個極端的例子，但也是城市發展面臨的廣泛挑戰的鮮活例子，這些問題將會給未來的經濟、人口，甚至政治穩定帶來挑戰。城市人口的快速增長和激進化之間的聯繫，是二十世紀初期的俄羅斯歷史學家和研究七〇年代土耳其的歷史學家熟悉的議題。[55]並不出乎意料的，這也是研究今日和未來世界的學者們非常感興趣的議題。[56]聯合國近期關於城市的報告毫不留情地指出：「全世界的許多城市，普遍來講，都沒有做好準備迎接和城市化聯繫在一起出現的多維度挑戰。」[57]

氣候變化給城市帶來的影響也在形塑數億人的生活上起到作用，尤其是在波灣地區、南亞和中國東北部，有些專家提出了疑問，是否溫度的升高會超過維持生活的限度，甚至超過人類生存的限度。[58]

維持和平和政治穩定的條件也不是注定可以享受到的，就像敘利亞、伊拉克、葉門和阿富汗的混亂面貌所顯示的一樣。受限的民主傳統發展，少數菁英人士的權力和財富混淆不清，以及掌握專業技術的中產階級的出現，都意味著亞洲各地都存在著一系列的強人領導人——他們明顯的脆弱性也意味著政府的失敗會來得十分迅速、劇烈。

那些真的想要尋求變化的領導人會發現控制變革不但很難，而且也很難維持在外表上。在二〇一七年底，沙烏地阿拉伯宣布了一系列的改革措施，其中包括四十四年來開業的第一家電影院，允許女性進入體育場館和持有駕照。這些措施被認為是這個多年來被嘲笑缺少任何形式的性別平等的國家要迎來改革的跡象。

然而，隨著該國最重要的一些活動人士被捕，希望和期待很快就被沖淡了，被捕者主要是女性，隨即就傳出她們在獄中遭到電擊和酷刑折磨——這是典型的向前邁一步，向後退兩步的例子。[59] 緊隨其後的是二〇一八年十月發生的記者賈邁勒·哈紹吉（Jamal Khashoggi）在伊斯坦堡被謀殺的事件，受害者曾是穆罕默德·賓·薩爾曼（Mohammad bin Salman）親王的內圈成員，這位王儲凸顯出了那些期待沙烏地社會能益發寬容開放的希望和現實之間的嚴酷差距。[60]

沒有什麼事比這件事更能清楚展現出支持變革並同時施行鎮壓的混淆了，阿聯酋外交部長阿布杜拉·賓·札伊德·阿爾納赫延（Abdullah bin Zayed Al Nahyan）在加拿大重要的日報《環球郵報》（*Globe and Mail*）上，寫了一篇熱情洋溢的專欄文章，提出了在整個中東地區給女性賦予力量的關鍵作用，在同一天，阿聯酋最重要的人權活動人士之一被宣布判處了十年徒刑——並且要繳納高昂的罰金，以懲罰其攻擊「阿聯酋及國家象徵的地位和聲譽」。[61]

不受限制、正在加快的變化已經被證明是以各種不同的方式讓人感到緊迫不安。例如在中國，對於城市發展的焦慮已經導致了中國國務院發布了指導條文來收縮城市規劃規章，並且下達了命令，更加強調推動「節能減排的工程技術，比如使用預製裝配的建築」。這看起來已經足夠值得稱道了。然而，更為不尋常的是中國還發布了有關打壓奇形怪狀建築的嚴格規章條款，並禁止了「不經濟、不實用、不美觀或是不友善環境的建築」。為了確保禁令得到遵守，中國將使用遠程衛星來「定位違反城市規劃政策的建築」。在上空盤旋的無人機不僅會監視你在和誰講話，或身在何處，同樣也在看著你要如何使用你的煙囪頂或是露台。[62]

一個新世界正在到來，這樣一個世界對大多數人來說看起來並不熟悉，而且奇異又讓人擔憂。也許說出來讓人難以相信，但當今世界最活躍的科技初創企業的中心在伊朗，令人意想不到的副作用，就是讓伊朗的科技企業遠離了西方的競爭，成為新生產業和初創公司的孵化器，就像薩拉瓦公司（Sarava）一樣，幫助羽翼未豐的概念能夠起飛翱翔。[63]二〇一八年春天在基什（Kish）舉辦的取名為絲路啟程（Silk Road Startup）平台，是一個生態友善和線上時尚衣物的市場平台，讓女性可以在這裡出售和購買二手舊衣，獲選進入這個市場的還有水資源友善的食物和農產品，利用紅外線和人工智能測量血糖的掌上設備。[64]

印度和中國正在獲得的成功並不只是在膚淺表層，採用新的金融技術來進行轉帳、支付、儲蓄、投資和借貸的比率遠超過世界其他國家——也包括美國在內。[65]在這兩個國家，成長的前景看起來是幾乎沒有限制的。在電商巨頭阿里巴巴於二〇一四年作為史上全世界最大的IPO（首次公開募股）之前，從阿里巴巴脫離的螞蟻金服在二〇一八年夏天進行了一場令人目瞪口呆的一千五百億美元的無現金支付資金募集——這個數額比高盛集團的市值還要高。[66]這讓印度的Paytm（阿里巴巴也持有股份）的一百億美元的估值看起來十分保守，但是這對一家在威廉王子和凱特訂婚（二〇一〇年秋天）的幾個月前才成立的公司來說，已經十分了不起了。[67]

這一切都聽起來令人印象深刻，因為事情正是如此。但是新產業的成功不應該遮蓋住現實，在大多數經濟部門和產業中，西方仍舊領先。弗拉基米爾・普丁已經注意到了這件事，他指導俄羅斯的政府機構以減少進口的方式轉向國內技術——考慮到過去的研究和發展是多麼缺乏資金，以及企業在創新中投入的資金是多麼有限的情況下，很少有人對這項命令會結出有意義的果實抱持期待。[68]

然而，在莫斯科的考量中，意識到俄羅斯發展自身能力的需要是一個關鍵主題。重大資源已經被投放到網路科技的發展上。在網路主導地位的正式聽證會上，美國國家安全局的網路作戰司令部指揮保羅・中曾根（Paul Nakasone）上將指出，克里姆林宮是美國面對的「技術最進步的潛在對手」，俄羅斯具有使用成熟的戰術、技術和程序來打擊「美國和外國軍隊、外交和商業目標」的能力。[69]

在發展用於打擊國外和國內目標的工具的同時，俄羅斯也在著手改善自己的防禦以保護來自外部的攻擊。[70]考慮到俄羅斯在不同事件中使用的網路技術，無論是美國總統大選，還是英國脫歐爭議，或是勒索企業和進行知識產權盜竊，這一切可能看起來十分諷刺。事實上，在二〇一八年四月，美國國土安全部、聯邦調查局和英國的國家網路安全中心發布了俄羅斯政府所支持針對控制網路交流的硬體發起攻擊之正式警告。[71]然而，像是在其他國家一樣，俄羅斯也有面對勒索軟體和駭入銀行系統、手機電話和政府部門——包括其安全部隊在二〇一九年被駭入，遭到數據盜竊的經歷，[72]因此十分熱衷於避免或阻止這些事情在未來發生。[73]

在西方，最重要的當代問題和憂慮之一就是數據的貨幣化，以及像臉書這樣的公司收集和派發用戶資訊，甚至是用戶不在社群網路中的朋友和聯絡人的訊息。而在東方，重要的問題則是關於數據的武器化，以及數碼世界和政府利益之間可以感知或是無法感知到的關係。

例如，臉書在俄羅斯被告知，如果不把使用者的個人資料儲存在俄國伺服器上的話，網站入口就將遭到屏蔽。[74]不僅是這件事，還有最近曝光的臉書允許俄羅斯最大的技術公司Mail.Ru集團取得個人用戶數據的風波。「我們有責任保護你的數據。」馬克・祖克柏在一篇臉書貼文上這樣寫道——但沒有承認他的公司和一家與克里姆林宮關係緊密的公司分享用戶數據的事情，這件事是在後來才曝光。[75]

俄羅斯，大概還有其他國家，監視本國公民線上行為的方式，讓加密的Telegram訊息服務被屏蔽，同樣被屏蔽的還有能夠繞過或隱藏定位服務的VPN。[76]與此同時，在土耳其，定期發生的政府介入社群媒體網站的行為，伴隨著政府在大選當天阻斷被認為是「不正常」訊息的作法。[77]

還有在中國，三個最大的電信公司——中國移動、中國聯通和中國電信——都是國營企業，政府已經開始採取行動查封VPN，作為「淨化互聯網」的一部分。在中國，類似Google、臉書和推特等網站都是被屏蔽的。[78]在這個世界的一些國家裡，對公民的網路日常行為進行監控可以為公司帶來利益；而在世界的另一些國家中，公民的網路行為則被視作是國家安全問題。

這相當於對同一個問題採取了毫無區別的方法。事實上，這件事緊密聯繫著過去二十五年中在更宏觀範圍內發生的變化。我們正生活在一個規模和特徵上都巨大的轉型和變動期，這樣的變動類似於哥倫布跨越大西洋和幾乎同時發生的達伽馬繞過非洲南端之後的幾十年中發生的變動，前兩人的航行打開了歐洲、印度洋、南亞及更遠地方的海上貿易新路線。五百年前的這兩次遠航，給世界經濟中心和政治重心的劇烈變動打下了基礎，把歐洲置於全球貿易路線的心臟上，這是有史以來的第一次。[79]

今天正在發生的事情是相似的，儘管方向正相反。亞洲和絲綢之路正在崛起，而且是在快速崛起。他們的崛起不是孤立於西方之外，甚至不是在和西方的競爭中崛起。事實恰恰相反：亞洲的崛起和美國、歐洲等地的經濟發展緊密相連。後者對資源、商品、服務和技術的需求刺激了前者的發展，創造了工作和機遇，並作為促進變革的催化劑。世界一個部分的成功和另一部分是相聯繫的——而不是讓另一部分的世界受損。東方的日出不意味著西方的日落。至少，在目前還沒有。

然而令人震驚的是東方和西方對於變化的反應。在一方是對明日的希望和樂觀，而另一方則是對各國越來越嚴重分裂的急切焦慮，這已經到了讓一些高級政治人物，例如前美國國務卿歐布萊特（Madeleine Albright）公開質疑當「風暴正在集聚」的時候，「民主的大旗是否能一直（在西方）高高舉起」的程度了。她警告說，我們應該對於歷史的教訓保持警惕，以避免法西斯主義回頭。[80]

有些人可能會認為這樣的警告是危言聳聽。但是這樣的評論在主流媒體中傳播的事實本身，就揭示了信心的危機和對西方在變革時期中的發展方向的憂慮。不管一個人的政治信念和觀點如何，都不難看到世界正在發生一些重要變化。「就像水晶一樣晶瑩剔透，」阿拉丁在二十五年前對雅絲敏公主唱道，「我現在陪你身處在全新的世界。」這個新世界究竟是什麼樣子？這是值得我們去加以理解的，而且也值得我們考慮新世界帶來的影響和後果。

第二章

通向世界心臟之路

近年來發生的事件讓人們很難對西方的時代正處在十字路口上的評斷加以反駁。在美國，提出「讓美國再次偉大」的川普獲得了總統大選的勝利。美國方向的轉變是至關重要的，他在競選過程中反覆地重複這一點。國家的未來已經命懸一線。「要麼是我們贏得這場選舉，」投票日的三個星期前他在科羅拉多泉這樣告訴選民，「要麼我們就是丟掉這個國家。」[1]

美國正在自由落體，他在競選期間一次又一次地重申。川普在二〇一五年宣布成為大選候選人的時候，提出有需要採取孤注一擲的手段來拯救國家。「我們的國家正處在嚴重的麻煩中，」他這樣說道。「我們不再有優勢了。我們過去曾享有勝利，但現在沒有了。」其他國家正在以美國為代價富裕起來。「我們上次在任何事情上贏過日本是什麼時候的事？」川普這樣問。「他們把數以百萬計的汽車送到美國來，然後我們做何反應？你上次在東京看到一輛雪佛蘭是什麼時候的事了？這是不存在的事啊，兄弟們。他們總是把我們打趴下。」

墨西哥和中國也是問題。是時候該採取激烈手段了——否則美國就完了。在和共和黨內對手的電視辯論中，川普說：「我將會把水刑帶回來，還會把比水刑狠得多的一堆東西帶回來。」[2]隨即還有臭名昭著的墨西哥邊境牆計畫，川普許諾要蓋一道「堅不可摧的、實實在在的、高大雄壯、強壯有力、漂亮的南部邊境牆」。還有，要對中國做出行動來，川普反覆地這麼說。「我們不能允許中國強姦我們的國家，這就是他們正在幹的事情。」[3]

在川普的就職演說上，據說川普準備從許多前任政府簽署的協議中退出，將美國從國際主流進程中脫離出來。這包括在上任的第一天就簽署一份命令，「永久退出」跨太平洋夥伴關係協定（TPP），他堅信這是「推動美國工業，保護美國工人並提高美國人薪水」的必要一步。[4]

接下來的是巴黎氣候協定，川普把它描述為「華盛頓進入一個對美國不利，卻唯獨嘉惠其他國家的協定中的最新例子，它讓我所深愛的美國工人和納稅人以失業、低薪、破敗的工廠和大量減少的經濟生產的方式來消化其代價」。因此，他在二〇一七年六月宣布，美國「將停止履行（這份協定的）所有內容」，立即生效並從而避免「這份協定給我們國家造成的嚴厲的金融和經濟負擔」。[5]

除了這些退出協定的步驟之外，還有例如簽署行政命令禁止來自伊拉克、敘利亞、伊朗、利比亞、索馬利亞、蘇丹和葉門的所有國民旅行至美國的行為；[6]下指令取消「上一屆政府（和古巴達成）的（即刻生效的）徹底單邊協定」；[7]以及給超過一千種商品增加關稅，這將最終影響到來自中國的五百至六百億美元的進口商品，而且這只是「未來多次的一個開始」。[8]

這些劇烈的方向轉換所應對的是一個迅速變化的世界，在這樣一個世界裡，政治領導人和選民都要求和選擇了激烈的方法變化。隨著瑪麗娜•勒龐（Marine Le Pen）和國民陣線

（National Front）以二〇一七年中期在議會中最高階的兩名候選人之一的身分角逐法國總統大選，歐洲已經見證了右翼的興起；在德國，德國另類選擇（Alternative für Deutschland）不僅在同年九月的聯邦選舉中贏得了首個席位，而且還在隨後進程中成為了第三大黨——有九十四名議員獲選進入了議會。

在歐洲發生的摩擦集中在關於移民和國家認同的問題上。但是這些摩擦是受恐懼所驅動的——無論是真實的恐懼或想像中的恐懼——想要以激進的行動來延緩變化或是逆轉變化。在匈牙利，隨著確保司法獨立和媒體自由的失敗，以及對少數族裔越來越少的保護，有刺的鐵絲網已經沿著克羅埃西亞和塞爾維亞邊境修建起來。這已經導致了歐盟對自己的成員國施加制裁的呼籲出現——「在歐盟之所以成立的價值之上的……清晰的漏洞」已經如此劇烈。[9]

在這件事之後發生的是出於相似疑慮而對波蘭進行懲罰，由於波蘭對自由價值的拒絕是如此強烈，歐盟在二〇一七年十二月祭出了《里斯本條約》，要求華沙方面放棄司法改革。「我們和波蘭政府存在爭議」，歐盟委員會主席尚-克勞德・榮克（Jean-Claude Juncker）說；但至少，他用使人寬慰的口吻補充說，「我們不是在打仗」。[10]

歐洲內部的壓力和緊繃態勢，各成員國對於面臨的困難和對重大內部問題、沒能有效處理難民和歐洲以外的經濟移民到來問題的看法是一致的，他們認為難民和移民的到來給歐盟本身的理想和統一帶來了巨大壓力。義大利副總理路易吉・迪・梅歐（Luigi di Maio）在二〇一八年夏天表示，歐盟看起來在「成立的根本原則上有了嚴重問題」。也許，不再給歐盟的年度預算做貢獻的時候已經到了。[11]

然而，信心崩潰的縮影已經顯現出來，英國在二〇一六年夏天舉行了公投，儘管脫離歐盟的過程和結果仍然晦暗未知，有五二%的投票者仍選擇聽從離開歐盟的建議。

在為全民公投做準備的過程中，歐盟被當作是問題的一部分，而不是英國未來解決方案的一部分。按照博里斯・強森（Boris Johnson）的說法，歐盟是一個「摧毀工作崗位的引擎」，已經給英國經濟造成了深深的損害。[12]所有歐盟成員國的海關聯盟是「對英國國家利益的完全出賣」，一位重要的脫歐支持者說道；但「幸運的是」，另一位高級政治人物表示，英國和其他國家保持著可以重新點亮的「悠久友誼」，可以跟這些國家達成更好的貿易條款——就像以前那樣，這些國家幾乎都曾是英國的殖民地。[13]向未來躍進意味著回首過去。

無論脫歐將呈現出怎樣的長期後果，既成的事實是，在西方已開發世界中的許多國家、政治人物、選民和政府都正在採取行動來減少彼此的合作，解除那些現在看來已經不受歡迎、有問題，而且事實上起到了反作用的過去達成的協議。充滿希望地為共同利益展開協作的樂觀主義已經被懷疑和不信任所取代，而且更重要的是，事情正在向各自為戰的方向發展。二〇一六年夏天，梅伊（Theresa May）在她作為首相任內的第一次G20峰會上，向世界最強大國家的首腦們傳達令他們大吃一驚的訊息，英國將成為「自由貿易的全球領導者」——這樣雄心勃勃的想法或是衝動並不現實：一個家裡亂成一團的人是無法帶領別人的。[14]

對白宮、對英國脫歐和對熟悉的西方權力走廊上的頭條新聞一刻不停的關注，意味著對世界其他地方的關注十分有限，當在其他地方發生了具有地區性，事實上是具有跨大陸效應的大規模發展變化時，這種無知就來得特別強烈。在追逐和關注同樣的事情和人物時，付出的代價是喪失對宏觀圖景的把握。

西方孤立和破裂的主題與自二〇一五年開始沿著絲綢之路發生的事情，形成了尖銳對比。在連結太平洋至地中海的大部分地域中，正在發生的事情是鞏固和尋找能夠更高效合作的方式；這個趨勢是關於化解緊張關係和建立聯盟；正在這裡發生的討論是關於互惠互利的解決方案以及提供長期合作的平台。

多個機構促進了這些合作與討論，既讓對話成為可能，又能採取實際的手段來加深國與國之間的關係——像亞洲發展銀行（Asian Development Bank）和新的亞洲基礎設施投資銀行（Asian Infrastructure Investment Bank）之類的多邊金融機構，還有像上海合作組織、亞歐經濟聯盟、金磚國家峰會、跨太平洋夥伴關係協定（TPP，儘管沒有美國參加）和區域全面經濟夥伴關係協定——後者包括來自東南亞的國家和中國、印度、南韓、日本、澳洲和紐西蘭。這些國家的GDP總和高達將近三十兆美元——或是占據全球GDP的三〇%並代表了三十五億人口。創造一個現代、綜合、高質量、互惠的經濟合作協定的磋商，已經緊鑼密鼓地進行起來，讓人們看到了如一個經濟學家所言的有史以來最大的自由貿易協定的前景。[15]

並不出人意料的是，走向合作的過程在亞洲和世界是不一致的。民族之間不容忽視的重大隔閡、敵對和競爭仍然存在，以及那些對於地區和有些時候對全世界造成不安影響的個人也還存在。但無論如何，看到世界正在向兩個不同方向旋轉仍是一件引人驚嘆的事情——一邊正在拆夥、各走各的路，另一邊加深聯繫並試著彼此協作。

例如，中亞許多資源豐富的國家已經開始探索展開務實合作的方法並取得了一些實效。在二〇一七年三月，土庫曼和烏茲別克兩國的總統揭幕了跨阿姆河（Amu Darya River）的新建鐵路橋。這座橋位於土庫曼納巴德–法拉布（Turkmenabat-Farab），是一個重要的十字路口，這個工程不僅能改善兩國之間的交通，同樣能打開遠距貿易的可能。[16]然後還有中亞共和國提出的展開協作的倡議，例如那些旨在幫助塔吉克鞏固其南方和阿富汗的邊境，包括一個目的是阻止毒品走私的行動，或是於二〇一七年下半年在吉爾吉斯的奧什（Osh）、巴特肯（Batken）和賈拉拉巴德（Jalalabad）地區增設新的檢查點，讓跨越邊境到烏茲別克變得更容易、更快捷。[17]

關係的改善會促進交換行為。例如，在哈薩克和烏茲別克之間的雙邊貿易，光是在二〇一七年一年就增加了三一・二%，同時還有新的倡議提出來，目標在接下來的幾年中讓貿易更進一步增長。[18] 無論是哈薩克宣布二〇一八年是烏茲別克年，還是烏茲別克相應地將二〇一九年提名為哈薩克年，兩國之間的長遠關係還有待觀察。[19] 雖說聲明「兩個博愛的民族……肩並肩地邁向經濟發展的道路」和尋求以「永恆友誼和戰略夥伴關係」為基礎的互惠互利，是不能太嚴肅對待的悅耳漂亮話，但儘管如此，他們的確努力地強調了共同的利益、共同的歷史和未來相互支持的共同論述。[20]

至於更實在的價值，雙方做出了行動以大大提高雙邊貿易水平，例如在二〇一九年四月簽署的一份協定，哈薩克每年將給它的這個中亞鄰國供應二百萬噸石油——比當前的供應水平提高了將近十倍——有些人聲稱這個數字在不久的將來將會再上翻超過一倍。[21]

在其他地方，也有相似的改善關係、增加貿易的例子。例如在烏茲別克和塔吉克之間，貿易數額從二〇一四至一八年間翻了二十倍。[22] 同時在伊朗和亞塞拜然之間，按照伊朗總統的總參謀長馬赫穆德・瓦埃濟（Mahmoud Vaezi）的說法，「所有的戰略工程合作，例如能源上的合作所需的必要準備都已經做好了。」他在二〇一八年初夏參加了在巴庫（Baku）舉行的一場會晤後說道。[23]

關於學術合作的協議以及和輸油管線建設有關的合作，宣告了阿富汗和塔吉克在接下來幾年中將會有更緊密的關係。[24]更重要的是跨安納托利亞天然氣管線（Trans-Anatolian Pipeline，TANAP），這條管線在二〇一八年六月開始運行，連接了位於亞塞拜然的沙迪尼茲二世（Shah Deniz II）天然氣田和歐洲東南部——儘管有些人提出，這條管線在給作為一個整體的歐洲進行的能源供應中扮演的長期角色可能會限制在中期角色上。[25]

TANAP只是各種各樣的發展平台所包含的相似項目之一，這些項目把資源豐富的中亞國家聯通起來。另一個項目名叫CASA-1000（中亞－南亞動力計畫），至二〇二〇年時，這個計畫將把位於塔吉克和吉爾吉斯的水力發電站輸出的剩餘能源轉送至巴基斯坦和阿富汗。[26]吉爾吉斯駐巴基斯坦大使艾力克・貝舍比耶夫（Erik Beishembiev）不久前談到了諸如此類的加強聯繫的舉措，這些合作正在改善比什凱克和伊斯蘭堡的政府雙邊關係，因為這兩個國家擁有「歷史淵源、共同的宗教、相似的傳統，以及在很多事務上的相似世界觀」。[27]

分享共同利益也是俄羅斯和其他歐亞經濟聯盟成員國（哈薩克、吉爾吉斯、亞美尼亞和白俄羅斯）與伊朗進行對話的基礎，雙方討論創立一個自由貿易區，簽署一個互惠互利的共同投資和內部銀行的協定，按照俄羅斯杜馬發言人沃羅丁（Vyacheslav Volodin）的說法，這是一個談判的關鍵障礙——但也將是一個重要契機。[28]

這是在中亞更廣泛鞏固過程的一部分，俄羅斯和伊朗也扮演著關鍵角色。增長中的貿易，改善中的關係，切斷跨國走私的努力並不只是理論上的優先事項，而是透過制度改革和建立實體機構來對擁有明確共同利益地區加以監督和協作的實際發展變化。這些變化也成為了渴望加強聯繫和政治紐帶的跡象的一部分。[29]

世界的心臟地區正在編織到一起，一個典型的例子就是在二〇一七年十一月於撒馬爾罕召開的一場會議，來自中亞各共和國的高級官員連同來自阿富汗、俄羅斯、中國、土耳其、伊朗、印度和巴基斯坦的重要官員會面，討論了如何處理恐怖主義、宗教極端主義、有組織的跨國犯罪和毒品交易的問題——這場會議討論的主題名為「中亞：共同的歷史和未來，合作可持續發展和共同富裕」。[30]

當然了，像是這樣的會議——以及關於生活在絲路沿線的人民團結一致的空洞淺薄發言——可以是恭維和欺騙，也可以是渴望解決實質問題的善意表示。但是以中亞而言，關於棘手的邊界爭議問題的進展已經開始了，歷史上和民族上的緊張態勢常常讓國家關係受到威脅，甚至到了一些觀察家曾提出潛在軍事衝突的警告程度。[31]這些問題也已經開始得到解決。在世界的心臟地帶，也許走向鞏固聯合的最具重大意義的一步，就是一項關於裡海法律地位的協定，裡海的法律地位問題曾是俄羅斯、伊朗、土庫曼、哈薩克和亞塞拜然之間展開大規模合作的一個重大障礙——在能源產業上尤其如此。

制定讓多方都可以接受的概括條款，花了驚人的好幾十年時間；因為裡海本身和濱裡海國家豐富的碳氫化合物資源是如此豐富，這個具有地標性質的協議可能將會讓石油和天然氣不僅能輸送到整個地區，更可能會輸送到全世界的市場上。[32]然而，正如一些觀察家已經指出的，雖然在二〇一八年八月簽署的這項協議是明顯的向前邁進了一步，但是仍有許多問題懸而未決，還無從把握這些沒有拍板的議題是否能以任何方式在確定無疑的時候獲得解決。[33]

已經達成的協議毫無疑問是亞洲脊梁地區最新的一系列向前邁進、消除障礙、改善長期合作前景的行動。其中一個例子是吉爾吉斯和烏茲別克有可能以交換國土的方式達成兩國之間的邊界協議。[34]另一個例子是二〇一八年四月在阿斯塔納舉行的一次會議，哈薩克、烏茲別克和土庫曼三國在一系列的邊境領土上做出了結論。「沒有懸而未決的邊境問題了。」哈薩克的納札爾巴耶夫（N. Nazarbayev）總統這樣宣布，並且和塔吉克總統拉赫蒙（E. Rahmon）一同做出了一項新承諾，將針對該地區的水資源問題展開緊密協作。[35]

關於水的問題是整個中亞地區最重要的問題之一——最具代表性的就是鹹海問題。當匯入鹹海的河流被改道，以配合蘇聯錯誤的農業計畫，鹹海自六〇年代起已經幾近消失。按照在自然景觀、環境汙染和公共健康方面造成的災難角度來看，這件事造成的緊張關係和實際操作方面的困難是很難低估的。在公共健康上，問題從呼吸道系統疾病、癌症到嬰兒死亡率方面不一而足。[36]

在二〇一八年五月底，暴風席捲了烏茲別克和土庫曼的部分地區，颳起了乾涸的海床上的鹽，讓麥田和棉花田蓋上了一公分厚的鹽巴——當時水源的短缺已經造成了當季農作物的歉收。[37] 恢復水位的努力正在顯現出效果，雖然十分緩慢，但這一事實實在是一個受人歡迎的好消息。[38]

這樣的努力並沒有幫助到阿富汗，七〇%降水量的缺損導致了聯合國在二〇一八年六月發布了歉收警告，河流已經乾枯，到年底時，有兩百萬人可能會面臨食品短缺的危險，這種局面無疑將在這個四十年來飽受戰火不斷蹂躪的國家造成災難性的人道主義危機。[39]「為了讓我的兒子免於挨餓，」一個農民這樣說。「無論是加入達伊什（Daesh，即ISIS）或塔利班都可以。」[40]

問題的一部分原因是三條中亞的主要河流——錫爾河、阿姆河、額爾濟斯河——都是跨國河流，這意味著一個國家做出的決定將會給下游的其他國家造成影響。該地區面臨的七〇%發展問題都是飲用水短缺所導致的，我們可以從這個事實上看到河流的重要性。[41] 因此，並不出乎意料的，找到一個方案來以適當手段解決水資源管理的問題，尤其讓人感興趣和引人擔憂，這樣的局面已經行之有年了。[42]

在南亞，水也是一個問題，印度修建的奇山甘加大壩（Kishanganga dam）和水力發電站，已經成為巴基斯坦政府的一個嚴重的焦慮來源，巴基斯坦方面指出，這些工程違反了一九六〇年達成的在印巴兩國之間分配印度河水資源的條約。在二〇一八年五月，大壩正式啟用，在阿富汗的喀布爾河上修建多達十二座水電站的提議，更進一步刺激了人們對於大壩的焦慮——這樣的提議將會給像卡拉奇（Karachi）之類的城市造成更多的資源壓力，卡拉奇的城市人口每年增長超過五%，而且水委員會只能供應需求的一半用水量。[43]並不出人意料的是，奇山甘加大壩一事已經被提交給了國家法庭來裁決，而且，也許同樣不會令人驚訝的是，爭議已經在印度和巴基斯坦造成了互相指責，引發了兩國媒體深刻的靈魂詰問和提出有破壞和密謀情勢的懷疑。[44]

隨後還有氣候變化帶來的影響，按照近期的研究，在接下來的三十年中，氣候變化會促使烏魯木齊一號冰川喪失八〇%的冰量——這將會給中亞和中國西部帶來明顯影響，不僅一號冰川和其他冰川在給河流供水上扮演了重要角色，而且也是乾旱時期的備用水源。[45]

水短缺造成的問題可以用二〇一八年春天伊朗爆發的抗議來解釋。根據伊朗伊斯蘭共和國氣象組織估計，該國有九七%的國土正在經受不同程度的乾旱，有整個的城鎮和村莊被居民遺棄。短缺導致了暴亂，一些地方的抗議遭到了安全部隊的強力鎮壓。[46]形勢是如此急切，以至於伊朗的最高領袖阿亞圖拉哈梅內伊（A. Khamenei）在諾魯茲節（Nowruz，波斯新年）的致詞中承認，乾旱帶來的困難現實，並祈禱「神的慈憫」能在短時間內解決問題。[47]

除了祈禱以外，伊朗也採取了更有建設性的措施來解決水況問題，水力發電站無法正常工作的局面已經危及了該國的一些能源供應。[48]和鄰國阿富汗進行的恢復赫爾曼德河（Helmand River）流量以及恢復給哈蒙濕地（Hamoon wetlands）供水的討論，已經在近期變得更加積極。按照伊朗外交部長穆罕默德・賈瓦德・札里夫（Mohammad Javad Zarif）的說法，已經達成的協議將會讓未來每年有八億五千萬立方公尺的水流入伊朗。[49]

在其他地方，那些曾經在過去簽署、但隨後又因為政府和常常把彼此視為競爭對手的領導人之間缺少政治善意而擱置的框架協議，再次取得了進展。烏茲別克總統卡里莫夫（Islam Karimov）在二〇一六年離世，接替他的沙福卡提・米爾濟約耶夫（Shavkat Mirziyoyev）已經做出了努力來打破僵局，並帶來討論和行動的新機遇。「水、和平和安全的問題是彼此密不可分地聯繫起來的，」米爾濟約耶夫在二〇一七年九月於紐約的聯合國大會上說道，「除了讓該地區的國家和民族獲得相等的利益以外，沒有其他能解決水資源問題的替代方案。」[50]

米爾濟約耶夫的新政府已經將風向變化帶入了烏茲別克，其中包括長久以來被熱切期待的人權、媒體自由和其他指數的改善——就像它的許多鄰國一樣——在諸如此類的指數得分歷來低下。[51]例如，在二〇一八年五月時，一個法官釋放了兩個被指控寫文章批評和陰謀推翻政府的人，到目前為止，沒有任何一名記者遭到關押，這是自從蘇聯解體之後的首次。[52]

按照以美國為基地的自由之家（Freedom House）在二〇一七年秋天做出的報告，在過去是作為公眾禁忌的話題，例如「失敗的貨幣兌換政策」和「在俄羅斯的大量烏茲別克移民勞工」的議題，現在可以公開討論，與此同時「些許開放的公民行動主義」也值得關注，看待宗教自由的強硬態度也正在放鬆。[53]

像是諸如此類的改善已經吸引了世界其他國家主流媒體的關注，這已經表現出這樣的轉型影響將會多麼重大。的確，在不到兩個星期內，《紐約時報》做了兩個主要專題，報導烏茲別克的積極變化和開放的新時代黎明的來臨。[54]其他人則是更加慎重。雖然對改善人權狀況的手法表示歡迎，但是一份由十二個非政府組織（NGOs）發表的聯合聲明指出，「網路審查、出於政治動機的監禁、酷刑、缺少有競爭性的選舉過程，以及對過去的嚴重侵害問題缺少轉型正義一事仍然有待解決」。[55]改革究竟是否是真的，還是只是裝點門面的表面動作仍然不清楚。有些專家已經準備好要認定烏茲別克邁出了積極的步伐，但是還不確信這個國家已經走過了決定性的分水嶺。[56]

然而，除了引人注目的頭條新聞、在聯合國的發言與改善人權情形的明顯進步以外，還有更多的事情正在發生。消除障礙、增加合作和促進貿易都需要每個層面的討論和決策。以此而言，不久前來自塔吉克和土庫曼的官員討論了有關兩國之間的領事事務，這是十分值得注意的一件事——雙方提及了「礦業和石油、天然氣工業、能源產業部門和礦物資源加工」以及「對整個地區十分重要的基礎設施工程」相關的事務。[57]

這樣的情形給我們提供了一個絲綢之路沿途國家正在尋求更緊密的聯繫的例子。由土庫曼、亞塞拜然和烏茲別克的國營石油公司開發裡海油田的共同投資，給我們提供了又一個這樣的例子。[58]新的鐵路線也在絲綢之路縱橫交錯的網絡中修建，這其中就包括二〇一七年十月揭幕使用的巴庫—第比利斯（Tbilisi）—卡爾斯（Kars）的新鐵路，和連接浙江義烏和伊朗德黑蘭的新鐵路，以及將貨物轉運到歐洲的鐵路升級工程。[59]

伊朗總統魯哈尼（Hassan Rouhani）在二〇一八年八月舉行的一次會議中，向裡海沿岸國家的政府首腦們提出：「增加中的合作範圍十分廣泛」。如果哈薩克和伊朗修建運輸網絡的話，「哈薩克可以經由伊朗連接至南方水域，而且伊朗也可以經由哈薩克連接到中國」，他這樣說道——鼓勵人們不僅要連接兩個國家，更要發展聯通更廣闊區域的新運輸基礎設施。[60]

連接東南亞至北歐的新「國際南北運輸走廊」也有了進展，見證了亞塞拜然、俄羅斯和伊朗政府更緊密地合作。「這個工程也將包括我們的交通部門，」俄羅斯外長拉夫羅夫（Sergei Lavrov）說，「將考慮到技術和金融方面，同樣也和我們的海關和領事服務產生互動。」[61]關於擴大這個走廊以便讓印度商品和服務也能參與的討論正在繼續當中。[62]

該走廊的重要性十分明顯，一些人預計如果伴隨著新鐵路線的投資的話，印度和亞歐國家的貿易可能會從每年的三百億美元上翻近六倍。[63]另外的一份分析指出，隨著跨該地區的貿易增加，單伊朗一個國家就可能產出二十億美元的運輸費——有些官員的說法是伊朗可以期待每一噸的貨物就有五十美元的過境費收入。[64] 即使是這樣的數字太過樂觀，他們還是指出了改善基礎設施、交通和通訊的聯繫可能會帶來的好處。

還有在二〇一一年，印度、伊朗、哈薩克、土庫曼、烏茲別克和阿曼簽署了「阿什哈巴德協定（Ashgabat agreement）」，雖然切實的成果仍然難以看清，但該協定尋求加深各國的合作，促進商品流動，並實現這些國家之間的免簽證旅遊。[65] 更加有希望實現的是一個「絲綢簽證」（Silk Visa）的提案，這種簽證可以讓中亞各國實現免簽旅遊，而且正有計畫將範圍擴大到包含亞塞拜然和土耳其在內。[66]

將世界心臟地帶連接在一起的各種計畫中，還有一條「青金石」走廊（'Lapis Lazuli' corridor），它將阿富汗、土庫曼、亞塞拜然、喬治亞和土耳其相連。這份價值二十億美元、費時四年進行協商的提案的目的是修建公路和鐵路，將阿富汗赫拉特省（Herat）的托恭迪（Torgundi）和阿什哈巴德相連，然後再連接到裡海沿岸的土庫曼巴什港（port of Turkmenbashi）。這條走廊將把巴庫、第比利斯、安卡拉和通往波季（Poti）和巴統（Batumi）的支線連接起來，隨後再從土耳其首都安卡拉通向伊斯坦堡。[67]

按照一些報告中的說法，這項計畫的內容還需要進行增補，將加上一條耗資二十四億美元的十六線道高速公路，把阿什哈巴德和位於烏茲別克邊境處的土庫曼納巴德連接起來——

想像一下，在一個夏季氣溫通常超過攝氏四十度的國家進行公路旅行的烏托邦場景，這條高速公路沿途將點綴上各種休閒中心、商店、餐廳、汽車旅館、露天或室內停車場、加油站以及其他各種各樣的設施。[68]

這項誇張的建設只是圖景的一部分，這個圖景還包括在裡海沿岸的土庫曼巴什修建新的港口設施，據報導，這一工程將耗資十五億美元。儘管至少在土庫曼的案例中，大多數評論人都懷疑每年運送的貨物或乘客數量是否能證明花費的合理，但是這樣的工程仍顯示出金額重大的投資正在流向大規模的基礎設施工程。[69]

的確，在二〇一八年五月舉行的新設施的揭幕典禮上，人們並沒有關注港口設施所扮演的物流運輸集散地的角色，而是更關注土庫曼領導人長年以來所追求的癖好：打破世界紀錄。在港口揭幕慶典上獲得介紹的第一位來賓就是來自金氏世界紀錄的代表，他來見證全世界在海平面以下建造出的最大工程——這正是與土庫曼巴什的實際位置反常之處。[70] 這項世界紀錄讓這個港口可以和之前的一系列世界紀錄相提並論，其中包括全世界最高的以白色大理石外包的綜合建築物、全世界最高的國旗杆（這項紀錄隨後被塔吉克超越）、全世界最大的手工編織地毯、全世界最大的摩天輪、最多輪流唱歌的人數、全世界最大的星形屋頂和最大的一匹馬形標誌。[71] 這引起了約翰・奧利弗（John Oliver）在《上週今夜秀》（*Last Week Tonight Show*）節目中的注意，在總統別爾德穆哈梅多夫（G. Berdymukhamdov）在公眾面前消失了幾個星期之後，不時有報導說他已經死亡，但過沒多久，又一項新的世界紀錄出現了——這一次是世界上最長的騎直線腳踏車隊。[72]

然而，更實質上的進展則是出現在其他國家。關於能源產業共同利益的討論已經促使俄羅斯、亞塞拜然和伊朗提議將電網相連，從而讓伊朗可以輸出電力——正如已經向伊拉克和阿富汗提供的那樣。[73]合作的進展迅速，在條款敲定的僅僅幾個月後，伊朗和亞塞拜然就完成了首筆交易。[74]

大規模的基礎設施工程所帶來的回報來得很快。在二〇一七年夏天，伊朗伊斯蘭共和國鐵道部的副手易卜拉欣・穆罕麥迪（Ebrahim Mohammadi）指出，貨物運輸量相比去年同期增長了五五%。[75]按照伊朗的貿易促進組織（Trade Promotion Organization）提供的資料，至二〇一八年三月二十日的財政年度截止日，運輸收入相較於前一個財政年度提高了二〇%。[76]

整個中亞地區未來增長的前景已經被許多人認識到了。在二〇一八年春天於阿斯塔納舉行的一場峰會上，土耳其外長梅夫呂特・恰武什奧盧（Mevlüt Çavuşoğlu）談論了刺激土耳其和哈薩克兩國之間的雙邊貿易在未來達到五十億甚至一百億美元規模的內容，這要比目前的數額擴大了許多。「土耳其公司在哈薩克的發展中起到了重要作用。」他指出，在未來有更進一步增長的良好潛力。[77]這是泛突厥情感和中亞各國——以及土耳其——尋求協作並在經濟上、政治上和文化上更緊密地合作的趨勢廣泛浮現出來的一部分結果。

提供可靠的法律系統是強化交流的一個辦法。在哈薩克的案例中，一個富有創造力的解決方案是阿斯塔納國際金融中心（Astana International Financial Centre）的創立，這是一個在二〇一八年夏天開始營運的機構，它擁有一個法庭，由近幾十年來最出色的英國律師執掌，領導者是沃爾夫勛爵（Woolf）——英格蘭和威爾斯最高法院的第一大臣。這個法庭受命進行的工作是按照英國法律的原則對商業和民事訴訟做出考量——並給被當地法律搞得焦頭爛額，難以理解司法為什麼並不如它本應該的那樣獨立的投資人提供幫助。[78]這樣做的目標主要是吸引外國投資人，但同樣也是為了監管國營商業的動向，比如哈薩克的國家航空公司阿斯塔納航空（Air Astana）、該國最大的移動通訊商哈薩克電信（Kazakhtelecom），以及世界上最大的鈾礦業者哈薩克原子能公司（Kazatomprom）之類的企業。

在大規模的基礎設施投資中獲利的可能性已經吸引到了引人驚嘆的資源。將土庫曼的復興氣田（Galkynysh field）和巴基斯坦及印度連接起來的天然氣管線工程的動工，也吸引了阿富汗總統阿沙拉夫・加尼（Ashraf Ghani）做出樂觀的評論，他談到了讓有關阿富汗的報導從暴力和不穩定變成受歡迎的消息的事情。「在經過了超過一個世紀的分隔後，」他說道，「南亞和中亞正在經由阿富汗連接在一起。」在罕見的印巴團結一致的場面中，印度外務部長稱讚這條管線是「象徵了我們的目標」，而且是「合作的嶄新一頁」，隨後巴基斯坦總理沙希德・可汗・阿巴斯（Shahid Khaqan Abbasi）表示，他相信土庫曼－阿富汗－巴基斯坦－

印度（TAPI）管線「將從一條天然氣管線變成能源和交流走廊」。79

像這樣的樂觀聲音激起了伊朗的酸言酸語，國立伊朗天然氣公司（National Iran Gas Company）的首腦哈米德禮薩・阿拉奇（Hamidreza Araqi）表示，這條管線永遠也建不起來。遠比這合乎情理的方案是從土庫曼輸送天然氣到伊朗，他這樣說道，伊朗可以直接將天然氣送往巴基斯坦。但事實上這個提案所提及的伊朗和巴基斯坦之間的管線還根本不存在，從那時候起，就有報導說TAPI管線終於有了進展，而且有一段管線很可能在二〇一九年開通——雖然仍舊缺少能夠讓管線達到完全運載能力的壓縮機站點。但是巴基斯坦的能源需求要求管線工程走一些捷徑以求迅速開通，從而省下達到最佳運載能力所需的時間。80

不管怎樣都實在讓人感到驚訝的是，當阿富汗動盪局勢的恐懼可能會導致一個大型基礎設施工程胎死腹中的時候，來自塔利班的熱情話語卻平息了這樣的恐懼。「TAPI管線工程是重要的地區工程，其基礎是在伊斯蘭酋長國（Islamic Emirate，即塔利班神學士政權）的統治時期就已經打下的，」塔利班在一份二〇一八年初發出的聲明中這樣表示。因為美國的軍事存在，工程已經遭到了延宕。「在塔利班控制下的地區，伊斯蘭酋長國將完全配合工程的實施。」這份聲明補充道。因此，塔利班說，「這個重要的國家工程將不會延宕。」81

這是在一個阿富汗要素身上發生的明顯變化，有些人將這種變化視為能在塔利班和政府之間展開正面對話的跡象。「我們已經和部落領袖、政客、教師、公民團體機構成員進行了討論」，阿富汗邊境和部落事務部長古爾・阿伽・舍爾札伊（Gul Agha Sherzai）在二〇一八年春天這樣說道。[82] 周邊的鄰國不但對會談的舉行加以鼓勵，而且還提供會談主辦場地的事實，也同樣可以被視作多方國家都決定用舒緩和聯合的方式共同解決問題的標誌。[83]

阿富汗內部發出的喧囂，已經足以讓駐紮在這個飽受戰爭蹂躪的國家的美國和北約軍事力量司令約翰・尼柯爾森將軍（John Nicholson）感受到鼓舞，他提出，和平討論「給我們帶來了這將是一個史無前例時刻的希望」。北約的高級民事代表齊默曼（Cornelius Zimmermann）也同意這樣的觀點，他補充說：「在我身處阿富汗的時間裡，我還從來沒聽說或者經歷過像加尼總統邁出的這樣勇敢的一步。」[84]

得出這樣評估的一部分原因，是出自對阿富汗正在發生的事情具有信心的觀點。最近的幾個月呈現出了「對阿富汗安全部隊有利」的勢頭，一份為美國國會準備的最新軍事動向報告這樣說道。塔利班「正在降低的期待」可以被視為遠離全面對抗，走向「游擊戰術和自殺襲擊」的跡象。甚至是在二〇一八年夏天發生在加茲尼（Ghazni）的嚴重攻擊事件後，西方的軍事指揮官仍然信心十足。「我們有前所未有的機遇，一個現在就得到和平的機遇之窗。」[85]

事情也許真的是這樣。但是美國官員越來越頻繁地「坐飛機」去到喀布爾周邊，「以避免街道自殺式襲擊」的事實揭示出，在阿富汗首都本身所暗藏的破壞的頻率和規模，以及對認定形勢改善的樂觀情緒要加以小心對待的重要性。[86]

有個人就是這麼做的，這個人就是總統川普，據說，他在二〇一八年七月在五角大廈進行的一場會議上，說出了他對尼柯爾森將軍的感受。「我不覺得他知道怎麼贏，」川普說。「我不知道他是不是一個贏家。在那裡仍沒看到勝利。」[87]

在二〇一八年底，川普徹底失去了耐心，他乾脆宣布從阿富汗撤軍，向塔利班提出停火並下令在接下來的幾個月中撤出一半的美國軍隊以作為全面撤離的前奏。[88]不管怎樣，即使是在二〇一九年夏天美國談判人員和塔利班進行了密集的和平會談之後，只有最堅定的樂觀主義者才會足夠勇敢地賭注阿富汗會順利回歸和平——無論美國是否完全撤離，事情都是這樣。[89]雖然安撫和支持的言詞可能聽起來十分鼓舞人心，但依靠塔利班的現實要求，無論阿富汗是否有任何美國的長期軍事存在，都要有一部嚴肅認真的憲法——塔利班的名字就是一個標籤，認為一群完全不相干的個人在當利益消失的時候會選擇彼此合作是靠不住的。

塔利班支持管線工程的利益應該按照事情的本來面目加以理解，而非做出了一個團結阿富汗人民的姿態或是和政府合作意願的表達，塔利班據稱的對ＴＡＰＩ管線工程的支持，也表明了塔利班對於如何利用該國巨大的礦物財富是有一套完善的認識的，據估計，阿富汗擁有的礦物財富並不是以億來計，而是要以數兆美元來計。

按照美國地理調查局的說法，阿富汗可能掌握有將近六千萬立方公噸的銅、二十二億噸的鐵礦床、三萬兩千噸的水銀、數百萬噸的碳酸鉀和巨大儲量的稀土，例如鋰、鈹、鈮和銫。[90]

塔利班已經意識到了阿富汗的礦物財富提供了致富的機遇——同樣也能買更多武器、招募更多支持者，並建立更堅固的權力基礎。因此，他們特別關注確保那些存在開採活動地區的安全，留意能夠繼續利用這些資源，並且甚至能擴大開採行動。按照一個報導者所說的，在二〇一四年，「按照粗略但保守的估計，光是迪歐達拉（Deodarra）和庫藍瓦蒙詹（Kuranwa Munjan）這兩片礦區，就給武裝組織提供了約兩千萬美元的資金——這個數字相當於政府公布的在去年一整年從所有開採產業部門中得到的收益」。與此同時，在二〇一六年，青金石礦的一半收益都流向了塔利班——這個總數如果不是以千萬美元來計的話，也可以用百萬來計。[91]

同樣千真萬確的資金還包括來自水合矽酸鎂（hydrated magnesium silicate），這是「人類已知的最軟礦物」，嬰兒爽身粉的消費者應該對這種礦物不陌生。阿富汗幸運地擁有可以換來現金的鉅額儲量。接近水合矽酸鎂礦的不只有塔利班領導人，還包括那些伊拉克IS和黎凡特-呼羅珊省（ISIS-K）的成員，這些組織中有很多人都曾參與了在二〇一三年敘利亞和伊拉克北部分崩離析之後以拉卡（Raqqa）和摩蘇爾（Mosul）為中心建立一個哈里發國家的失敗嘗試。ISIS-K已經開始關注如何獲得資源豐富的領土，並在一些案例中加倍投入了力量，讓礦區不僅保持工作，而且更要擴大生產。[92]說來也許奇怪，那些在波哥大、舊金山、拉哥斯、加爾各答或武漢給嬰兒屁股拍爽身粉、和尿布疹奮戰的家長們雖然不知不覺，但也處在世界心臟地帶的權力爭奪鏈條的一環上。

塔利班和ISIS的成功已經帶來了蔓延的恐懼——人們不僅害怕基本教義派思想，同樣也害怕在阿富汗內外出現的破壞、軍事技術和戰術。例如，一些研究令人震驚地指出，在敘利亞和伊拉克參戰的大量ISIS支持者都擁有中亞國家的背景，很多人都被用來執行自殺式任務。[93]二〇一七年在紐約、斯德哥爾摩、聖彼得堡和伊斯坦堡發生的恐怖襲擊，是由來自中亞或是和中亞有緊密聯繫的人執行的。[94]

這就是為什麼絲綢之路國家對於在情報事務上進行合作的認知大幅增長的原因之一，其中也包括軍隊之間的合作。例如，除了烏茲別克和塔吉克軍隊宣布制定協同行動的計畫外，俄羅斯和烏茲別克軍隊宣布了在弗利什山脈（Forish mountain range）進行調動演習，以及塔吉克、巴基斯坦、阿富汗和中國軍隊的聯合訓練。[95]隨之而來的，還有自二〇一六年開始的由哈薩克軍人和印度軍人共同參與的健康友誼（Prabal Dostyk）聯合訓練，其目標是「加強現有的軍事關係……並在有需要時協同行動」。[96]

在二〇一八年夏天，來自上海合作組織中的絲綢之路國家成員國的聯合軍事訓練，在烏拉爾山附近的車里雅賓斯克（Chelyabinsk）舉行。這次活動有來自俄羅斯和中國的士兵參加，[97] 印度和巴基斯坦軍隊也出現在訓練中——這是兩國首次參加共同軍事訓練。[98]

過去幾年在伊朗和巴基斯坦邊境上發生的一連串事件，讓伊朗和巴基斯坦兩國承諾將更多地密切協作，共同對付定期以邊境衛兵為目標的武裝分子。例如，在二〇一七年四月，伊朗錫斯坦－俾路支省（Sistan-Baluchestan）的米爾加維赫縣（Mirjaveh）有十名邊境衛兵被埋伏在巴基斯坦境內的武裝分子所殺，此事激起了德黑蘭和伊斯蘭堡的政治人物、外交官和軍隊長官將在未來更緊密地協作以解決問題——儘管過沒多久，伊朗大使就被巴方召見去解釋一位伊朗高級軍官發出的「如果未來再有攻擊，伊朗將對巴基斯坦採取軍事行動」的言論。[99]

認定位於絲綢之路心臟地帶的國家共同協作，齊心協力地關注共同利益的觀點，不僅是過度簡化，而且還是對結構問題、狹隘對立、個人恩怨和可以一樣用來作為地區特徵的問題的避重就輕。例如，強調近期在伊朗和土庫曼之間交換天然氣的交易提案，就遮掩了這兩個國家自從二〇一七年便開始陷入到爭論不休中的事實，土庫曼聲稱伊朗虧欠了十五億美元債務，這筆錢是源於十年前迫使德黑蘭必須要進口天然氣的一個寒冬時的銷售舊帳——當時阿什哈巴德方面為了能占鄰國窘境的便宜，從而坐地起價，將天然氣價格提升了九倍。[100] 解決問題的磋商缺少進展，現在事情已經被呈交到了國際仲裁法庭上。[101]

土耳其和土庫曼的關係也有類似的糾結。起因是一家承接了價值數十億美元的工程建案，包括飯店、地標建築和高速公路的重要土耳其工程建築公司波里梅克（Polimeks），該公司受到的指控是提供給阿什哈巴德的獵鷹外型的新機場工程的屋頂、水管和供水存在缺陷。[102]

拖欠波里梅克和其他公司的數億美元款項導致了工人罷工，尷尬地揭露出長久以來的金融管理失當所造成的後果已經給土庫曼的經濟產生巨大壓力，這個國家擁有世界第四大的天然氣儲量，但是卻無法阻止通貨膨脹飆升、高失業率和食品、醫藥品短缺，讓糖尿病和心血管疾病的治療無法進行，阿司匹靈的價格上翻了三倍。[103]

一部分的原因是碳氫化合物的價格低迷、二〇一四年石油和天然氣收入銳減，在半年內縮水了一半——並且自此之後一直持續低迷。在整個中亞，商品價格的暴跌給公共債務造成重大影響，給經濟帶來壓力，而不是強迫政府反思野心並逆轉經濟態勢。[104]

以土庫曼的例子來看，不厭其煩地追求昂貴的虛華工程並沒有起到助力。這些面子工程包括奧林匹克體育場（該國從未舉辦，甚至從未申辦過奧運會）、冬季運動中心（該國的夏季氣氛可達攝氏四十度，冬季氣溫很少低於攝氏十度）和一個位於阿什哈巴德的耗資二十三億美元，能夠在一年時間裡運載一千七百萬乘客的新機場——當然也足以處理在二〇一五年訪客數字到達巔峰時的十萬零五千位訪客了。[105] 但願隨著時間的推移，土庫曼能夠找到一個解決方案來應對新機場沉入沙海中的事實。[106]

幻滅的程度已經到了這樣的地步，國外的反對團體曾報導土庫曼公民用報紙當作衛生紙，將這種方式作為一種抗議的形式，這反過來導致了警察被派往挨家挨戶搜查廁所來尋找罪人。人們這麼做是因為該國的貨幣馬納特（manat）幣值暴跌，造成了基本商品價格的上漲，這其中也包括衛生紙。但另一個原因是，按照反對團體的說法，人們用報紙當作衛生紙，是因為每天的報紙頭版上都是總統別爾德穆哈梅多夫的圖像。考慮到這位總統在二〇一七年的最近一次大選中獲得了九七％的選票，推測起來大概不會有許多嫌疑人應該追查——即使弄髒的報紙數量很明顯地暗示著不一樣的情形。[107] 在土庫曼國內獲得可靠信息的困難，讓我們難以確定這件事是否是一則被誇大的故事——以及出現在媒體中出現的潑髒水案例。

在一些案例中，二〇一五年期間天然氣、石油和商品價格的劇烈下跌是個專業化過程的催化劑，也是清除錯誤作法和消滅腐敗過程的催化劑。例如，在嚴重依賴化石燃料的銷售的哈薩克，隨著每桶石油的價格在八個月內從一百一十五美元下跌到了三十三美元，期望值迅速減少。這導致了對主權財富基金的收緊和盤查以助其符合政府規定——結果是資產在剛剛超過一年的時間裡下跌了二〇％。[108]

不可避免的，這不僅會導致工程開銷的重新校準，而且還會打壓那些在好日子裡賺得太多的人——例如像穆合塔爾・阿布里亞佐夫（Mukhtar Ablyazov）這樣的人，他是ＢＴＡ銀行的前主席，他透過海關從哈薩克向騎士橋（Knightsbridge）挪用四十億美元的事情遭到了追查。[109]

類似的清醒過程也在價格暴跌後的俄羅斯開始了。任命艾莉薇拉・納比柳麗娜（Elvira Nabiullina）為中央銀行總裁的決定，開啟了一場殘忍的金融系統清洗，三年中有二百七十六家銀行關門，另有二十八家被迫進入強制復原計畫——這樣的行動讓納比柳麗娜得到了普丁對她「精力充沛地努力打擊盜竊」的表揚。[110]

隨後，儘管有各種關於合作的喜悅、重大工程——包括TAPI管線在內的熱情洋溢的話語——但這些事情既不容易實施，也不容易支付投入，還有一些案例從來沒有突破紙上談兵的階段。光是TAPI管線的花費據估計就達到了一百億美元上下，這讓許多觀察家開始懷疑，在土庫曼據稱已經建成了的一段管線是否真的確有其事。[111]金融問題至少還可以理解，但土庫曼－中國輸氣管道的D線就不能用金融問題來理解了，這條路線並不經過飽受戰火摧殘的阿富汗，已經有商定好了的路線，而且資金已經到位——然而工程仍然沒有開動的跡象，原因大概是因為該地區存在的地方對立。[112]

經驗豐富的絲綢之路觀察家們也知道，不可預見性是意料之中的一環。例如在二〇一九年春天，總統納札爾巴耶夫發布了一份聲明，下令解雇那些沒能平衡經濟，沒有給國家帶來「積極改變」的政府官員。[113]這些地區可能是完全不可預料的。在上一個夏天，塔吉克的最高階伊斯蘭長官賽義德穆卡蘭・阿布杜霍迪爾左達（Saidmukarram Abdulkodirzoda）宣布，打鬥類的運動——例如拳擊——以及為了錢的「比賽和決鬥」屬於浪費時間，因此是伊斯蘭法律所禁止的。這件事驚動了在二〇〇八和二〇一二年奧運會上獲得了獎牌的塔吉克拳擊運動員（摔角則另當別論，按照阿布杜霍迪爾左達的說法，因為摔角運動鼓勵身體和精神上的發展，而且鼓勵年輕人「驕傲地舉起國旗並鞏固民族和國家形象」[114]）。

儘管有各種關於協作和進展的正面故事，但世界的心臟地區仍有令人不適的現實需要克服。在二〇一八年七月，據報導，塔吉克人被禁止攜帶超過四十公斤的行李物品越境進入烏茲別克——包括最多兩公斤的肉類和七公斤的麵粉。[115]隨之而來的是宣布大學教授和學生在沒有政府許可的情形下不得離開塔吉克——在一個和周邊國家及各國學者展開合作只會帶來更大利益的時候，這樣的舉動難說是一個積極信號。[116]

土庫曼也有類似的事情發生，據報導為了停止人才外流，該國禁止三十歲以下的國民離開國家，並從而阻止勞動力流失。[117]或者是巴基斯坦和印度，對記者的恐嚇正在變得益發司空見慣，而且時常付諸暴力。[118]哈薩克則提供了又一個抗議示威者遭到監禁以防止反政府訊息傳播到更遠的聽眾耳中的案例——至少，這樣的例子看起來能夠打消人們對於該國反對派實際上是政府安排，是為了提供一個民主運行假象的懷疑。[119]

強調位於亞洲脊梁上的各國彼此間具有重大不同也很重要，這意味著籠統地討論所有國家並不總是有幫助。例如，哈薩克有五六％的女性擁有銀行帳戶，而這個數字在亞塞拜然只有二六％，在吉爾吉斯更是下降到了一九％，在土庫曼則只有二％。[120]

談論復興亞洲脊梁的古老聯繫會遮掩住這樣的一個事實：許多連接東方和西方的國家和地區本身的聯繫十分不暢，在經濟上不發達，而且一些案例的地理環境著實令人生畏——比如光是哈薩克一個國家就和大部分歐洲面積相當了。如果不是全部，也有大部分的國家人權紀錄糟糕，宗教自由受限，而且社會流動性十分低下。然而，這些國家擁有豐富資源的事實，意味著能夠掌握天然資源並控制資源網絡，能夠讓資源抵達飢渴、富裕的市場的人扮演著塑造地區和全球未來的重要角色。

闡釋這一切的部分困難是源於這樣的一個事實，中亞是一幅更大拼圖中的一塊，拼圖中每個部分的移動都會影響到它。在中亞的西邊正在發生的是敘利亞內戰，以及持續掙扎中的伊拉克重建工作，重建國家的工作或多或少是從一片瓦礫堆中開始，這一切當然會對中亞有影響。在過去幾年，事情在伊朗看起來更有希望——至少是從表面來看。在二〇一五年簽署了《全面聯合行動計畫》（JCPOA，後文中簡稱為伊核協定）並解除了對伊朗制裁後，該國能夠把石油出口量加倍——這讓伊朗的經濟在接下來的十二個月中增長了一二・五％。[121]雖然增速已經放緩，但是伊核協定遭取消的威脅促使了本就已經處於上升態勢中的通貨膨脹，這導致伊朗政府不顧一切地採取行動支撐伊朗貨幣里亞爾的幣值。[122]

和伊朗未來國際關係中的不確定性並行著的，是伊朗在提高人民生活水準方面的挫敗，其失業數字遠比官方數字所顯示的更高，尤其是在年輕人之間，擁有手機人數的增加在二〇一七年末和二〇一八年初的街頭抗議中起到了一定作用，抗議活動帶來了一個人們熟悉的議題，面對抗議者，應該要選擇退讓，還是對任何的異議和不滿加以壓制。[123]雖然如何回答這個問題主要取決於對上街人群的動機和目的的評估，但是至少有一些對政府不滿的人——是來自於那些要求政府採取更保守而不是更鬆弛的政策的人。[124]

這樣的細微差別對於川普來說是看不到的，他在二〇一八年一月一日發了一條推文，宣稱：「偉大的伊朗人民已經受壓迫多年。他們想要食品和自由。和人權一起，伊朗的財富被洗劫了。如今是改變的時候了！」[125]川普身邊的參謀朱利安尼（Rudy Giuliani）在幾個月後則更激烈地評論此事，他告訴記者，總統想要在德黑蘭完成政權更迭，不僅伊朗政府的倒台是「中東和平的唯一方式」，而且這比讓該地區陷入困境幾十年之久的以巴協定還更重要。[126]更有甚者，朱利安尼在另外的場合中曾揚言街頭抗議既不是自發性的，也不是地方性的。他說道，「都是由我們在阿爾巴尼亞的人配合的」，這樣的說法是如此奇怪，讓人不禁困惑他基本的地理常識，也對他對現實的了解感到不解。[127]

當然了，類似這樣的說法只是更讓伊朗人團結起來，這比伊朗政府採取和實施的任何政策還有效。在二〇一八年五月，川普總統宣布可能會退出伊核協定的發言也導致了同樣的情況，他把伊核協定貶斥為「一個災難的協定，給了這個政權——一個邪惡政權——幾十億美元的錢，有一部分還是現金——這個協定讓我作為一個公民感到丟臉，也讓所有美國公民丟臉」。[128]

正如我們會看到的，儘管國際原子能機構的調查人員核實了伊朗已經遵守了原本的協定，但美國從伊核協定中的退出正中德黑蘭強硬派的下懷，這損害了當前魯哈尼總統帶領的伊朗領導層的信用和信心，魯哈尼是個溫和的改革派——至少以伊朗人的標準來看是這樣。[129]從伊核協定中退出加強了伊朗強硬派的勢力，讓這部分人更傾向於對美國抱持敵意。拋開美國政治人物的一切莽撞言詞而言，諷刺的事情在於，政權更迭是否會讓伊朗人的生活更受壓制，讓國際條約在今後不是更容易而是更難以達成。

事實上，美國退出伊核協定的行為導致的後果，包括德黑蘭內部已經出現了提高軍隊、防務開支和「文化、宣傳項目」開支的呼聲，以及來自影響力巨大的伊朗革命衛隊的聲明，該聲明表示試著和「罪惡、嗜血、欺騙成性和出爾反爾的」美國政府打交道是沒有用的。[130]在二〇一八年八月六日和十一月四日（美國單方面撤出伊核協定的第九十天和第一百八十天）重啟對伊制裁，意味著伊朗將面臨如何準備和處理接下來年月的壓力的嚴峻抉擇。

也許美國能迫使德黑蘭重回談判桌，甚至可能得到比之前達成的伊核協定更嚴格和更好的條款。但是這樣的結果是以給未來埋下苦果的代價完成的，而且在糧食短缺、公民騷亂和可能隨之而來的大規模鎮壓的壓力下，伊朗可能會陷入困境。那些盼望著中東地區又一個國家發生內爆的人們可能要停下來思考一下，敘利亞、伊拉克和阿富汗近年來的歷史提供的教訓。

伊朗的問題不是僅限於伊核協定的破裂或是國內情勢。伊朗對敘利亞總統阿薩德（Bashar al-Assad）的支持，以及對中東各國的分裂性政黨給予的支持，同樣是以巨大代價換來。按照曾任美國國家安全顧問的麥克馬斯特（H. R. McMaster）的說法，二〇一二年至二〇一八年期間，「伊朗已經給阿薩德政權和其他在敘利亞、伊拉克和葉門的代理人提供了超過一百六十億美元」，這給本就壓力重重的伊朗經濟壓上了沉重負擔。[131] 長久以來，伊朗和沙烏地阿拉伯之間的關係十分緊張，但是在最近幾年，這兩個國家的關係不僅更進一步惡化，而且會導致一些重大問題，對整個地區和全世界造成影響。

互潑髒水的情勢已經足夠糟糕了。「我相信伊朗的最高領袖讓希特勒看起來還很不錯。」野心勃勃的年輕沙烏地王儲薩爾曼在二〇一八年四月這樣說道。希特勒只是想要征服歐洲，而伊朗的領袖「是想要征服世界」。[132] 之前將哈梅內伊和希特勒相比較的評論，被伊朗外交部發言人駁斥為出自一個「冒險主義者」王儲的「不成熟、缺少考慮、毫無根據的」言論。[133]

這樣的言論至少要好過在二〇一七年年中公開散布的採取直接行動的威脅。沙烏地王儲在一次電視採訪中表示，不會有和伊朗展開對話的前景。「我們知道我國是伊朗政權的一個主要目標，」他這樣說道。因此，他強勢地暗示，先發制人的軍事行動正在相應的計畫之中：沙烏地人會毫不猶豫地率先出擊，而不是坐等回應。「把戰場放在伊朗要比在沙烏地阿拉伯」好多了。[134]德黑蘭方面對此做出了語氣同樣強硬的回應：「如果沙烏地人敢做任何傻事，」伊朗國防部發言人說道，「我們會讓除了麥加和麥地那以外的所有地方體無完膚。」[135]

在世界的經濟中心、政治中心和軍事中心所在地發生的戲劇性變化，正在促使舊的盟友關係得以溫習，新的盟友得到接觸。沙烏地和以色列關係的暖化就是這樣的一個例子。七十年來，利雅德都拒絕承認以色列國，甚至不承認該國的生存權，這樣的結果就是兩國之間沒有官方的外交關係。在對伊朗的恐懼陰影下，這樣的局面已經開始變化了。[136]

多年以來，沙烏地人都在金援和支持巴勒斯坦人的志業，如今這樣的努力正讓位給壓制德黑蘭政權的努力——這一共同目標已經把沙烏地阿拉伯、以色列和美國撮合成了盟友，這樣的關係直到近年以前仍會讓人覺得不可思議。沙烏地人正在著眼於在以色列和巴勒斯坦人之間不惜一切代價地強推一份協定：沙烏地人「不在乎，他們根本就不在乎這樣一份協定裡有什麼內容」，前以色列國家安全顧問亞科夫・納戈（Yaakov Nagel）說道——他們只在乎能否迅速敲定協議。[137]這個事實也許能解釋為什麼沙烏地阿拉伯的大穆夫提（grand mufti，最高宗教法律專家）不僅發布了一條教令（fatwa），宣稱穆斯林不可以抗擊以色列和殺死猶太人，而且還宣稱哈瑪斯（Hamas）是一個「恐怖組織」——這是一個重要的象徵和法律聲明，同樣也是中東局勢變化的明顯跡象。[138]

在這次根本上的聯盟關係重組中，以色列也扮演了自己的角色，事實上，這也是中東地緣政治的重組。「我們在許多穆斯林和阿拉伯國家中有很多聯絡人，其中一部分是祕密的，」以色列能源部長及安全內閣成員尤瓦爾・施騰尼茨（Yuval Steinitz）這樣告訴以色列軍隊電台，「與溫和的阿拉伯世界的聯繫，包括沙烏地阿拉伯在內，可以幫助我們封鎖伊朗。」[139]

雖然在沙烏地媒體中仍定期地對以色列指責，包括後者長久以來對以色列「持續施行的種族隔離」法律的譴責，與此同時，更為進展迅速的合作跡象也在同時發生著，這其中就包括允許往返台拉維夫和印度的航空公司使用沙烏地空域——而不是像以前那樣逼迫這些航班繞遠路。[140]

這種新的結盟態勢也產生了其他重要結果，包括以色列總理內坦雅胡（Benjamin Netamyahu）為支持沙烏地王儲穆罕默德・賓・薩爾曼做出的努力，後者被指控在沙烏地特工殺害賈邁勒・哈紹吉（Jamal Khashoggi）一事中扮演了關鍵角色。[141]

中東進行重新配置的驅動力主要來自華盛頓決策制定上的愈發強硬的態度，驅動的第一例就是對伊朗的持續關注。與以色列和沙烏地阿拉伯這兩個與德黑蘭長期對立的對手展開合作，這讓川普總統自信滿滿地談論起一勞永逸地解決以色列和巴勒斯坦人之間的問題。在二〇一八年秋天，他說這「就像是一筆房地產交易」，這筆交易在以後將被看作是「世紀交易」。[142]

二十一世紀的變動是由許多因素推動的——從人口統計上的因素，到經濟力量的轉換，從數碼技術扮演的角色到氣候變化。絲綢之路正在快速崛起，這是因為絲路上的國家正在受著通電一般的刺激。在接下來的幾年裡，在世界心臟地帶發生的事情將會塑造下一個百年。

第三章

通向北京之路

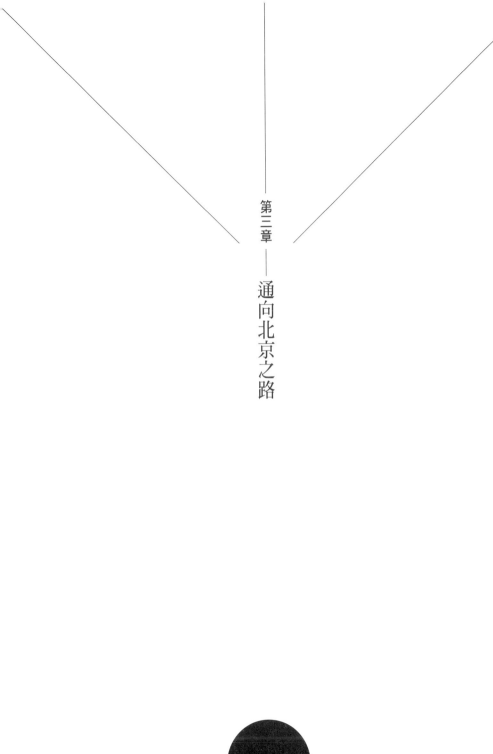

二〇一三年九月六日，中國主席習近平抵達了螢光閃閃、點綴著各種現代主義建築物的哈薩克首都阿斯塔納，這些建築物包括沙特爾（Shatyr）購物中心、和平與和解宮（Palace of Peace and Reconciliation）以及松石色的哈薩克中央音樂廳（Kazakhstan Central Concert Hall）——這只是自從九〇年代末以來在這座城市裡興建起的各種醒目新建築中的三座。

在翌日早晨，習近平抵達了納札爾巴耶夫大學，發表了一篇題目是「弘揚人民友誼，共創美好未來」的演講。當時很少有人能預料到這篇演講的重要性。習近平說道，中國的「優先外交政策」是和鄰國保持良好關係。應該從歷史上把人們連接在一起的網絡中汲取靈感。「一千年來，」習近平說，「絲路沿線不同國家的人民共同譜寫了友誼篇章並流傳至今。」對絲綢之路的研究表現出「不同種族、信仰和文化背景的人民完全能夠共享和平與發展」。

這樣的模式並不只是拿來了解和羨慕的——而是一個應該要複製出來的模式。是時候「打造更緊密的經濟聯繫，加深合作並擴展亞歐地區的發展空間」了。這是建造一條「絲綢之路經濟帶」的時刻。為了達到這個目的，要採取共同步驟，例如改善交流和協作的政策，提升交通聯繫，促進無障礙貿易，加強貨幣流通。是時候該讓絲綢之路復興了。[1]

這樣的倡議在以前就已經提出過了。在美國侵略伊拉克之後，美國外交官和政策制定者們就開始益發頻繁地商討增加亞洲心臟地區的聯繫，將此作為一項正式政策的一部分。「我們的目標，」美國南亞與中亞事務助理理查・包徹（Richard A. Boucher）在二〇〇六年於國會國際關係委員會上發言，「復興南亞和中亞之間的古老紐帶，藉此可以創造出地區貿易、交通、民主、能源和通訊上的新聯繫。」[2]

類似這樣的發言——尤其是亞歐事務的頂尖學者弗里德里克・斯塔爾（S. Frederick Starr）在一年前發表的一篇意見書——導致了中國的激烈反應。《人民日報》在頭條上抱怨這是「美國的大中亞政策陰謀」，這篇社論文章說道，「美國一直以來的目標就是滲透中亞，並控制這個地區」，並接著評論說九一一事件給了美國在中亞獲得立足地的藉口，從而重新打造這個地區以符合其自身利益。[3]

隨後還有一些相關演說，例如希拉蕊・柯林頓在她擔任國務卿的時候所談論的振興過去。「在歷史上，南亞和中亞國家是彼此聯繫在一起的，其餘的這片大陸上都有散播四處的貿易網絡，這個網絡被稱作絲綢之路，」希拉蕊二〇一一年在清奈說道，「讓我們共同協作創造出新的絲綢之路。不是一條如它的名字所說的單一通道，而是一個跨國的經濟網絡和交通網絡。這意味著要建設更多的鐵路線、高速公路、能源基礎設施……在邊界交會地區升級設施……消除官僚壁壘和其他阻礙貨物和人民自由流通的障礙……摒棄過時的貿易政策。」這無異於一套「二十一世紀的願景」。[4]

然而正如許多願景一樣，希望的意涵要大過實質。空談改善聯繫是一回事；為這件事出錢則是另外一回事。所以當習近平主席在阿斯塔納的演講後拿出了實際提案，並承諾會端出真金白銀的時候，人們很快就清楚看到了這件事的嚴肅性。框架工作很快就緊鑼密鼓地展開了，這一框架很快就以「一帶一路政策」為人所知——所謂「一帶」是指中國的鄰國和更廣闊地區的陸上聯繫，「一路」是指最終將把遠至印度洋、波斯灣和紅海連接起來的海上路線。正如二〇一三年十一月的中國共產黨中央委員會會議紀錄中所證實的，這些計畫的事實很快就安排進實際日程，這意味著他們已經在事先思考這件事有一段時間了。「我們將會成立一個以發展為導向的金融機構，加速連接中國和鄰國及地區的基礎設施建設，努力建設絲綢之路經濟帶和海上絲綢之路，以形成提供全面機遇的新模式。」[5]

鼓勵中國企業向外展望以尋找新機遇的觀點，已經在二〇〇〇年時被確定為正式的「走出去戰略」，這是第九次全國人民代表大會和國民經濟和社會發展五年計畫的一部分。習近平的目標不僅宏大，更是在現實中以令人震驚的速度和熱情推進著。

在二〇一五年年中時，中國發展銀行——該國關鍵的金融機構之一，宣布已經預備了八千九百億美元用於超過九百個工程項目上，這些項目主要集中在交通運輸、基礎設施和能源上。[6]六個月之後，中國進出口銀行宣布開始為據估計在四十九個國家的超過一千個的工程項目籌集資金，作為一帶一路倡議（Belt and Road Initiative，由OBOR更名）的一部分。[7]就像歷史上的絲綢之路一樣，這份倡議所包含的部分並沒有一個具體的地理範圍標準；事實上，這份倡議的海上要素已經把範圍擴大到了遠至非洲東海岸和更遠的地方。

超過八十個國家現在都加入了這個倡議。其中包括中亞各共和國，南亞和東南亞國家，以及中東各國，土耳其和東歐——還有非洲和加勒比海國家。[8] 總共加起來有四十四億人口，這些生活在新絲綢之路、中國和地中海東部的人口占據了世界總人口的六三％，總產出有二十一兆美元，占據全球總產出的二九％。[9]

世界銀行對一帶一路倡議的一份評估，讓我們可以感受到這份計畫的規模和影響力是多麼驚人。按照世界銀行的說法，一帶一路倡議內的國家運輸時數將平均下降一二％，貿易成本將下降超過一〇％。這個數字是如此巨大，足以給全球貿易造成影響，讓全球經濟的總運輸時數和合計貿易成本下降多達二・五％。[10]

在二〇一七年五月於北京舉行的一場大型論壇，讓一帶一路倡議意義深遠的規模和野心清晰地顯示了出來。這遠不止是錢和投資。如習近平主席所言，事實上，這份倡議將會改變世界。「交流將會替代疏遠，」他說，「相互學習將會替代衝突，共存將替代優越感。」它將帶來和平，因為一帶一路將會「促進不同國家之間的相互理解、相互尊重和相互信任」。[11] 一帶一路倡議將「給人類文明增添輝煌」，並幫助人們建立「一個和諧與貿易的新紀元」。[12]

中國的政策應該要鼓勵新的思考方式和不一樣的行為，習近平主席說道。「我們應該打造以共贏合作為特點的新型國際關係」，他這樣說道，「而且我們應該對話不對抗，結伴不結盟。」[13]中國將通過給三股廣泛的趨勢提供支持以實現這一點。首先，在世界的變動時期提供希望；第二，填補主導了已開發國家經濟體敘事方式的孤立主義和自我放縱政策留下的真空；第三，展現出中國不僅是全球各國社群的一部分，而且能夠並應當提供強調互惠協作的領導。在北京論壇上發布的一段影片很好地歸納了這一點：「世界出了什麼問題？我們可以做什麼？」影片中時常重複著這句話。「中國有個解決方案：一個共享未來的人類社群。」[14]

習近平在二〇一七年五月時說，一帶一路倡議是一個「世紀工程」。[15]許多人都同意他的說法。以中國為首，有超過八十個成員國的亞洲基礎設施和投資銀行（Asian Infrastructure and Investment Bank，簡稱「亞投行」）主席金立群告訴《金融時報》（*Financial Times*）說：「中國的經歷說明基礎設施投資將給基礎廣泛的經濟社會發展鋪平道路，減輕貧困是自然而然的後果。」換句話說，中國從自身修路、鋪鐵軌、建電廠，以及創造經濟系統，讓城市能夠做到不光是加速商業交換的成長的經驗中學到了很多東西；這將會幫助人們脫離貧困。[16]這個結論是建立在現實基礎上的。中國自八〇年代開始的經濟奇蹟，給人們上了關於政策、基礎設施投資和減輕貧困是可以攜手並進的重要一課。[17]「我們中國人常說，要想富，先修路。」中國外交部副部長樂玉成這樣說道。他對《金融時報》表示，「基礎設施的不發達」是世界一些地區落後的最重要原因之一——這就是一帶一路倡議致力要解決的。[18]

按照一個評論家的話說，對一帶一路倡議的進展進行評價是「一部分是藝術，一部分是科學」，因為「它是一個運動中的目標，定義十分寬泛而且一直在擴大」，已經到了「不再受到地理甚至重力限制」的程度，就像自從二〇一三年開始，這一願景已經擴展到了包括非洲、歐洲、北極、網路空間，甚至外太空。[19] 一帶一路無所不包，可以把任何想得到的和想不到的包含其中；但是同樣的，歷史上的絲綢之路也有這樣的案例，在這樣的案例中，世界一端發生的事情有時直接和另一端的後果相連。[20]

絲綢之路作為一個讓事情更緊密協作的無所不包的事物，它吸引人的地方之一，在於它在傳達回歸過去的訊息時擁有多變的可塑性。例如，在二〇一八年夏天，當第一列從中國開往伊朗裡海沿岸的安札利港（Bandar Anzali）的直通火車抵達時，伊朗的副總統伊斯哈格・賈汗吉里（Es'haq Jahangiri）立即用新絲綢之路的重現作為對伊朗本國歷史的肯定。他並沒有把這列火車和習近平或是中國政府的願景聯繫起來，他反而得出了一個不同的結論：在跨越亞洲脊梁的地區中重建聯繫，是一個「伊朗和鄰近國家在文化、歷史和文明上擁有紐帶的象徵」。[21]

這樣的訊息在其他地方也可以找到——例如在土庫曼的土庫曼納巴德，一座全新的二十八公尺高的絲綢之路雕塑在二〇一八年的春天揭幕，盛大的揭幕典禮還包括公共腳踏車比賽和馬拉松比賽。[22] 另外在烏茲別克的塔什干，在通往城裡的地方有十二座新建的城門，以展現它作為「偉大絲路的象徵和真正心臟的地位，並紀念在烏茲別克文化和其他民族的文化之間的紐帶聯繫」。[23]雖然中國的資本和領導人很明顯地扮演著根本上的重要角色，但是對那些生活在亞洲中心的人來說，絲綢之路的復興是一件可以被利用和塑造成振奮國民和國家的訊息。正如一名重要的評論家所言，一帶一路倡議已經成為了「Baskin-Robbins冰淇淋一樣的合作，可以給任何人提供任何想要的口味」。[24]

但是還是可以有些懷疑，即便不是多數案例，但有許多案例是由中國作為世界這部分地區的重組催化劑，這個部分的世界在歷史上曾經扮演了如此重要的角色。儘管不容易評估目前已經投入了的準確金額或已經預留的投資金額，但是有些非常重大的工程已經在進行之中。這其中包括中國－巴基斯坦經濟走廊，該工程包括多項對道路、能源設施和位於巴基斯坦南部的俾路支斯坦海岸的瓜達爾（Gwadar）深水港的重要投資，所有這些項目的總價值數額通常被引用在六百億美元門檻上下。[25]一些人看好在二〇三〇年時投資可以達到一千億美元。[26]

目前的投資方案中包括一千三百二十兆瓦的卡西姆港（Port Qasim）燃煤發電廠工程，在信德（Sindh）的風力發電廠，多個工業園區和一個淡水處理設施工程，後者將幫助解決阻礙瓜達爾港在二〇三〇年時成為計畫中的「巨型港口」目標的長期水資源短缺問題。[27]最終敲定了的計畫還包括卡拉奇和白沙瓦（Peshawar）之間的高鐵修建工程和營運，該工程將會把運輸速度提高五倍，每年的乘客人次將會從五千五百萬人上升至八千八百萬人。一千英里遠的旅行時間將會縮短一半，同時也會減少公路和港口的堵塞，讓在巴基斯坦經商的成本下降。[28]

由於全國投資水平不斷提高，經濟增長明顯回升，結果顯而易見，水泥銷售增長最好地證明了這一點——水泥的使用量最明顯地和建築工程相關。按照全巴基斯坦水泥生產協會（All-Pakistan Cement Manufactures Association）的數字，截止至二〇一七年底，同年比水泥銷售數字上升了將近二〇%——換句話說，這是相當重要的增量。[29]

其他的具有旗艦效應的提案和投資，還包括在整個東南亞建設高鐵和貨運鐵路線，其中包括連接馬來西亞東西海岸和半島主要港口的六百六十八公里長的東岸鐵路線（East Coast Rail Link），這一計畫的成本是一百三十億美元。[30]隨後還有擴展到寮國的新路線，將耗資五十八億美元，這項工程據說將把這個內陸國變成一個「連接陸地國」。[31]幾十億美元的公路、橋梁、電廠和深水港口貸款已經在孟加拉、柬埔寨、緬甸和斯里蘭卡獲批，還有在印度尼西亞、越南、菲律賓和泰國的大型工程也已經動工了。工程並不只限於亞洲，從蒙巴薩（Mombasa）到烏干達邊境的八十七億美元鐵路工程，見證著肯亞自從一九六三年脫離英國獨立以來的最大基礎設施建設。[32]和這些工程一起出現的，是坐落在西安和深圳的新國際商業法庭，法庭將會處理在陸上的「一帶」和海上的「一路」中分別出現的和工程相關的困難和爭議。[33]

看起來每天都有新的協議出現。光是在二〇一八年六月，尼泊爾政府和中國政府就簽訂了十筆交易，包括從能源和運輸到修建一條在喜馬拉雅山下連接加德滿都和西藏等地的隧道的各種工程。[34]這些還不包括之前給尼泊爾提供的支持，包括修建新的警察培訓中心、醫院和尼泊爾首都捷運系統的工程。[35]

這是一系列工程馬賽克拼圖的一部分，這些工程還包括貨運鐵路設施的建設和中國與哈薩克邊境的霍爾果斯（Khorgos）等「沒有水的港口」，這些口岸構成了新鐵路軌道的連接網絡，使貨物不僅可以在陸地上穿過亞洲的脊梁，而且還能夠深入歐洲。相較於這些路線的即刻實用價值，更重要的是它的象徵意義，陸上運輸要遠比海運昂貴得多：用鐵路把集裝箱從中國送往歐洲的報價成本可以比海運的價格高五倍。雖然鐵路會搶走一些航空公司的生意，而且其運量可能還不超過海運運量的一％至二％。[36]有一部分原因是因為當前的運輸業過度供應，而且也因為現代船隻的弦弧尺寸：在二〇一七年一月，一列在公眾熱烈報導中從中國的義烏出發抵達東倫敦巴金（Barking）的火車，運載了僅僅四分之三的集裝箱。[37]即便是海運的小集裝箱也能比這個運輸量高好幾百倍——而超大集裝箱輪船則能夠單程運載超過一萬個集裝箱。[38]

陸上路線，包括那些通過瓜達爾的路線比海運更快速，但是很難讓大量貨物靠速度獲得有決定性的好處。正如近期的一則中國廣告所說的：想想吧，「當一帶一路倡議抵達了歐洲，歐洲的紅酒可以提前半個月就寄送到你家門口了！」[39]即便是中國的中產階級以一些經濟學家所預測的速度增長，但建造昂貴的火車路線以便更快地將紅酒送到餐桌上，似乎是享受生活中更美好事物的一種代價高昂的方式。[40]

在已經成為了習近平和中國的招牌外交經濟政策的一帶一路倡議背後，存在著三個原則性的動機。第一個動機是圍繞著中國對未來的長期規劃和中國內需的考量。特別多的注意力被放在天然資源上，尤其是和能源有關的資源，在這一方面，中國到二〇三〇年時的能源需求將會上翻三倍。[41]能夠把中亞和俄羅斯的天然氣和石油送往中國的管線是一大焦點，但是同樣關注的是保障大規模運輸的商業合同——例如與俄羅斯和包括伊朗、沙烏地阿拉伯和阿聯酋在內的中東石油公司所簽訂的合同。[42]

這些資源已經給中國的成長提供了幫助——而且讓這個國家在二〇一七年成了世界上最大的原油進口國，平均每天就要進口八百萬桶石油。[43]這就是為什麼中國緊緊地盯著中東的原因，中國就杜拜的「絲綢之路策略（Silk Road Strategy）」簽署了理解備忘錄，並持續刺激石油進口，還占據杜拜貿易的最大份額，這個數字從二〇〇四年的四百億美元上升到了十年後的三千億美元——並且仍在持續增長著。[44]

和確保能源供應的努力同時著手的是非碳氫化合物田（non-hydrocarbon fields）工程，例如哈薩克國營的哈薩克原子能公司和中國廣東核電集團（CGNPC）的聯合投資，這一合作將從二〇一九年起給中國的電廠提供核子燃料。[45]

快速城市化造成的農業生產壓力也促使中國公司向國外尋找機會，隨著中國中產階級的消費能力上升，飲食習慣也在迅速變化，開始有中國公司利用在亞洲、非洲、澳洲等地購買農場、農地和食品生產商的方式，確保未來的食品供應。在二〇〇九年至二〇一三年，牛肉和豬肉的零售價格抬高了八〇%，同時期的乳製品進口量上翻了四倍。[46]

高汙染水平所帶來的危險，已經讓中國當局把食品和用水安全看作是亟需解決的關鍵領域。按照中國官方數字顯示，華北平原超過七〇%的地下水汙染已經到了「不適合人類接觸」的程度，環保部同時還報告有六分之一的農地已經被土壤汙染所影響。[47]在二〇一八年的頭幾個月，中國工業心臟地帶的各處和長江三角洲惡化中的空氣質量指數，已經顯示出了問題的規模。[48]這就是綠色和清潔技術得到政府層級的積極推動的原因之一。[49]這也是為什麼習近平反覆地說要解決包括汙染問題在內的環境問題，並談論到了生態可持續性的重要性。[50]

中國的第二個動機是把中國自己的經濟從製造業轉型為服務業，這是過去三十年來轉型的結果，國際貨幣基金（IMF）將其稱作「從高速增長到高質量增長」的關鍵轉變。[51]這也反過來造成了鋼鐵、水泥和金屬的過度產能。這些產能可以有效地輸出到境外——同樣能夠輸出到境外的還有勞動力，勞動力曾在中國大規模建設工程中起到重要作用，但今天的勞動力需求數字已經遠低於往年。[52]

與此同時，在亞洲的其他地方，正有著對升級基礎設施的渴望。以哈薩克運輸和通訊部提供的數字為例，該國有三分之一的公路路況不佳；因此，中國提出了資金和技術經驗的出價來填補這個有利鴻溝。[53]亞洲發展銀行在近期的一份報告已經表明了潛力規模有多大，這份報告預估「至二〇三〇年為止，如果該地區保持發展勢頭的話，發展亞洲和太平洋地區的基礎設施需求將超過二十二・六兆美元，也就是每年一・五兆美元」，如果氣候變化減輕的話，這個數字將會上升到每年一・七兆美元。[54]

透過支持大規模工程的方式，一帶一路也能給中國產業提供前景，並為未來開拓出新的機遇。例如在南亞，家庭電器的使用程度非常低：不到一〇%的家庭擁有個人電腦或者微波爐，只有三分之一的家庭有冰箱。[55]按照這樣的邏輯，如果在人口眾多並且持續增長的國家裡有更多、更好的公路、交通聯繫和可靠的能源供應的話，這些國家的經濟也將會快速擴展，提高可花費財富並刺激對商品的需求，而中國商家將會好好地提供服務。

在周邊國家推動基礎設施工程也對中國自身的重心有所影響，中國的經濟重心嚴重地集中在東部沿海地區。城市化的速度和規模已經讓中國當局尋求要限制像北京、上海這樣的城市規模，尋求促進較小、較窮的城市成長——那些城市所在的地方人口更少、工業化程度較低，生活花銷也更便宜。這樣的作法可能會讓所謂的「三、四線城市」的平均收入增長加快，比最大、最發達的大都市有更高的增長率。[56]居住許可證的發放已經讓西安這樣的城市人口激增，隨著這個過程，不可避免的，房價也在增長，比前一年同期上翻了五〇%。[57]

在交通、水源保持、發電和通訊方面的投資，已經讓大量的新興企業在中國西部省分出現，包括高過全國其他地區的旅遊業增長——至少在地方官員過於樂觀的預測導致債務泡沫破裂恐慌，隨即開始限制支出之前的情形是這樣。[58]

在一帶一路計畫中，安全方面的考量也是原則性動機中的重要一部分。在阿富汗的長期局勢導致了北京方面的憂慮，出於對伊斯蘭基本教義派在中國西部蔓延的恐懼。大量維吾爾人前往敘利亞為所謂伊斯蘭國作戰的情形，也讓中國當局感到焦慮，據估計，這個數字從幾千到數萬不等。[59]

政府把大量的注意力、防禦支出和政治鎮壓行為集中在這個地區，原因之一是新疆在能源儲備上的重要性。按照當地政府的數字，在新疆投入的維穩資金，光是在二〇一七年就超過了九十億美元，一部分的目的是為了保護中國最大的天然氣油田、一半的煤炭儲備和五分之一的石油儲備不受任何威脅。[60]對擴散不穩定的焦慮導致了對新疆的維吾爾族穆斯林採取的嚴厲手段。這些手段包括禁止旅行、控管兒童取什麼名字，以及剃掉「不正常」的鬍子。[61] 據報導，有數十萬維吾爾人被送到了特別的「再教育營」，政府不公開這些營區的存在，其抓捕和釋放行為並不依照法律，而是依照共產黨官員和警察的決定。[62] 在一些地區，據說有八〇%的成人遭到了拘押。[63] 有報導還發現北京方面爭取到了許多維吾爾人被從其他國家送回中國。[64]

中國否認這些營區的存在，外交部發言人說這樣的報導是「反華勢力」散布的，「新疆的各族人民都珍視當前和平的生活和工作現狀」。[65]「這樣的拘留中心根本不存在，」中國駐聯合國代表團成員胡聯合表示，「沒有對少數民族的鎮壓或是違反宗教信仰自由。」並補充說「那些被宗教極端主義欺騙的人」正「通過重新安置和教育」獲得協助。[66]

這樣的協助意味著什麼可以從一段音頻錄音中略見一斑，這段錄音據說是二〇一七年底由共青團錄製的。發言人說「被選擇接受再教育的公眾，是那些受到意識型態疾病影響的人」，儘管許多「受極端主義意識型態洗腦的人並沒有犯任何罪行，但是他們已經染病了……這就是為什麼他們必須要送到再教育醫院接受一段時間的治療，從腦中清除病毒，恢復正常的思想」。那些被送去「接受治療」的人並不是「強行抓捕」或拘押的；他們是被解救的。[67]

中國的社論文章力勸一些城市的未來「恐怖分子們」投案。任何曾在近期購買過「地圖、GPS、指南針、望遠鏡、繩子、帳篷或是其他訓練用品」，或是曾使用VPN進入海外網站的人，都包括在這個範圍內，《環球時報》（*Global Times*）這樣說道。[68] 也許並不令人吃驚的是，拘押中心的範圍已經急遽擴大，有一篇報導估計在該地區的三十九個拘押中心的範圍，在二〇一七年四月至二〇一八年八月之間擴大了三倍。[69] 援引中國的國務院信息辦公室在二〇一九年三月發布的報導內容，「分離主義者告訴人們除了阿拉以外不要服從任何人，而且斥責和拒絕所有形式的世俗文化」，[70] 其中包括電視、廣播和報紙。給維吾爾人提供的培訓提高了教育水平，創造了超過一百萬個新工作，這是由於職業培訓課程提供了製作帽子、美髮、電子商務培訓，讓他們從「寄宿學校管理系統」中受益。

在對維吾爾人和其他少數族裔的鎮壓中，新科技扮演了重要角色，一份洩漏的數據揭露出，一家人臉辨識公司在二〇一九年初的一個二十四小時時段內，就收集了約七百萬個GPS座標。[71] 事實證明被拿出來的利益誘惑是無法抗拒的。在二〇一一年，思科（Cisco）公司給重慶的大規模視頻監控提供了硬體，還有在二〇一七年，德意志銀行為新疆對監控設備和軟體的大胃口感到高興，給投資人提出建議購買其中一家科技公司的股票，這家公司最能讓股權人和中國政府受益——但並不是所有的人民都得到好處。[72]

對維吾爾人的鎮壓跟隨著一系列在新疆發生的爆炸和刀械攻擊，最顯著的一系列暴力事件發生在二〇〇九年，這是讓中國政府採取行動的導火索。習近平在二〇一四年說，關鍵是要讓「恐怖分子成為人人喊打的過街老鼠」。[73]過沒多久，這件事就進入了實際操作，一位高官在烏魯木齊的反恐誓師大會上告訴人們說，恐怖份子們會被粉碎，無論是用荷槍實彈，出竅的利刃，或是在必要時用赤手空拳。[74]

新疆的安全已經成了政策的優先考量，這一點可以清楚地從任命陳全國作為共產黨新疆維吾爾自治區書記（實際上的省長）一事中表現出來。陳全國是一顆上升中的政治明星，他在西藏採取的強硬手段獲得了習近平的注意，並且幫他獲得了欣賞和信心。自從二〇一六年八月到任新疆後的幾年裡，陳全國宣布增加了九萬個警察和安保相關的新職位——這是令人震驚的變化和意圖的明確宣示。[75]當維吾爾人遭受迫害，其他少數族裔也被作為目標。在新疆學習的塔吉克人被正式不准在齋月中齋戒——儘管同樣的限制顯然沒有在該國其他地區頒行。[76]但是有一些生活在中國西部的哈薩克人提出了更糟的指控，有報導說這些人在再教育營中待了一段時日，曾被放置在填了冰塊的深井裡。「就像是地獄，」一個人說道。[77]

這些手段都屬於在西部省分裡樹立起的被中國領導層稱作「鋼鐵長城」的一部分；這是關鍵，習近平主席說，要讓「所有民族都能感到黨的關懷和祖國的溫暖」。[78]其他人則稱之為「當今世界針對一個少數族裔的最大集體監禁」。[79]

對阿富汗不穩定的擔憂也在中國鞏固邊境的努力中有所體現，既透過有中國、阿富汗、塔吉克和巴基斯坦聯合簽署的四方互動機制（Quadrilateral Cooperation and Coordination

Mechanism），也透過中國在周邊國家給邊境部隊提供支持和訓練。中國軍隊已經開始在邊境的兩側扮演角色，以此來作為阻止未經授權的人、貨物——和思想觀念流動的努力的一部分。[80]也許並不出乎意料，得到地區現況的精準細節不是完全簡單明瞭的事情。[81]

同樣值得注意的是，北京已經開始在阿富汗本身扮演更積極的角色，和塔利班打開了溝通管道，並邀請高層成員來到中國首都開展對話。按照一些報告的說法，中國不僅緊密參與了對阿富汗衝突之後的計畫制定，而且取得了比其他國家（尤其是美國）更好的進展，來試圖提供達成協定的條件，以努力讓這個飽受戰爭蹂躪的國家可能恢復穩定。[82]

如果這個地區想要變得彼此更緊密地聯繫在一起的話，需要各國採取實際步驟來確保必要的和平條件，讓建立和加深聯繫成為可能。給個人和投資提供安全是一帶一路倡議的一部分，這已經在巴基斯坦之類的國家體現出來，在巴基斯坦，曾發生過二〇一七年有兩名學校教師在俾路支斯坦被綁架和謀殺的重大案件，這致使有一支由一萬五千名巴基斯坦士兵組成的新部隊將保護中巴經濟走廊，保護那些在公路、鐵路和電廠建設工程中工作的中國承包商。[83]

中國擴張自己國家安全利益的觀點在南海等地的發展中起到了重要作用。在二〇一三年，疏濬船隻開始運作，創造出一系列新的能夠作為軍事基地的人工島。這些步驟激起了該地區其他國家的巨大不安。在菲律賓發起了中國的行動違反了聯合國大會海洋法的訴訟後，常設仲裁法院在二〇一六年判定，中國聲索的歷史權利是不具有法律基礎的，並發現了聯合國大會規章制度中的一些漏洞。大會同樣發現中國拒絕接受或是參與菲律賓上訴的事實，並不能阻止法庭按照聯合國大會附件七（Annex VII）做出裁決，該附件陳述「有一方缺席或是有一方不對其案件加以辯護的情形不會構成對訴訟程序的阻礙」。[84]

中國拒絕接受裁決的行為已經提高了整個地區的緊張情勢，尤其是因為持續的人工島軍事化和修建飛機跑道、飛機庫、地下燃油庫、兵營——以及安裝雷達干擾設施和水下探測器，隨後又在二〇一八年春天部署了反艦飛彈和遠程地空飛彈。這些行為讓該地區更嚴重地變成了一個A2／AD地帶（反進入／區域禁止），這會讓軍事對手（尤其是美國海軍）在該地區的行動自由嚴重受限——或者是徹底被驅逐出該地區。[85]

這種軍事化進程已經讓越南提高了警惕，越南聲稱帕拉塞爾群島（Paracel Islands，西沙群島）是自己的領土，這個小群島現在被中國占領。中國轟炸機進行的登陸演習已經導致了越南發出了正式要求，讓「中國立即結束這些行動，停止軍事化進程，並認真尊重越南（對這些島嶼的）主權」。[86]這樣的聲音也在馬尼拉產生了回響，菲律賓總統杜特蒂要對轟炸機的存在採取「適當的外交行動」——但是反對高級政治人物所呼籲的採取更直接的行動，那些人建議「起碼要給任何侵犯我們的進犯者顏色瞧瞧」。[87]

按照北京方面的觀點來看，對這些島嶼的鞏固和防禦是防禦網絡的一部分內容，是保衛，而不是鞏固中國地位的關鍵。南海是如此重要，以至於當時擔任美國國防部長的查克・哈格爾（Chuck Hagel）於二〇一四年宣布，南海無疑是「亞太的心臟，全球經濟的一個十字路口」。[88] 這樣的說法並不充分。許多評論家都聲稱，每年有全世界一半的商業船隻（以噸位而言）會穿過南海，雖然這樣的說法可能有些誇大，但毫無疑問，穿過南海的貨物量絕對是非常巨大的。[89] 有將近四〇%的中國貿易品是經過這一水域，另有印度貿易額的近三分之一、巴西貿易額的近四分之一，以及英國、義大利和德國貿易額一〇%的貨物會經過這片水域。[90] 因此這不僅是全球經濟的「一個」十字路口，更是全球經濟「的」十字路口。

如果這一事實反過來也解釋了為什麼控制這片海域對北京來說如此重要的話，中國通過海路運送的絕大多數進口原油要經過麻六甲海峽的事實，也同樣能說明這對北京的重要性。（儘管在巽他海峽和龍目海峽也有通過的地點，）麻六甲海峽是太平洋和印度洋之間距離最短、最經濟的通道。[91] 中國敏銳地看到了它整體而言嚴重依賴海運和控制南海入口的窄點的戰略弱點。在十多年以前，一份中國報紙就曾提到過「無論誰控制了麻六甲海峽，都能勒住中國能源路線上的咽喉」，當時正值中國領導層對「某些大國」試圖控制麻六甲海峽——從而控制中國的意圖表達出焦慮。[92]

在北京看來，保護南海不僅是一個表達其最新獲得的軍事實力和政治力量的問題，甚至不只是一個關於國家安全的問題。這是一個更重要得多的問題：中國的現在和未來取決於它能否安全地、有保障地、不受干擾地獲取所需——以及能否確保那些熱切地想要控制或削減經濟成長的人，讓這些人無法給往來世界市場的路線製造威脅。

這就是為什麼中國也發覺自己越來越在東海的釣魚台列嶼（Senkaku Islands，尖閣諸島）問題上陷入僵局。日本升級設施的計畫已經導致中國對日本控制該列島提出了挑戰。日本在這個之前沒有居民的島嶼上進行修建行為的計畫，被一篇中國人民解放軍內部發行的文章稱為是「控制周邊海域，擴大其生存空間」計畫的一部分。文章作者還說，然而他們的行為不能和中國在其他地方的行為相提並論，因為中國的行為是「維護主權和領土完整」。[93] 日本軍隊正在開發超音波「滑翔彈（glide bombs）」，來保衛像尖閣諸島之類的偏遠島嶼，這表現出了日本在這一地區的利益有多麼重大。[94]

中國在南海和東海上的行動也是更廣闊圖景的一部分，這也包括運輸路線多樣化和開拓新路線的努力。這解釋了中國在貨運、高鐵和在新絲路地區通往各地的公路上給予大手筆投資的原因，中國還建立了能提供貨物和補給品替代路線的新進出地點，這些地方能夠讓貨品從中國發出或是進入中國。最明顯的例子就是在巴基斯坦沿岸的瓜達爾港，經過一段時日，這個港口有潛力成為一個重要的貿易中心，是走向世界的新通道和新窗口。在七十五年前，當上海仍是一個年輕城市的時候，上海曾被描述為東方巴黎或西邊的紐約。[95]瓜達爾可以走上相同的命運，有朝一日成為一個新上海，成為一個連接中國和世界其他地方的入口。

這一願景要比只是在巴基斯坦等鄰國創造新的聯繫更加昂貴和雄心勃勃，因為中國正在建造的是一個擴散至太平洋、印度洋和深入非洲的網絡。貸款、援助和長期租借已經讓一系列位於馬爾地夫、斯里蘭卡、瓦努阿圖（Vanuatu）、所羅門群島和吉布提（Djibouti）的港口直接落入了中國的控制，或嚴重負債於那些由政府掌控的公司。

如我們將會看到的，在那些經濟狀況無力負擔長期利益飄渺的大規模工程承諾的國家，它們所背負的債務重擔已經讓人們開始擔憂北京提供幫助的真正動機到底是什麼。也許最令人震驚的，就是斯里蘭卡的漢班托塔港（port of Hambantota）的例子了，斯里蘭卡方面幾乎是立即就拖欠了還款，導致該國政府幾乎沒有別的補償方式。把港口租借給一家中國公司九十九年的解決方案震驚了許多評論家，他們將這視為一個顯而易見的新殖民主義形式實例，並且提醒了人們英國是如何在十九世紀裡掌控像是香港之類的港口的。[96]北京方面提出的資金很少是以援助金的方式提供，而是以一種貸款的形式，而且常常帶有昂貴的利息率。因此從這點來看，一帶一路倡議看起來更像是一個設計用來嘉惠股東（和中國政府）的金融策略，而不是意在改善周邊國家生活水平，給絲綢之路注入新生命的博愛行為。

中國利益的擴張並不僅僅是透過放貸方式，也同樣透過收購行為來完成，這種收購行為看起來是一個宏大、多方配合的策略的一部分。例如，中國的公司已經在西班牙、義大利和比利時以完全收購或部分收購的方式獲得了海運終端。[97]在二〇一六年，中國的中遠海運（COSCO）控制了希臘的比雷埃夫斯港（port of Piraeus），隨即又宣布了再投入六億兩千萬美元來擴大和升級船塢的計畫。[98]在這期間，中遠收購了東方海外貨櫃航運公司（Orient Overseas Container Line），從而變成了世界上最大的航運公司之一——這對一個才成立了十幾年的公司來說，實在是耀眼的業績了。[99]

中國的利益擴張進入歐洲的過程伴隨著在非洲取得進展，早在一帶一路倡議宣布的很久以前，中國就在非洲開始了廣泛的活動。在二〇〇〇至二〇一四年間，有大約兩百億美元的資金被投入到非洲各地的公路和鐵路建設中，大約有同樣數目的投資也投入了發電廠、能源和管線網中。按照一個評論家所言，「中國放出的貸款正在建造整個大陸。」[100]

從一些方面而言，中國在非洲的投資讓其他國家的投資相形見絀——這暗示出這些投資有時候看起來是受到北京官方支持的。事實上，正如不久前的一份報導指出的，「中國提供鉅額投資和買光整塊大陸的觀點是不準確的。」在非洲活動的中國公司只雇用中國承包商的說法也是不真實的——這一點是另外一個常見假設和被引用的批評。然而，不用懷疑的事情是，這是中非關係在體量和重要性的一個新紀元。[101]

在二〇一八年中非合作論壇峰會上，習近平主席談到和非洲的關係時說道，中國遵循「五不」原則：不干涉非洲國家的內部事務；不把中國的意志強加給非洲國家；不在對非援助中附加任何政治條件；在和非洲的投資及金融合作中不尋求政治私利。習近平說，中國將一直是「非洲的好朋友、好夥伴和好兄弟」。[102]

中國的注意力受到了一些人的歡迎，例如一九九九至二〇〇七年擔任奈及利亞總統的奧巴桑喬（Olusegun Obasanjo），他指出，中國是非洲國家的一個靈感來源。「中國在減少貧困上獲得了巨大成功，」二〇一八年他在浙江大學的演講中說道，「中國是給那些想要學習的發展中國家提供的一課。」除了學習這些課程，他補充說，非洲國家可以從「戰略和夥伴關係」中獲利。這會對所有相關的人都大有好處。「我毫不懷疑，」奧巴桑喬說，「非洲需要中國，尤其需要亞洲，就像亞洲需要我們一樣。」他對中國下一步行動的個人建議是：在下一個十年裡給非洲國家提供一千億美元的資金。[103]

在加勒比海和中南美洲的故事也與此相似，中國在這裡的一系列工程中扮演主角，這些工程又一次是主要關於基礎設施和能源方面。按照一些人的估計，在過去十五年裡，中國給拉丁美洲和加勒比海國家的政府提供了超過兩千二百億美元的貸款。[104]這還不包括近期給缺少現金、盛產石油、機能失調的委內瑞拉的五十億美元貸款，在二〇一八年六月，該國的年度通貨膨脹達到了超過二四〇〇〇〇%。[105]當委內瑞拉需要緊急資金來周轉的時候，它轉向中國尋求支持——一部分原因是它沒有其他選擇。[106] 出手挽救這個失敗的政府，清楚地表明了北京方面對其所需要的東西的熱忱——從委內瑞拉運往中國的每天大約七十萬桶石油。[107]

自從在二〇〇八年發表了一篇注意到了該地區「豐富資源」的政策文件後，中國就在南美洲非常積極地活動了，這篇文章同時還觀察到拉丁美洲和加勒比海地區也處在「相似的發展階段」，擁有相似的挑戰和困難。這加強了對「雙贏結果」渴望的基礎，也有助於更高級別的經濟合作，這導致了在十年內貿易活動上翻了一倍，使中國在二〇一五年成了南美洲最大的貿易夥伴。[108]

該地區的國家也成了中國相連的願景的一部分。我們生活在一個巨大變動的時期，習近平在面見拉美和加勒比海國家聯盟（CELAC）的三十三國領導人時說道。為未來做準備是明智之舉。為了能最好地利用機遇和挑戰，他說，他樂意給CELAC成員國一份請柬，正式給這些國家提供加入一帶一路倡議的機會。[109]

因此，不出乎意料的是，在二〇一九年初上萬人走上加拉加斯（Caracas）街頭抗議馬杜羅（Nicolás Maduro）政權時，中國已經在兩邊都下了賭注。雖然北京高調地沒有追隨美國和歐洲各國承認瓜伊多（Jorge Guaidó）為總統，但同時也被迫要竭力否認中方已經和後者舉行了會面以討論委內瑞拉政府欠中國的債務的報導。[110]

換句話說，絲綢之路無處不在——不僅在中亞，而是在全亞洲、非洲、歐洲和美洲。機場裡有一帶一路倡議的廣告；投資銀行提供報告和主持關於新絲路挑戰和機遇的會議；報紙和媒體會約稿關於新舊聯繫在二十一世紀形成和更新的動機和後果的文章。以前是條條大道通羅馬，今天是條條大道通北京。

的確，這種狀況很有可能走得更遠。在今天的世界上，當我們認為重要的事情是那些在華盛頓、倫敦和布魯塞爾發生的事情時，一個新的世界正在形成——這是一個快速變動的世界，是一個商業上生機蓬勃的世界，是一個不僅被天價投資的世界，也是一個持有明天會比今天更好的共同信念的世界。談論歷史上的絲綢之路有助於提供共同的敘述，把人民和文化拉近到一起；但是同樣是創造未來絲路的實用步驟。

這些步驟包括尋求使用人工智慧、奈米技術和量子電腦來幫助創造出智慧城市的倡議，這是解決亞洲高密度城市人口挑戰的方案中的一部分內容；使用大數據和衛星圖像來在每日多次測評空氣汙染物和氣體；並在地震和自然災害多發的整個亞洲中心地區減輕災害損失。這已經讓由中國領導的數位絲路科學計畫得以成立，利用地球觀測科技和地球大數據來協助「基礎設施改善、環境保護、救災、水資源管理、城市發展、食品安全、沿海區域管理、自然保護和管理以及文化遺產管理」。這個計畫的目標，換句話說，就是用數據來改善聯繫，提高可持續性，在絲綢之路上出現危機時能夠更好地應對。[111]

許多人都對一帶一路倡議有疑慮，對於該倡議所提出的目標和提案內容會帶來什麼後果存有疑問——而且有些人還指出，有必要將接近一兆美元的工程投入的許諾和真正投入的金額區別開來，雖然這部分的資金已經到了數千億美元。[112]首先，和大型工程計畫一同出現的是環境方面的疑慮，對於礦物開採和運輸網絡密集化的理解還很膚淺，還沒有堪稱特別重要的相關研究。[113]當提到破壞和不尊重法律的話題——中國的公司有著惡劣的名聲。例如在二〇一九年初對剛果北部三十二個金礦地點的調查揭出一家中國公司——Agil Congo，在沒有採礦許可的情形下，為了勘探金礦已經毀掉了一百五十條溪流。[114]隨後還有當地菁英人士趁機中飽私囊的疑慮，給更廣大的人民身上加上沒有償還希望的債務負擔。[115]

甚至連準確了解一帶一路倡議到底是什麼都有困難。它「極其雄心遠大」，研究這一題目的重要學者強納森・希爾曼（Jonathan Hillman）表示，他也同樣強調了在官方計畫和宣言與實際的工程行為之間的不一致。「給並不存在於設計中的地方強加命令的風險一直存在」，希爾曼說，他也同樣注意到了重複和低效的問題，以及缺少銜接、漫無目的的工程資金，就更別提能夠端出一套具有連貫性的整體規劃了。[116]

一帶一路倡議的雄心和無處不在是一方面，另一方面是評定其目的和目標上的明顯矛盾，這讓很多評論家感到困惑，他們注意到在很多工程個案的背後缺少商業邏輯，因此提出了對整個一帶一路倡議可行性的質疑。哈佛大學的約瑟夫・奈伊（Joseph Nye）曾提到，是否這項計畫的「公關煙霧比投資火焰更多」，他隨後暗示說，中國的動機考慮的不主要是幫助提高中國和周邊國家的生活水平，更多的是渴望尋找比低收益的美國政府債券帶來更好收益的投資——北京方面持有超過一兆美元的美國政府債券。[117]

然而，中國官員本身也認識到投到巴基斯坦的八〇％資金、投到緬甸的一半資金，以及在中國擴充的三分之一資金將有可能損失掉。[118]不出意料之外的，這導致了關於中國一帶一路倡議的長期目的和要如何更好地理解這項計畫中的投資決定的討論，從商業上看，這些決定既行不通，過於樂觀，而且片面——或者是這三者兼具。

還有其他一些人批評一帶一路並不是雙贏方案，而是讓中國的公司盈利，不顧及其他人的利益，但卻由其他人付出代價。正如一些人指出的，中國資助的一帶一路工程中有八九％都是中國承包商。[119]在二〇一七年的北京論壇上，當法國大使館發出了一則聲明，抱怨在絲綢之路的建設工程中缺少透明度，而且缺少對「公開、按照規則進行的公開招標」付出關注時，一名要求匿名的歐盟官員提出「這只是為了賣他們的東西」。[120]

另外還存在的疑慮，是很多收到大額貸款的國家都因為其糟糕的商業行為而臭名昭著——而且這些國家也因為它們對待反對政府或妨害有影響力的決策制定者的人的手法十分惡劣。一度是美國國務卿的蒂勒森（Rex Tillerson）曾說過，美國在非洲的政策是「促進良善的政府管理行為，以達成長遠的安全及發展目標」，這樣的方式「和中國的手法正相反，中國以不透明的合同、掠奪性的放貸行為，和讓國家陷入負債的貪腐手段來促使（對中國的）依賴性」。毫無疑問，他補充說：「中國的投資的確具有填補非洲基礎設施鴻溝的潛力，但是它的手段已經促使了這些國家越積越多的債務，並且在多數國家，如果真的促進了就業的話，其效果也可以說微乎其微。」[121]

像這樣的批評已經帶來了激烈的回應。在辛巴威的獨立報紙《Newsday》上刊登了一篇這樣的文章，評論北京方面樂於忽視嚴重的債務水平、糟糕的商業手法和政府貪腐，這讓中國駐哈拉雷（Harare）的大使館發表了一篇聲明，攻擊這篇文章的作者「造謠誹謗」，並表示「中國和辛巴威是好朋友、好夥伴和好兄弟，兩國關係久經風雨考驗」。中國政府只是想要幫助「由辛巴威人民所選擇，獲得了非洲和世界各國承認的」辛巴威非洲民族聯盟—愛國陣線（Zanu-PF）政府。毫無疑問的，中國「和辛巴威政府的友好溝通和雙贏協作（應該是）無可指責的」。[122]

像是這樣的評論表現出了中國是怎樣把自己在國際上的公開行為描繪成是為了捍衛民主和當地人民，而不是強調自己的利益。

恰好在這時候，穆加貝（Robert Mugabe）長達三十七年之久的獨裁統治被推翻了。拋開他震懾辛巴威的踐踏人權行為，或在自己的妻子入學兩個月後就給她頒發博士學位的行為不談，根據美國外交人員的估計，單是他在統治期間積累的財富就超過了十億美元，許多專家都認為，北京在這一權力變更中扮演了關鍵角色。[123]

但中國也一直在謹慎地用更加進步的方式推動友好關係，承諾給農業發展項目提供支持，向緊急糧食援助計畫提供資金，並金援幫助建立非洲待命部隊（African Standby Force）以緩解該地區的危機。[124]一項給非洲學生提供三萬個獎學金名額的計畫自然而然受到歡迎，而且也被認為是中國承諾建立長期紐帶的表現。在不到十五年內，在中國留學的非洲學生數量已經翻了二十六倍——結果是有更多來自非洲各國的以英語為第一語言的學生現在在中國，而不是在英國或美國留學。[125]

這樣的行動已經讓一些人確信是時候該把目光從美國「援助」身上移開了，對他們來說，美援與其說是「無私善舉」的表達，更被看作是剝削當地人的假面——也是一種給美國公司提供補貼的方式。[126]洩漏出來的文件顯示了，美國在九〇年代時曾如何催促比利時從制止美國捲入暴力的聯合國維和部隊中退出，更不用提在一個世紀以前，當歐洲國家控制了九〇%的非洲時歐洲國家在非洲的行徑，即便是這種在不久前才發生的事情，也實在無法讓西方國家臉上有光。按照一名重量級的評論家說法，美國的行為「確保了盧安達危機擴散到一發不可收拾的境地」。[127]危機導致八十萬條人命喪失和四百萬人流離失所的事實，顯示出在談論提供領導的過程中，讓西方國家重建信譽是多麼困難——以及為什麼對美國在非洲和世界各地扮演的角色的批評並不是基於誇張，而是基於事實。[128]

隨後還有來自世界其他地方的關於倉促介入的例子。參與了在敘利亞打擊ISIS戰爭的法國高級軍官弗朗索瓦－雷吉・勒格里（François-Régis Legrier），在一篇譴責文章中陳述，聯軍使用的戰術不必要地延長了衝突，並且導致了高平民傷亡率。「我們嚴重地損毀了（包括醫院、公路、橋梁和房屋在內的）基礎設施，給當地人民提供了一幅令人作嘔的西方解放是什麼樣貌的畫面。」[129]

與類似這種清醒的評價同時出現的，還有對於以規則為基礎的國際秩序的越來越大聲的批評；這樣的秩序將西方看作是全球穩定的基石。在世界的其他地方，如今有越來越多的人把這種國際秩序看作是一個西方「俱樂部」，讓發達國家享受「進入市場、援助和投資的好處，安全保護傘只是有選擇、有條件地提供給」發達國家，同時讓中國、印度和其他國家被排除在外，或是只能在邊緣活動。有些開發中國家基本上是被排除在系統之外，這個系統專門為富有的國家服務，以貧窮國家為代價——並讓前者可以自以為是地對後者發號施令。[130]這樣的聲音很極端並相對少見；但是其數量和聲量正在增大，原因出於無論是在現實中還是其他原因，有一種感知是中國在其他國家各自關門的時候正在敞開其大門。

然而，同樣確實的是，很多人也深深體會到了中國注意力的道道金光同樣會伴隨陰影。例如，貸款的受惠者也表明了機會並非對雙方都有利。如肯亞總統肯亞塔（U. Kenyatta）所言的，重要的是看到如何能讓「肯亞的商品進入到中國市場上」。當有一條三十六億美元需要支付的鐵路線工程時，像肯亞塔之類的領導人提出能夠進入中國市場以幫助國內經濟成長的要求，並不出人意料。如果北京的「雙贏策略能奏效的話」，肯亞總統在接受《金融時報》的參訪時說：「它必須是意味著，當非洲對中國開放時，中國也必須向非洲開放。」[131]

諸如此類的疑慮和負債狀況的憂慮相隨而行，許多國家的政府為了完成規定要求和設法償還貸款所招致的負債問題，常常值得質疑。肯亞正是一個這樣的案例，該國修建新鐵路的花費和城市輕軌工程的提案，把該國負債占GDP的比例從四〇%提高到了將近六〇%。[132]類似如此的案例，如剛果政府和一家中國聯合企業簽署的在剛果科盧韋齊地區（Kolwezi region）開礦的合同，其金額超過了剛果在簽字當年中的全年預算，這樣的大單當然不會逃過專家們的關注。[133]在剛果的這一特定工程沒有按照計畫進展的事實，已經讓一些人提出了「一帶一路的泡沫開始破裂的」警告。[134]

負債水平如此嚴峻，與此同時，在八個國家（包括巴基斯坦、吉爾吉斯、塔吉克、寮國和蒙古），有些觀察家提出了關於如果無法達到債務償還要求的後果的警告。[135]在二〇一八年春天的北京，國際貨幣基金的常務董事克里斯蒂娜・拉加德（Christine Lagarde）談到了大規模工程具有的潛在利益，但是也同樣給出了外交辭令式的警告：「商業冒險也會導致負債上升的麻煩，還會在償還債務和應對種種的支付挑戰時，潛在限制了其他方面的支出。」[136] 她的意思是一些國家可能會遭遇債務重組（sovereign default）——落入只能寄希望於獲得債主憐憫的境地。

重要的基礎設施發展可能會造成一系列的嚴重焦慮，加劇現有經濟焦慮的財政壓力。雖然很明顯的，改善地方及區域聯繫、升級交通網絡和改善能源供應可以帶來長期的好處，但不當運作有可能帶來巨大痛楚。在二〇一一年，塔吉克政府把幾百平方公里的領土讓給了中國，以換得中國免除其無法償還的債務。[137] 許多人把這樣的事情看作是北京方面利用其肌肉來爭取對自己有利的結果的能力和意願的展現。[138]

未來在其他地方有機會如法炮製的例子還有很多。連接昆明和永珍的鐵路線所花費的七十億美元，已經超過了寮國GDP的六〇%，這導致了關於負債太嚴重的警告，這樣的債務幾乎是無以償還的。[139] 安哥拉的一份報紙在顯要的版面上刊登的內容表明了，在實際運作中這樣的債務意味著什麼。在安哥拉，有將近四千公里的新鐵路線正在由中國承包商鋪設，有大量的車站正在興建或是重建。在二〇一七年十二月三十一日，《擴張報》（*Expansão*）上的一篇社論文章指出，如果將債務平均分攤在全國人口上的話，那麼每個安哥拉人實際上都欠中國七百五十四美元——這在一個人均年收入只有六千二百美元的國家可是一筆相當的數目。[140] 在吉爾吉斯，事情甚至更刺眼，政府的負債相當於每個國民背上有七百零三美元的負債（該國人均年收入只有一千美元）。[141]

同樣是在吉爾吉斯，該國提供了一個當事情搞砸以後會發生什麼的有用例子，這個案例是關於比什凱克蒸汽發電站的三・八六億美元的升級項目。在二〇一八年一月一次大額投資之後，該發電站發生了故障，讓將近二十萬個家庭在五天的時間裡沒有供暖，而這個中亞共和國當時的氣溫已經降到接近攝氏零下三十度。這件事成了該國的國家醜聞，批評尤其集中在合同是如何達成的，誰要對失敗負責，以及要回答來自中國的貸款是不是帶來的麻煩比解決的麻煩更多的詰問。[142]

另一個案例和斯里蘭卡的漢班托塔深水港有關，修建這個港口花費了十三億美元，但是其使用率被證明遠低於投資說明中的預測。在二〇一七年夏天，該港口九十九年的租約被授予了一家中國公司，以作為債務的交換——這個解決方案在斯里蘭卡掀起了一場政治風暴，在印度也激起了對於中國向印度洋進行戰略、商業和軍事擴張的疑慮，此事給其他國家發出了明顯信號，凸顯了當工程無法達到其目標所引發的後果。[143]從一個對利用貸款所在地資產有興趣的放貸人那裡借錢的行為，不可避免地帶來了需要小心評估的風險。

在斯里蘭卡的案例中，漢班托塔的餘波延伸到了隨後不久興建的位於馬塔拉（Mattala）的新國際機場——對於乘客數量的樂觀預測沒能成為現實。本國的斯里蘭卡航空因為缺少乘客，在不到兩年內停止了飛往這個機場的航線，在二〇一八年初夏，杜拜的杜拜航空也暫停了這裡的業務，這讓人們開始擔憂這個機場的未來——以及據估計超過二億美元債務的償還。[144]在印度和斯里蘭卡政府之間展開的形成合資企業的磋商的主要原因，就是印度擔心這個機場會落入中國手中。[145]

印度的焦慮有一部分是基於和中國的長期對立，以及兩國在一九六二年爆發戰爭的記憶。這已經造成了長期的不穩定關係，而且雙方關係在近幾年變得益發複雜。印度政府尖銳地沒有派代表參加二〇一七年五月的北京論壇，而且定期對一帶一路倡議提出「嚴肅的保留態度」。[146]

「沒有國家可以接受一項忽略其對於主權和領土完整核心關切的計畫」，印度外交部發表的一份聲明中如是說，這份聲明發布的時間正好是在二〇一七年北京召開重要的一帶一路論壇的時候。最大的疑慮在於升級喀什米爾的交通聯繫的計畫，印度將這件事視為對印度主權的挑戰，以及對國家安全的威脅。但是這並不是印度對中國計畫的唯一批評之處。「聯通性質的倡議必須是基於普遍認同的國際規則」，這份聲明繼續談到，也就是「良善的政府管理、法治、開放、透明和平等」。[147]中國提出的計畫「無異於一個殖民企業」，一個專欄作家在印度的一份重要報紙上表示。[148]一派胡言，中國媒體的評論人回應道。中國從來就不是殖民勢力。「如果過去不是，為什麼現在要是？」[149]

印度的擔憂主要是出於中國對巴基斯坦的投資數額，而印度與巴基斯坦的關係比與中國的關係更緊綳。提出給有爭議的喀什米爾地區升級交通聯繫的提案，就像是一根刺，激起了新德里方面的巨大警惕。印度大使班浩然（Gautam Bambawale）在接受中國《環球時報》的採訪時說道：「中巴經濟走廊穿過印度聲明有主權的領土，從而侵犯了我國的領土完整。這對我們來說是一個大問題。」[150]

這是憂慮的一個來源，但是考慮到印度和中巴兩個鄰國長達七十年的爭端歷史，巴基斯坦和北京聯繫緊密的事實也給印度造成了威脅。來自中國的大量投資可能讓巴基斯坦的經濟充分成長，這會挑戰到印度，尤其是在競爭性的政治、軍事和經濟對立已經很嚴重，雙方敵對更趨激烈的前景下，就更是如此了。的確，有些人相信中巴經濟走廊可能會讓巴基斯坦的年度GDP達到最高八%的成長——換句話說，這是數十億美元的影響。[151]

中國計畫的問題在二〇一七年上升到了緊要關頭，事實上已經到了事態非常嚴重的程度。對於中國承包商正在修建一條通向洞朗高原（Doklam Plateau）的公路一事，印度的反應很迅速，洞朗高原位於印度東北的錫金邦（Sikkim）、不丹和中國在喜馬拉雅山脈的交會點。這個高原距離被稱為「雞脖子」的西里古里走廊（Siliguri Corridor）不遠，連接的是印度東北各邦和印度其他地方。正因如此，一些人將這個地方稱為是「印度地理中薄弱得令人膽寒的一條動脈」。[152]

在二〇一七年夏天，世界大部分地方的人們都在關注美國總統的推特帳號和脫歐鬧劇，兩個世界上人口最多的國家可能會開戰並不只是說說而已，事情看起來正在變成事實：兩方派出士兵在前線展開對峙，最終事態升級，直接發展成雙方在實際控制線上的近身戰。有些人預計的情形更糟。「我們可能會在一個月內和中國爆發全面戰爭」，印度出生的英國經濟學家德賽勛爵（Desai）說。[153]

事實上，冷靜的思考還是占了上風，侷促不安的停戰協定得到了雙方認可。但是事態升級的威脅仍能從印度總參謀長的評論中清晰地表現出來，畢品・拉瓦特（Bipin Ravat）將軍在洞朗爭端最高峰的時候，提出印度軍隊需要升級並且進入備戰狀態。雖然他承認說，「在印中邊境上沒有開一槍一彈」而且有緩和事態的途徑，但應該毋須懷疑，印度「已經完全準備好了在兩個半前線上的戰爭」。他所說的意思是，印度軍隊在有需要的時候能同時對付中國和巴基斯坦，而且能夠處理得了在印度內部的公民抗命和起義。[154]

現在討論印度和兩個互看不順眼並且本能地不信任的鄰國關係中的受困心態，還為時太早，但是高級軍官的思考、談論和準備大規模行動的例子，有時候會創造出一個陷入自我預設的小劇場裡無法自拔的環境。這正是在一百多年前發生過的事情，一九一四年參加一戰的各國也都覺得自己是在採取防禦行動。[155]

在二〇一九年初，當喀什米爾普瓦瑪（Pulwama）的恐怖襲擊殺死了四十個印度議會成員，讓事態變得緊張起來後，印度的MiG-21戰機被巴基斯坦擊落，飛行員遭到俘虜。全世界在這時候都屏住了呼吸，有些評論人把這件事和一九六二年的古巴飛彈危機相提並論，兩起事件都是兩個擁有核武器的國家要決定讓事態升級還是緩和的局面，而且兩起事件都可能會把雙方推入毀滅性的戰爭中。[156]

雖然再次避免了危機，但是緊張關係在二〇一九年夏天再次危險地上升，莫迪的印度政府排除上萬軍隊控制了喀什米爾部分地區，廢除了其自治地位，導致了一場跨整個地區的大封鎖，而威脅又導致軍事對抗的巴基斯坦的口水戰。壓力的逐漸增加有部分原因是和兩國之間更廣泛的一系列軍事憂慮有關。

對印度來說，一部分問題是源於當前在喀什米爾和喜馬拉雅發生的事情只是整件事的一部分，印度洋也正在成為一個競技場。

印度軍方的憂慮不僅是基於在喀什米爾和喜馬拉雅地區發生的事情，而且也是基於印度洋正在成為一個競技場的事實。在二〇一六年夏天，巴基斯坦宣布將斥資五十億美元跟中國購買八艘改裝過的柴電混合攻擊潛艇——最有可能的是〇三九式潛艇的輕量出口型號，但甚至也可能是新款的〇四一元級常規攻擊潛艇。[157]這對印度是個疑慮，因為巴基斯坦事實上已經進行了巴布爾－3型（Babur-3）飛彈的試射，這是根據巴布爾－2型——一款有核子能力的地面發射巡航飛彈——改裝的潛艇版巡航飛彈。[158]

然而這只是整個局勢的一個部分，因為還要考慮到巴基斯坦越來越強大的能力，以及中國本身在印度洋的野心。儘管巴基斯坦政府堅持說瓜達爾港及其設施只是為了商業運輸，而不是為了中國海軍而建，但是印度防務官員已經開始考慮如何應對未來的局勢變化了。在任何時候，印度洋上都至少有八艘中國海軍軍艦的事實——以及一度有十四艘軍艦在海上巡邏的事實——已經引起了印度軍隊最高層的注意。[159]

不只是中國軍艦的出現成為疑慮。同樣成為疑慮的還有益發變成對抗姿態的情形。一位印度海軍發言人被迫要否認包括飛彈驅逐艦在內的中國軍艦在二〇一八年二月已經收到過了射擊和「實戰演習」警告。[160]這是在一個月內的第二次對雙方緊密角逐的否認。[161]

雙方都感覺受到了挑戰。中國在馬爾地夫投入了大量的注意力，作為一個評論人所說的「目的在於保護中國在印度洋力量的一系列軍事設施和經濟計畫」的一部分。[162]當馬爾地夫的大法官和前總統遭到逮捕，以及二〇一八年春天宣布的國家緊急狀態，有報導說印度正在準備派軍隊去恢復秩序。這樣的消息遭到了來自北京的激烈警告：如果印度派兵到馬爾地夫，「中國將會採取行動阻止新德里。印度不應該低估中國對於單邊軍事介入的反對。」印度應該克制。如果不能做到克制的話，將會有悲慘的後果。「對馬雷（Malé）未經授權的軍事介入必須要加以阻止。」[163]

在這之後，印度進行的飛彈發展導致了人們對軍事對抗升級的恐懼更上一層。二〇一八年初，在一個公路飛彈發射器中發射的彈道軌跡先導的火神－V（Agni-V）洲際彈道飛彈（ICBM）的成功測試，引起了北京方面的緊張，後者將其描述為「對中國安全的直接威脅」。這並不讓人感到意外，因為印度的防務分析人員自己已經表示過，「射程可以輕易超過五千五百公里的火神－V飛彈，明顯地讓印度得到了從印度半島威脅所有中國東部沿海城市的能力」。在幾十年前，發展「一種更遠距離射程、更重型的攜帶飛彈，發展多目標重返大氣層載具」，以此來「保證可以突破中國的反彈道飛彈防禦系統」的需要，就體現出新世界背後有多麼巨大的賭注風險。[164]

在二〇一八年三月舉行的包括印度、澳大利亞、馬來西亞、緬甸、紐西蘭、阿曼和柬埔寨參加的二十三國海軍聯合演習，受到中國政府的喉舌媒體《環球時報》的嚴厲警告。這些行為會煽起和中國的緊張關係，該報警告說，而且會擴大從陸上到海上發生衝突的可能性。這些參加演習的國家很可能是把中國放在日程的首位，帶著計畫來創造出一個「把中國當作目標」的聯合演習。如果在這些行動中有「任何不理性的挑釁」，中國「應該做好採取軍事回應的準備」。[165]

類似的直率警告凸顯了現今時代的脆弱。不用費什麼氣力，挑釁，無論是否出於故意，都會輕易地被曲解或操作，致使事態迅速升級。也不會運用洞察力來認識到像這樣的激烈評論將會把不同的對手推向同一陣線，讓多方對手集中在共同利益周圍，表現出各國都對北京方面願意使用施壓手段——而且在必要時採取武力手段——來讓事情順自己的意願發展的行為，有著嚴重的擔憂。

為了要應對、回應和理解中國的擴張野心和存在感，是南亞、東南亞，以及大洋洲和太平洋地區各國防禦支出增加的原因之一，在上述的這些地區都有中國修建新機場、碼頭和各種設施的工程，並且還進一步向所羅門群島和瓦努阿圖提供一系列投資，這不僅讓澳洲警覺了起來，而且還引發關於怎樣是最好回應方式的討論。[166]

雖然一些政治人物已經開始用惡語中傷的方式來回應，例如澳洲的前外交部長康塞塔・菲拉凡提–威爾斯（Concetta Fierravanti–Wells）說，中國正在金援造價昂貴的「無用建築」、「通到寸草不生的地方的路」，和修建「糟到見鬼」的建築工程，但是有更多的積極行動已經做出了。[167]在澳洲，這些行動包括提高對這一地區的援助，鋪設昂貴的地下水管道（以阻止中國的承包商做這件事），並審核通過一筆價值三百八十億美元的交易，從法國購買了十二艘新潛艇。[168]這樣的動作——例如決定斥資七十億美元組建一支小型無人機編隊——都是為了與中國在未來展開競爭。「了解是什麼人正在我們的地區行動，並且在必要時對任何威脅做出回應，」澳洲國防部長克里斯托弗・佩恩（Christopher Pyne）說，「這是十分重要的事情。」[169]

這種擔憂的程度，也可以從紐西蘭政府在二〇一八年七月發布的防禦策略政策聲明中清晰地看到。「紐西蘭正在一個越來越複雜和日新月異的國際安全環境中探索，」文件如是說。「我們將會面對在規模和體量上都是我們地區前所未見之大的複合挑戰。」[170] 這是提出和澳洲及一系列太平洋國家簽署安全協議的序曲，其驅動力主要就是中國在這個地區益加頻繁的活動。[171]

在吉布提展開的競爭甚至更加尖銳直接，該國是正在上演現代版大博弈的諸多國家之一。吉布提坐落在扼守亞丁灣和（連接蘇伊士運河的）紅海之間的非洲之角上，擁有重要的戰略地位，每年有全世界三〇%的海運量會途經此地。自從一九七七年吉布提從法國獨立以來，法國就在這裡擁有軍事基地，該國之前曾作為法國殖民地超過一個世紀，法國的衛戍部隊對該國的安全起了重要作用，而且也在東非沿海地區的反海盜巡邏中起了很大作用。最近至二〇一四年，由於巴黎的預算縮減，出現了將法國衛戍部隊的數量減半的計畫。[172]

然而自從那時開始，這個地區就成了其他國家的蜂蜜罐，有沙烏地阿拉伯提出的在吉布提建立一個軍事基地的提案，因為「我們是持有相同價值觀的同一民族，而且我們也有相同的問題和挑戰」。[173] 土耳其也非常積極地在附近活動，這一點可以從該國在索馬利亞的大使館看得很明顯，這是土耳其在全世界最大的外交機構。[174] 土耳其也正在這個地區修建一個軍事設施，而且在索馬利亞修建一個軍事基地的計畫也進展得十分順利。[175]

這個地方將不會跟日本在吉布提的軍事基地距離很遠——日本的軍事基地正在擴建過程中。[176] 這兩個軍事基地都距離位在厄利垂亞南方阿薩布（Assab）的補給站很近，這個基地由阿聯酋興建；已經開始運行的補給站除了能停泊輕型巡洋艦和更大的船隻之外，還能停放攻擊型戰鬥機和坦克。[177] 離海岸不遠的地方，有個新的港口正在修建中，這個位於蘇丹沿海的薩瓦金（Suakin）的工程有來自卡達的四十億美元資金——將成為紅海最大的港口，而且也具有軍事用途。[178]

戰略要地的大雜燴吸引了來自各方的勢力——包括俄羅斯在內，該國據說在和索馬利蘭（Somaliland）討論建立一個能容納兩艘驅逐艦、四艘護衛艦、兩個潛艇碼頭以及提供駐防部隊的軍事基地事宜。作為交換，莫斯科方面將明確地開始幫助這個分離共和國能夠從索馬利亞中獨立出來，並且成為國際承認的主權國家。[179]

但是對美國來說，該地區的地位遠不止是有利地點這麼簡單。對於美國的地區、國際和全球政策來說，這裡都具有關鍵性的重要地位。在二〇一六年時任駐吉布提大使的湯姆・凱利（Tom Kelly）就曾描述過在吉布提修建基地一事，他將其稱為「全世界最大的現役軍事建設工程……在我們從事的所有方面，它都是第一名」。[180] 吉布提在美國的軍事任務中有關鍵的角色，不僅在非洲，在歐洲、亞洲及全世界都是這樣。「它對我們來說非常非常重要」，瓦爾德豪澤（Thomas D. Waldhauser）將軍在二〇一八年春天這樣告訴美國眾議院軍事委員會。[181]

這對中國也變得重要了，在二〇一六年，中國開始在吉布提修建自己的海軍基地。當吉布提政府終止了總部位於杜拜的環球港務（DP World）的合同時，該公司是多拉勒（Doraleh）集裝箱終端港口的營運商，在把該公司貼上「壓迫、自私」的標籤後，人們普遍相信這麼做的原因是要把終端的控制權轉移給中國，無論是作為中國貸款的回報，或是有可能作為一些債務的替代品。國際貨幣基金曾說該國面臨「高度的債務災難風險」，其債務自二〇一四年由於「大型外國投資的基礎設施工程」而開始嚴重增加——幾乎所有這些工程都是由中國提供的資金。[182]

中國的軍事基地正式地連接到了能提供「更好的後勤並保護在亞丁灣、索馬利亞外海和執行聯合國其他的人道主義援助計畫的中國維和部隊」，在這時候，衛星圖像顯示這裡正在修建有嚴密防守的軍事基地，而這裡距離美國的軍事基地只有幾英里遠，這成為了意圖宣示的證據。[183]這和中國國務院在二〇一五年發表的防禦白皮書中的內容是相符合的，這份文件談到了「保護中國的海洋權利和利益的長期任務」。[184]正如歷史上所呈現出來的那樣，擴張中的經濟和政治利益會和保護這些利益的手段攜手並進。

就這樣的事情而言，雖然瓦爾德豪澤將軍注意到了，如果美國和中國爭奪對吉布提運輸港口控制的競爭繼續發展下去，「後果將會很重大」的事實，但是在其他地方也有類似對立的情形看起來是不可避免的。中國軍控與裁軍協會的一名高級顧問所說的話得到了轉述，「更多的海外後勤基地將會在未來興建，以協助中國海軍在全球執行任務」——表述出的目標是和美國對立。「不需要隱藏解放軍海軍的野心，」徐光裕說；目的就是「獲得向美國海軍那樣的能力，從而讓（中國海軍）可以在全球執行任務」。[185]西非提供了一個這樣的事情會在什麼地方以什麼樣的方式發生的例子。袖珍小國聖多美普林西比相對來說沒有那麼多可以爭奪的東西，至少按照世界銀行的數據，這是一個「沒有任何經濟行為可以作為成長驅動力」的國家——這是用來表示這個國家的前景暗淡無光的禮貌說法。[186]

但是，這個國家的確有一件事值得追求：地理位置，該國的位置可以將其作為一個完美的對整個西部非洲而言的潛在戰略和經濟活動樞紐——尤其是因為這個群島小國和同樣稀少的人口，意味著它的政治脆弱性比許多國家顯露得更少，這很利於運作。也許並不出人意料的是，因此，這個國家成為了中國注意力的目標，而且得到了大型投資，一個正在興建中的深水港口估算花費可達八億美元。[187]

雖然在聖多美普林西比的發展中沒有軍事成分，但是在擁有重要戰略價值的地方交到朋友仍然助力重大——無論是對現在有幫助還是對將來都好。追加合作的提議，以及中國外交部長王毅精心修飾過的辭令——「中國支持所有的國家，無論大或小，都站在平等的地位上」——都大大地促進了雙方關係，並且創造出了尤其對那些被邊緣化或是被排除出國際事務主流的國家有吸引力的共同敘事方法。[188]

這樣的方式也會帶來更直接的回報。以聖多美普林西比的案例來說，這些方式中包括和台灣斷交，轉而效忠北京方面的決定。[189] 同樣的事情也可以在巴拿馬看到，和中國政府關係緊密的中國公司同意在該國投資近十億美元，以升級能夠處理更大船隻的港口設施。[190] 過沒多久，巴拿馬——台灣為數不多而且數量正在減少的邦交國之一——和台北斷交，並和北京建立了外交關係。[191] 將會收到價值三十億美元投資的多明尼加共和國，在二〇一八年五月做了同樣的事情，該國總統宣言「世界上只有一個中國，台灣是中國領土不可分割的一部分」。[192]

薩爾瓦多是下一個在二〇一八年夏天轉換外交對象的國家。「我們確信這是走向正確之道的一步。」薩爾瓦多總統在電視發言中說道。[193] 和梵蒂岡達成的在中國任命主教的協議的背景，也看似是和北京尋求讓台灣失去支持有關——即使是羅馬的高級人士給出了此事「沒有外交或政治意涵」的保證。[194]

中國在台灣事務上的敏感神經很明顯會被以下這件事挑動，在川普於二〇一六年底當選總統後，和他通話的第一個領導人就是這個島嶼的總統（the island's president），這個舉動被《經濟學人》描述為衝進瓷器店（China shop）的公牛。[195] 六個月後，川普改變了方式。習主席「是我的朋友」，川普說，他「作為一個領導人表現得很棒，我不會做任何事情妨礙他。

所以我肯定會先跟他聊」，然後（才決定是否）再和台北方面交談。[196]

中國的策略還延伸到了給各國航空公司施壓，讓它們更改各自網站和航班雜誌上的地圖，以反映出北京對於台灣地位的看法——此舉被川普的白宮斥為「歐威爾式的胡言亂語（Orwellian nonsense）」和「向美國公司和公民強加中國的政治正確」的企圖之一。[197]這是中國非常嚴肅看待的事情。在二〇一九年夏天，一連串生產（涉及台灣的）服裝飾品或是僅是把台灣標示為單獨國土的公司，都遭遇了在中國的品牌代言人退出和網民呼籲抵制。像Gap、Zara、紀梵希（Givenchy）、達美航空、萬豪酒店和麥當勞都被迫要發表道歉，試圖保護其商業模式以及最關鍵的——股東的利益。「范思哲（Versace，台灣譯為「凡賽斯」）熱愛中國，」一個著名服飾品牌宣布，「並絕對尊重中國的領土主權。」[198]

對台灣展開的文攻武嚇的重要性要放在中國對新疆、香港和西藏的態度的語境中理解，所有的這些地方都是北京方面的焦慮來源。但是不用懷疑的是，台灣的問題是一個高度敏感的議題，正如閻學通所注意到的，「冷戰的核心是意識型態，只有阻止意識型態上的緊張，我們才能阻止（中美之間的）冷戰」。這是「建立有效的預防機制」的必行之事，只有這樣才能避免危機——或是更糟的局面。[199]

閻學通說：「我們必須要處理的最大問題之一」，是「川普的不可預料」，因為「他按照自己（的虛妄）做決定，而且在他的決定之間缺少延續性」。[200]理解這一點，而且要正確地處理這件事，必須同時具有技巧、耐心和不少運氣來對這位總統的意願做出事後猜測，以確定他是否、何時或是為什麼改變主意。尤其棘手的是台灣的案例。這個島嶼的地位，以及美國和中國如何處理此事，代表了在接下來十年中世界和平的「最大危險」，閻學通如是說。

華盛頓和北京之間的競爭也有地方上的後果。比如說在二〇一八年九月，美國召回了薩爾瓦多、巴拿馬和多明尼加共和國的大使，詢問這三個國家對台灣地位的認知，並討論美國如何在中美洲和加勒比海「支持強壯、獨立和民主的國家」。[201]更直率的說，這意味著美國正在處理要採取什麼措施來反對那些選擇支持中國的國家。

白宮新聞祕書已經提出了警告，薩爾瓦多之類的國家會後悔的；中國的經濟誘惑只會促使「經濟依賴和經濟主導，而不是合作」。[202]其他人則熱衷於採取更直接的手段——有四名參議員提出了《台灣友邦國際保護及加強倡議法案》（Taiwan Allies International Protection and Enhancement Initiative Act，簡稱《台北法案》），允許美國對任何在台灣地位問題上支持中國的國家政府「降級」關係，並「暫停或變更美國外援」。[203]

川普在二〇一九年三月宣布暫停對薩爾瓦多、宏都拉斯和瓜地馬拉給予美國援助的事實造成了立即的影響，因為他對於中美洲移民問題的立場展現了吃力不討好的例子。宏都拉斯和瓜地馬拉是數量越來越少的認可台灣是獨立國家的國家集團中的兩個。「我們給他們付大筆的錢，」川普說。「我們不會再給他們付錢了。因為他們一點也沒幫到我們。」[204]看起來北京並不會按捺很久就會考慮他們是否能夠提供什麼幫助。

避免對立上升並阻止這些事情蔓延到危險結局是具有全球重要性的事情。從這點來看，中國看待世界的觀點所引起的緊張關係和競爭，可以放在更大的問題中來看，這個問題就是如何評估或是應對中國的崛起，這樣的崛起被很多國家——尤其是美國，看作是經濟、軍事和戰略上的威脅。

這與中國崛起的速度一樣令人驚訝——導致了美國被迫要做出一系列的重新考量、意見翻轉和試圖導正失衡的努力。經過多年的談判之後，中國在二〇〇一年加入了世界貿易組織（WTO），使中國有能力透過其貿易協定更好地確保商業交流，並提供了一個解決爭議的論壇。按照美國貿易代表羅伯特・萊特希澤（Robert Lighthizer）於二〇一八年初在美國國會上的報告發言，中國拒絕向外界開放自己的市場「違反了世貿組織的基本原則」。在檢討過去的作法時，他說：「美國在支持中國進入世貿組織一事上犯了錯，其條款被證明不足以確保中國接受成為一個開放、市場導向的貿易政權。」[205]

這樣的疑慮被中國大規模的智慧產權盜竊行為進一步放大了，一份有影響力的報告聲稱，這一行為造成了美國經濟每年兩千兩百五十億至六千億美元的損失。[206]按照另一份不同研究的說法，中國的網路攻擊正專注在「為提高中國經濟競爭力和加速其在關鍵的先進技術上占領世界市場的信息和智慧產權大規模的盜竊」上。[207]

如何最好地理解和回應中國崛起的問題，正在變成美國政策制定者的一個重要（如果不是主導的話）挑戰。美國國防部長馬蒂斯（James Mattis）在二〇一八年夏天於海軍戰爭學院上的演講內容，明顯地表示出了上述局面。中國，他向畢業生們說，懷著「重寫現有世界秩序的長遠設計」。他們這樣做的企圖，馬蒂斯說，是基於回歸歷史（的打算）。「明朝看起來是他們的榜樣，雖然是以比前者還更高調的手法，要求其他國家成為納貢國家，向北京叩頭；推行一帶一路，但這個多元的世界上已經有了許多帶和許多路……試圖把他們威權的國內模式複製到國際舞台上。」

存在有三個方式來應對此事，馬蒂斯說。透過「建立一支更強的軍隊」；透過「鞏固我們的軍事聯盟和建立新的合作」；以及透過「對國防部加以改革和現代化，以實現更大的能力、責任力和負擔力」。歷史給我們上了有價值的一課，他說：「有盟友的國家會繁榮興旺」。他並未解釋為什麼這句話不能套用在中國小心翼翼地在全世界交朋友的行為上。他在這場演說的開端曾熱情洋溢地引用川普在不久前曾說過的話，「過去的歷史並不能定義未來」，考慮到這一點，他也根本沒有說他為什麼會願意從歷史上吸取教訓。[208]

中國現在已經主導了美國的戰略思考。「我認為中國在五十至一百年中是美國國家安全的主要挑戰，」馬克・米利（Mike Milley）將軍在二〇一九年七月成為參謀長聯席會議首長的審議聽證會上說道。「我認為在二一一九年時，一些歷史學家將回首這個世紀並寫一本書，」他補充說，「核心主題將會是美國和中國的關係。」[209]

有些人幾乎是用了末日災難式的觀點來看事情。「中國比蘇聯的威脅更大」，國會議員斯考特・佩里（Scott Perry）說，還有富蘭克・加福尼（Frank Gaffney），他聲稱中國「公開地尋求摧毀美國」。[210]

「中國有比我們的理解更深的歷史和戰略根源」，美國國務院政策規劃負責人凱隆・斯金納（Kiron Skinner）在二〇一九年四月時這樣說道。彷彿是為了展示出她對時代背景和前景的理解有多麼有限，以及身處華盛頓的戰略制定者們在面對變動中的世界時有多麼的不確定，斯金納還補充說，「這是我們第一次面對一個不是高加索人種的強大競爭者」[211]——她忘記了二戰中和日本的對抗，就更不用提歐洲殖民北美時原住民人口的移動和死亡了。

換句話說，對許多位高權重的美國人來說，處在前方的並不只是競爭，而是一場只能帶來一種結果的文明衝突——勝利或失敗。怎麼高估這背後的代價有多大都不為過。

至於美國和中國上升中的對立態勢和對抗會給全球安全造成什麼樣的影響，這在麥肯齊中將（Kenneth F. McKenzie Jr.）的評論中清晰地表述了出來，他是美軍聯合參謀部主任和美軍中最高階的軍官之一，當他被問到關於南海上的人造島嶼的問題時，他回答說，「我只能告訴你，美國軍隊有豐富的在西太平洋奪取小島的經驗。」這一點，他說，絕對是對「一個簡單的歷史事實的陳述」。[212]

麥肯齊將軍的話是個警告——而且最好被解釋為事情嚴肅性的信號，如何對付中國的討論已經進入了美國軍方的最高層。這很難說是出乎意料的事情，美國的軍事評估已經得出結論，中國軍隊已經「快速地擴大了水上轟炸機的行動區域」，而且已經獲得了「攻擊美國和盟國，以及包括關島在內的西太平洋軍事基地的能力」。[213]也許不用吃驚的是，麥肯齊將軍趾高氣揚的評論並不會在海軍上將菲利浦・戴維森（Philip D. Davidson）那裡得到重複，他在二〇一八年四月被任命為美國太平洋司令部指揮官的提名聽證會上給出了自己的看法。他把一系列書面回覆報告交給了參議院軍事委員會，描述了適應變化中的世界的困難——其中包括對當前局面的率直觀點。

戴維森海軍上將給出了對中國能力所及和美國海軍能夠做出的選擇十分有限的坦誠評估。中國正在南海等地修建一系列的軍事基地，他指出。「一旦進駐了（這些基地），中國便能夠將其影響力向南擴張到數千英里以外，能夠深入大洋洲部署自己的力量。」而且，中國的軍隊將「輕易壓倒任何一個對南海有訴求的國家」。他的結論已經再清楚不過了：「簡短來說，中國現在有能力在各種情況下控制南海，除非和美國作戰。」即使是在這樣的情況下，他補充說，「美國也無法保證能在未來和中國發生衝突時獲得勝利」。[214]

儘管在海軍技術上做出了重大投資，其中包括打造像朱姆沃爾特號驅逐艦（USS Zumwalt）這樣的戰艦，以至於美國海軍最高指揮官之一的哈里斯（Harry B. Harris）海軍上將說，這艘驅逐艦能夠成為蝙蝠俠的艦船選擇——如果蝙蝠俠可以選的話。打造這艘軍艦的花費高達四十四億美元，朱姆沃爾特號的雷達聲納標記只有一艘漁船那樣大，是其實際大小的十二分之一。[215]中國仍然擔心像這樣的戰艦可能會被派至靠近朝鮮半島的地方——因此也靠近中國。[216]即便如此，這樣的憂慮也許放錯了地方——至少現在來看是這樣。首先，朱姆沃爾特號遭遇了一連串的技術事故，包括在穿越巴拿馬運河的時候拋錨。[217]但是雖說這艘軍艦（以及該級別的其他軍艦）可能會在適當的時候成為「前所未有的致命戰艦」，可是這件事看起來並不會馬上成真。按照最近的報告提供的說法，其武器系統要麼是沒能正常運行，要麼就是完全閒置；而且其火箭驅動的武器花費要比預期中貴四倍，每輪開火都要花費九十一萬五千美元。[218]

這樣的報告根本無法停止美國內部對於浪潮正在向中國有利的方向流動的恐懼，這樣的恐懼也促使了政策的變化，在海軍中尤其如此。在二〇一七年，中國收到了參加環太平洋軍演的請柬，這是全世界最大的多國海軍演習，每兩年舉行一次，有四十五艘海面船隻、五艘潛艇、超過兩百架飛機和兩萬五千名人員參加了二〇一六年的演習。[219]在這場演習將要在預定時間開始的幾個星期前，馬蒂斯宣布，「作為對中國在南海不斷進行軍事化行動的最初回應，（美國已經）撤回了對解放軍海軍參加二〇一八環太平洋軍演的邀請」。[220]為了抗衡中國，馬蒂斯國防部長職位的代替者馬克・埃斯珀（Mark Esper）說，美國需要「在印太地區」建造自己的軍事基地，擁有「範圍更廣的初階基地，也要有第二級基地和第三級的操作地點」。[221]這反過來又引來了讓很多人聽來只不過是耍花樣的言詞。「我在這裡確認，美國將幫助保護你的主權、安全、生活在自由與和平中的權利」，龐培歐在二〇一九年夏天抵達密克羅尼西亞聯邦時宣布。他並沒有對來意有什麼遮掩，公開指出了他的目的就是要阻止「中國改寫太平洋的努力」。[222]換句話說，軍事化、投資和政治支持都可以，只要是美國人來做就好。

對美國來說，和中國在所有競技場中的全面競爭已經變得像壓倒性的政策驅動那樣重要了。參加第四十九屆華盛頓美洲大會的代表們期盼著聽聽中南美洲和美國關係的機遇和挑戰，但是卻聽了美國西半球事務助理國務卿金伯利・貝瑞爾（Kimberly Breier）帶來的冗長的關於中國威脅的闡述，她談論了中國扭曲的市場作為，中國世貿組織會員身分的問題，對智慧財產權的態度，中國國企扮演的角色，中國人對數據、言論自由和人權的態度。[223]

有人可能會說華盛頓對北京的痴迷是有道理的。但是，儘管如此，這樣的痴迷著實令人震驚。我們正眼看著世界被一分為二。正如大衛・彼得雷烏斯（David Petraeus）將軍所說的，「這是我們這個時代的決定性問題」。[224]

要預測敵對和地緣政治的競爭將會多麼激烈地進行或是如何解決並不容易。然而令人感到震驚的是，和美國關於中國崛起的憂慮相對的，是一種來自世界另一邊完全不同的認知。強世功——一名重要的中國知識分子——在一篇文章中說：「西方文明是建立在二元敵對主義（binary antagonisms）的哲學和神學傳統上。」這篇文章已經被描述成「習近平的新政治正統觀點的威權宣言」。[225]

強世功提出，幾個世紀以來，「中國文化都遭到西方的嫉妒。」然而自從鴉片戰爭以來，「中國經歷了屈辱和悲慘。」中國人民，他說，「在現代時期裡已經忍受太久，現在已經向前跨越了一大步」。強世功把歷史分成毛澤東時代、鄧小平時代和習近平時代，也分別對應了中國的「站起來」，「富起來」和「強起來」的時代。

在習近平的中國正在發生著的，無論是在國內和國際，都是自然的、有邏輯的積累和培養，換句話說，都是強世功最終歸結的從一九二一年中共成立以來的深層趨勢和長期過程。「中華民族的偉大復興，」他下結論說，「不僅是經濟和政治的復興，也是政治教育的復興……這將帶來偉大的中華文明的復興。」這一含義十分清楚：「中華文明正在將自身擴散和延伸到世界更多地方。」[226]就其願景的發展而言，很難去想像一個（比這）更昂貴和野心勃勃的願景了。新絲綢之路不僅是中國經濟和外交政策的一個構成整體的部分，它也是中國如何看待世界——以及如何為未來做準備的一個不可或缺的部分。

第四章

通向對立之路

懷舊情緒可以造成令人陶醉又強大的效力。透過玫瑰色的濾鏡回首往昔可以創造出虛假的過去，只有最好的回憶才會被想起，而最壞和最平凡的記憶則會被忽略。雖然回想之前的黃金年代常常會帶來對本應更好的時代的溫馨回憶，但是這樣的過程可以是有欺騙性、誤導性和錯誤的。事實上，今天的世界幾乎在任何一個單一方面都比歷史上的世界更好。

今天出生的小孩不僅在統計學數字上很可能比他們的父母活得更久，而且也很可能比他們的任何一個祖先活得更久。今天出生的小孩中有更多人在能閱讀、能寫字的情形下長大，這比歷史上的任何時候都更好——無論是在絕對數字上（因為全球人口正處在有史以來的頂端），還是以比例來說都是這樣。對清潔的水和醫療服務的取得、對可以擔負得起而且迅速的交通，和對能源及通訊網路的使用都正值最高點，而且還在持續成長。我們有很多值得慶祝和對未來有所期待的理由。

談到變化，上述的那些內容就不會讓話題變得容易一些了。如果一個人看起來正在一個錯誤的時間站在錯誤的地方，要讓他保持樂觀並不容易。美國的例子就是這樣，中國的崛起看起來不僅造成了對美國未來的系統性問題，而且還造成了一片陰影，讓人們信以為真的二十世紀黃金年代的渴望變得難以理解。一個接著一個的重要產業的出售，從飯店到飛機租賃公司，從生物科技到奇異公司（General Electric）的電器產業部分的業務——這可是奇異公司這家美國企業的圖騰象徵的掌上明珠，所有的出售都讓人難以調適。[1]

眼看著大廠商一個個落入懷抱現金的外國買家手中，是對系統的一個打擊——尤其是當人們的期待很少得到滿足，卻想到是那些來自一個很不了解且很少關注的世界地區的買家把這些產業收入囊中的時候。這樣的事情不只是在美國發生，也同樣發生在歐洲，有些最具代表性的名字和品牌——從富豪汽車到倫敦計程車，從華納音樂到建築工程巨頭斯特拉寶（Strabag），都有來自外國的持有人，他們主要來自絲綢之路的國家。這是一個又新又常常令人覺得怪異的世界，最好的例子可以算是義大利卡拉拉（Carrara）的採石場拋售了公司最大股權，這裡的石料曾經被用來修建羅馬的萬神殿、錫耶納（Siena）的主教堂、倫敦的大理石拱門和矗立在華府特區國會廣場上的和平紀念碑。採石場的主要股東是賓・拉登家族——也就是說，紐約市的自由塔使用的大理石是來自如今由賓・拉登家族所有的採石場，正是出自這個家族中的一個人作為幕後操縱者，造成了之前聳立在同一地點的雙子星大樓倒塌。[2]

類似於這樣的收購行為，已經促使大量的自省和呼籲政府施加介入以阻止出售的聲音。一個典型的例子來自於很有影響力的《產業周刊》（*Industry Week*）上刊登的一篇文章，這份雜誌是美國最早的貿易出版物之一。上面的這篇文章的題目是〈我們是否應該允許中國人買下所有他們想要的公司？〉。文章的開篇就說：「我們美國人無憂無慮地忽略允許外國公司收購我國資產的長期後果，這些資產形式有公司、土地和資源。以允許許多美國公司被外國公司收購的方式，我們正在出售我們製造財富的能力。」[3]

有些人甚至把話說得更大。「有許多美國人不明白中國正在發生什麼，也不明白他們的科技公司已經變得多好。」參議院情報委員會中的參議員馬克・華納（Mark Warner）這樣說道。中國的高科技公司在全球展開的競爭已經夠嚴峻了。但是對於華納來說，真正不能容忍的是，美國公司竟然「唾面自乾地進入到中國市場中去」；事實上，他說，美國企業所犯的錯無異於「自願賣身」（prostituting themselves）。[4]正如隨後表明的事情一樣，這些公司包括臉書在內，其數據分享夥伴中至少有四家重要的中國電子企業——所有的這些企業都和北京政府有緊密的聯繫。[5]

這件事沒有在華盛頓的高級聽證會中得到揭露的事實本身，就講述了這些公司願意採取行動來追求機遇的情形——正如一份能源和商業委員會中兩黨的眾議員提交的言詞強硬的聲明所解釋的那樣。[6]這篇聲明是在臉書公司與四家公司分享用戶數據一事浮出水面之前發表的——上述四家公司分別是華為、聯想、Oppo和TCL——這篇聲明已經被美國情報部門標註為國家安全威脅。[7]

對利潤的不懈追求同樣可以在Google的決定上看到，該公司決定開發一款搜索引擎——代號為「蜻蜓」，以屏蔽和人權、宗教和其他敏感話題相關的網站和搜索結果——從而得到中國政權的接受，讓該公司可以進入到這個巨大的市場中。也許並不出乎意料的，這造成了Google內部大量的自省，該公司曾經將「不作惡」作為列入行事準則中的座右銘。[8]在二〇一八年初夏撤下這一條口號不僅是一個時代的標記；也是股東利益優先於其他人的現實狀況的體現。[9]

Google擔憂這個計畫會遭到來自公司自己員工的反對，從而減慢瀏覽器的發展速度，所以開始在嚴格的保密情形下進行這一計畫。[10]當這件事在二〇一八年為公眾知曉以後，有關這一計畫的消息帶來了激烈批評，Google員工威脅舉行罷工，直到這一計畫被撤回。[11]美國副總統麥克・彭斯（Mike Pence）直言不諱地表明了他的看法：「Google應該立即結束這個將會加強共產黨審查和侵害中國消費者隱私的蜻蜓app的研發。」[12]

中國以不同形式做出的表現在美國的總統大選中扮演了重要角色。中國人「想要掐住我們的脖子，想要把你切成兩段」，川普在一次採訪中這樣說道。[13]中國人「已經對我們發動了一場經濟戰爭，」他在二〇一六年四月於史泰登島（Staten Island）上的演講中說。「他們正在左一刀、右一刀地撕扯我們。超乎想像地虐待我們，」他說，最後在演說結尾時還聲稱：「中國對我們所做的，是在世界歷史上任何人或任何國家所做的最大程度的盜竊。」[14]

在六個月之前，這樣的聲量已經變得越來越大了，他說：「（中國）從美國帶走的錢是我國歷史上的最大盜竊行為。」[15]但是這樣的聲明也得到了一部分關鍵人群的配合：經濟學家布蘭科・米拉諾維奇（Branko Milanović）提出，全球財富再分配的「大贏家們」是那些「亞洲的窮人和中產階級；而最大的輸家，則是富有世界中的下層中產階級」。[16] 給世界中心的轉移加以解釋——和將會對此做出點什麼的承諾——可以贏得選票。

考慮到川普的誇張修辭——以及他行政團隊的關鍵任命人選，例如皮特・納瓦羅（Peter Navarro，他的觀點可見其著作《致命中國》〔*Death by China*〕和《即將到來的中國戰爭》〔*The Coming Chian Wars*〕）——唯一會讓人覺得驚訝的是，川普花了很長時間才宣布對範圍廣大的中國商品徵收關稅，被徵收關稅的商品中也包括鋼和鋁。關於對延遲的解釋，有部分原因是出於對北韓飛彈和核計畫的疑慮，以及在對金正恩施壓來促使他走上談判桌前的時候需要特別小心的運作，從而不要引來北京方面的敵對。

這是川普總統堅持要在一場進行了一年之久的智慧財產違規調查的演說中拿掉和中國有關內容的原因之一——儘管他的高級顧問已經清楚地表明了，中國是這次調查的主要目標。「我們將需要他們在北韓的事情上幫忙」，川普告訴他們說。[17] 正如事實所現，在上任一年多以後，川普才宣布了對超過一千項中國商品徵收關稅，這將會影響到大約五百億至六百億美元的進口商品。這個行動，川普說，將會是「許多次中的第一次」。瞄準中國這件事本應該在「許多許多年」以前就開始了。另外，他還補充說，這麼做「大概是我當選的原因之一。可能還是主要原因」。[18]

幾天後，總統下令更進一步徵收關稅。[19]儘管他收到了大零售商發出的關稅會讓美國國內物價上漲的警告，但他仍然做出了徵收關稅的命令。正如好市多、GAP、宜家等商家的執行長所建議的，關稅與其說幫助到美國家庭，還不如說是「將會讓他們處境變糟並懲罰到他們」，關稅會導致「家庭生活基本開支增加，例如衣服、鞋子、電子產品和家居用品」。[20]不好意思，皮特・納瓦羅說。「這是一個歷史事件，川普總統的勇氣和在此事上的視野應該獲得掌聲。」[21]

有些評論人相信川普的行動是攤牌武器，他的最終目的不是要讓全球貿易癱瘓，而是要給美國帶來條件更好的合約。「我們把美國針對中國的貿易行動看作是一個爭取協商的下馬威，而不是貿易戰的開始」，貝萊德（BlackRock）投資管理集團的首席戰略師理查・特內爾（Richard Turnill）如是說道。[22]畢竟，總統已經公開地考慮重新加入跨太平洋夥伴（TPP）在二〇一六年簽署的貿易協定，這份協定本應會在澳大利亞、緬甸、加拿大、智利、日本、馬來西亞、墨西哥、紐西蘭、秘魯、新加坡、越南和美國之間減少貿易障礙。[23]

然而，下馬威和孤注一擲都會有後果要承擔，尤其是在有喧鬧的號角齊鳴相伴的時候。在總統宣布開徵第二波關稅的隔天，皮特・納瓦羅指出中國對「川普總統對美國國土的合理捍衛」的回應是「由否認辭令組成的長城」。[24]這並不準確，因為中國政府並沒有用否認來回應或是採取靜默，而是迅速地發布了一個對美國出口品的關稅報復名單，許多商品都是在幫助川普贏得二〇一六年大選的州以及那些重要的共和黨政治人物代表的地區生產的。[25]

按照北京大學經濟學教授王勇的說法，把美國農業當作目標的決定是出於農業部門對國會的影響力。「中國想要美國的國內政治系統運作起來，」他說。換句話說，北京不僅是打算以其人之道還治其人之身來對付美國，而且還在把對手的強處當作弱點。[26]

對超過兩千億美元的各種商品增收的關稅在二〇一八年九月生效，這將會「給我們的產業、我們的消費者、我們的供貨商和作為整體的美國經濟」帶來影響，美國最大的零售商沃爾瑪（Walmart）在一封給美國貿易代表的信中寫道，警告說這會強迫價格上漲。[27]給中國商品徵收關稅的行為根植於美國的貿易逆差對美國不利的觀點上。川普的行政團隊正在尋求重新平衡每年美國對中國的進口和出口之間存在有超過三千七百五十億美元差距的事實，並強迫中國市場對美國公司和企業開放。但是就像總統身邊最高級官員之一的加里・柯恩（Gary Cohn）試圖在白宮反覆做出解釋的，貿易逆差是無關緊要的，而且甚至可以看作是有好處的——他們可以有效地讓美國消費者以最便宜的價格購買商品。

按照一些人的看法，問題在於當幾乎所有的經濟學家都同意這一點，但皮特・納瓦羅不同意。柯恩，一個前高盛投資公司（Goldman Sachs）的銀行家，試著用證據和理性來展現關稅會讓商品變得更貴，而不是更便宜，而且可以證明會起到反作用。據說他曾對總統和納瓦羅說，「如果你他媽的能閉嘴的話，你可能會學到點什麼。」[28]他們對此沒有興趣。相反的，一個政策已經打下了根基，亦即對付中國的最好方式是給它的經濟施壓——無論對美國消費者、納稅人和選民造成什麼影響。

川普希望用他明顯是無法被預料的特性作為一項談判技術，來讓自己占得上風，這意味著他已經發起了一場貿易戰，隨即他又發出信號說他對中國的習近平主席「十分感激」，和習近平一起，他確信隨著雙方見面試著把事情向前推進，他們一定能夠「取得偉大的進展」。[29]

這次的對話是「積極、務實而且有建設性的」，中國副總理劉鶴在一份聯合聲明中說，這份聲明還包含中國將「大量增加對美國商品和服務的購買」，這將「幫助美國的成長和就業」。這件事將會在中國得到落實，以「滿足中國人民日益增長的消費需要和對高質量經濟發展的需要」。[30]這是一個為了讓兩邊都留有臉面的解決方案——並且讓雙方都聲稱他們已經找到了好方案。

按照一些人的說法，任何關稅的可能影響與其說是實質性（substantive），還不如說是更為象徵性（presentational）。「當你以GDP的方式來衡量，它實際上對成長的影響並不特別顯著」，國際貨幣基金的克里斯蒂娜•拉加德在談到關稅的時候說道。主要的疑慮是關於「信心的侵蝕」和對於不穩定性的認知。[31]問題之一在於，川普行政團隊內部被感知到的不穩定性和對其政策的印象，已經讓《華盛頓郵報》指稱總統「以心理衝動的龍捲風來行事」。混亂的感受在白宮各處都感覺得到。按照一位匿名的內部人士的話說，「就像是所有人每天早晨起床然後各做各的眼前事，而不是商討出一個計畫或是以一個連貫的方式做事」。[32]

「我們住在瘋人鎮裡」，這是川普總統的白宮幕僚長約翰・凱利（John Kelly）的報告中總結工作狀況時說的句子，隨後補充「我甚至不知道我們任何一個人為什麼會在這裡」。其他本屆政府的成員看起來也將同意這個觀點。川普是個「他媽的智障」，時任國務卿的提勒森（Rex Tillerson）在五角大廈的一場會議之後說，在這場會議中，川普想要讓美國的核武庫擴大十倍，從四千枚核武器增加到三萬兩千枚。[33]「坦白說，我喜歡馬蒂斯將軍」，川普在接受福斯新聞的採訪時說，兩個月後馬蒂斯辭去了國防部長的職位。在談論到北約時——馬蒂斯曾是北約的最高盟軍指揮官，主管北約轉型——川普補充說：「我覺得我比他知道得多。」[34]其他人指出阻止糟糕決定的方法，是搶在總統看到之前先把他辦公桌上的文件拿走，以防止他做出任何無法預料、起反作用，甚至是危險的反應。川普對自己任命的人開火的事實，例如對司法部長傑夫・塞申斯（Jeff Sessions）加以攻擊，此人被他描述為「心理發展遲緩」，或是對商業部長威爾伯・羅斯（Wilbur Ross）說「我不信任你……你已經過了你的巔峰期了」，這些例子完美地描繪了美國政府心臟內的政策制定者們所面臨的挑戰。[35]

這樣的局面也出現在和中國進行貿易談判的過程中，當美國代表團的高階成員無法和睦相處並導致一齣讓人挑高眉毛的場面時，這也讓人對那些得到信任以捍衛美國利益的人們所持有的職業精神產生疑慮。按照《紐約時報》的報導，在談判進行中，財政部長史蒂夫・梅努欽（Steve Mnuchin）和財政助理皮特・納瓦羅「走出會場，加入了一場充斥著髒話的大聲爭吵」——對於那些希望塵埃落定的人來說，這很難被看作是一個有利跡象。[36]

然而，至少在表面上顯而易見的是，對中國施加壓力的決定看起來正在結出果實。川普的話已經開始被廣泛引用，他說他把徵收貿易關稅看作是一個傷害中國的方式，而且按照他的邏輯，造成的追加成本越多，他得到的槓桿效力就越強，川普提出了他們「要忍受更多」的警告。[37]

這樣的境況可以解釋二〇一八年十一月習近平在上海舉行的中國國際出口博覽會上的聲明，他在聲明中說，他將會努力放鬆投資壁壘，向外部投資開放電信、醫療和教育產業，並且支持世貿組織的所有「必要的」改革。但是，正如評論家們很快指出的，類似的承諾在之間就已經給出過好幾次了，而承諾做出的改革一直難以看到。[38]

也許更為有希望的場面發生在當月晚些時候在布宜諾斯艾利斯舉行的G20峰會晚宴上，川普總統和習近平主席都參加了峰會。川普表示，這是一次「極好的、富有成效的會面，蘊含著無限的可能性」。雙方磋商達成了美國同意不把中國進口商品關稅從一〇%提高到二五％的協定，至少是隨著時間推進，中國承諾會購買「雖然還沒有定案，但是非常大量的美國農產、能源、工業和其他商品」。[39]

「在會面中達成的重要共識不僅有效地制止了貿易緊張關係的上升，而且還打開了兩國之間雙贏合作的新局面，」中國外交部長這樣說道。「在會上達成的結果，將不僅有利於兩國和兩國人民，而且還有助於全球經濟的平穩發展。」[40]

各方領域都對此表示歡迎，可以將此視為兩個經濟超級強權之間的緊張關係正在緩和，而且在不久的將來可能會達成長期協議的跡象。[41]

「和中國的關係已經往前邁了一大步」，川普回到美國後發了一條這樣的推文，暗示出世界再次相安無事了。[42]

不言而喻的是，很顯然，發表聲明中的政治資本看起來是史無前例的——對兩邊來說都是這樣。在布宜諾斯艾利斯的會面，被中國稱讚為「世界和平與穩定」的積極信號，以及「雙方互利協定」的序曲。這不僅會對美國和中國有好處，新華社的新聞聲明中說道，這是對全世界都有好處的局面。[43]

在這之後，川普在二〇一九年春天（在推特上）宣布，他正在推遲關稅的進一步加深和延伸，這是因為不到一週前「我們和中國在貿易談判中取得的重大進展」，這讓美國和中國的股市大漲。具體的最終協議將會包括所提出的重大問題，正如總統本人表示的，包括「智慧財產權保護、技術轉移、農業、服務、貨幣」等等。[44]

在未來還有更多的內容會出現——就像美國和中國之間的對立並不僅限於貿易事務。也許並不令人意外的是，關於未來的模糊、樂觀的承諾被證明了其虛幻。遠沒有達成更廣泛的協議，貿易戰更進一步加劇了，川普將影響兩千五百億美元的商品關稅從二五%提高到了三〇%，宣布在二〇一九年八月給另外的三千億美元的中國商品加徵新的關稅。[45]找到解決方案或是緩和緊張關係的單一最重要因素，將會是二〇二〇年的美國大選，川普需要讓經濟走在軌道上，並顯示出他的強硬政策已經奏效了。

摩根大通公司估計，貿易戰將讓每個美國家庭每年平均損失六百美元——當新的關稅實施後，這個數字將會上升到每年一千美元。這個事實展現出了川普的中國政策對於選民和國內政治的重要影響——反過來也顯示出了習近平和中國對美國有何手段：同意達成協議看起來對川普是一場勝利，這會起到關鍵作用，讓經濟獲得動力並讓總統成功連任。[46]

拒絕達成協議將對中國自己的經濟減速造成影響，但是這件事也許值得，是以短期的痛楚換取長遠利益。正如美國國務院政策規劃主管凱隆・斯金納所言：「貿易並不是唯一的問題，而且長久來看，也許貿易也不是和中國之間最大的問題。」[47]她此言很難不令人信服。

我們有很好的理由對這份帶來好消息的重大聲明感到好奇，因為不光是貿易，美中之間還有更多的地方存在對立。在經濟重新談判的過程中對未來持有信心的戰術，很可能給美方帶來重要的讓步，但是這都不會是故事的最終結局。

一個跡象是，引起美國政策制定者緊張的不只是中國經濟的崛起或是對南海的擴張，這種跡象還來自於這樣一個事實，那些從事航空、機器人和先進製造業的中國公民的長期簽證，在二〇一八年夏天被華盛頓方面廢止，以此來限制他們進入和軍事技術聯繫密切的敏感產業，而且這只是達到該目的的其中一環。在這件事發生後，緊隨而來的是在白宮橢圓形辦公室進行的激烈討論，所討論的議題是是否要拒簽所有的中國留學生。這樣的提案只是因為擔心對全國各地的大學造成經濟影響才作罷。[48]出於對拒簽的恐懼，或是懼怕中國鼓勵或強迫其國民去其他國家留學，這已經足以讓一些學校因此開始投保在中國留學生數量急遽且突然下降時能得到補償的保險。[49]在這個問題上，川普的意見已經足夠清晰了。據說他曾這樣說過：「來這個國家的幾乎每一個學生，都是間諜。」[50]

中國的崛起更多是關於貿易不平衡，關於更新在世貿組織中和中國有關的條款，或是關於讓美國企業能夠進入其對手的市場中。事實上，中國問題對於美國來說是一個生存威脅（existential threat）。「中國與生俱來就對美國戰略構成了根本性的挑戰。」亨利・季辛吉（Henry Kissinger）說，隨後仔細地思考這一挑戰要如何才能很好地處理。此事沒法好好處理，他這樣懷疑。「我們對此並不在行，因為我們不了解他們的歷史和文化。」[51]

美國政策制定者對於中國和世界變化的考慮，甚至在一份文件中得到十分強調的論述，這份文件即發布於二〇一七年十二月的《美國國家安全戰略》（*National Security Strategy of the United States of America*）。中國「正在試圖腐蝕美國的安全和繁榮」，並且想要「塑造一個與美國價值和利益背道而馳的世界」。這份文件表示，必須要不惜一切代價制止這件事，而且不只是為了美國。「美國的價值和影響力是以美國的實力為擔保的，讓世界更自由、更安全和更繁榮」，該文件雲淡風輕地這樣聲稱。[52]

同樣重要的一份文件，《二〇一八年美國國家防務策略總結》（*Summary of the 2018 National Defense Strategy of the United States of America*）在談到中國的時候，其措詞也絕無一點含糊。北京方面正在追求軍事現代化的政策，以「尋求在近期內掌握印太地區的霸權」。矛頭指向了中國明顯的更廣大目標：這無異於「頂替美國，實現在未來主導全球」。[53]

在一場參議院聽證會上，時任國家情報總監丹・科茨（Dan Coats）談到了中國被認為的主導全球的目標。「他們在用一種特別聰明的方式做這件事。他們著眼在他們自己的地區以外。」聯邦調查局主管克里斯托弗・雷（Christopher Wray）把這件事放在了前後文環境中解讀。「中國的威脅，」他說，「不只是對整個政府層面構成的威脅，而是對整個社會層面構成的威脅。」[54]他沒有評論美國是否正在尋求「用一種特別聰明的方式」進行的政策，如果沒有的話，為什麼沒有，而且也沒有提出如何能更好地和中國接洽或是有建設性地處理和北京方面的關係的提案。

正如一些東亞問題專家曾經遺憾地指出的，用刺眼的漫畫來描繪中國是發揮不了幫助的，尤其是他們不是嘗試以分析和理解的方式看待中國或中國的動機。首先，很明顯的是，中國遠非像之前的蘇聯那樣，是一個尋求削弱國際自由秩序的顛覆性力量，中國事實上或多或少是明確地在比如聯合國、G20和其他制度體系內活動的，即便它經常不情願，有時候甚至是模稜兩可的按制度行事。[55]

事實上，諷刺的事情在於，是美國越來越多地按照自己的意願打破規則或是徹底破壞國際制度。在二〇一八年八月，川普總統威脅要退出世貿組織，聲稱世貿組織的協議創造出了「一個簽署有史以來最爛貿易協定」的組織。[56]此事的話音未落，美國又在兩個月後退出了聯合國人權委員會。當時的美國駐聯合國大使妮基・海莉（Nikki Haley）說，這個委員會是一個「政治偏見的汙水坑」。這個聯合國機構「偽善又自私自利，」她說，「它是對人權的嘲諷。」[57]不是去努力從內部推行改革，在華盛頓做出的決定是從這個國際認可的論壇裡退出——雖然它的確有瑕疵，但美國選擇既吵鬧又憤怒地退出。

這樣的行為構成了美國選擇單方面行事的更宏觀模式的一部分——這樣的行為給它的對手提供了廉價的政治資本。例如在川普總統退出了伊核協定（JCPOA）之後，俄羅斯外交部長拉夫羅夫表示，「很遺憾，我們注意到華盛頓方面再一次推翻了先前達成的國際協議」——包括伊核協定、把耶路撒冷指定成以色列首都，「以及一連串的其他協定」在內。[58] 誇張的行徑，例如川普身邊的幕僚之一在眾目睽睽之下撕碎代表伊核協定副本的紙張，並朝上面吐口水的行徑，同時談論著伊朗政權更迭，這些行徑也許能在美國的一些人那裡博得好感，但是這些事也會在世界範圍內給美國的聲譽造成重大影響，尤其是當這樣的行為成為屢次上演內容的時候。[59]

協定、聯盟和合作在川普行政團隊看來都是可以犧牲的，而且很少在乎這些事情在過去起到的價值或是在未來的用處。自從冷戰結束以來，龐培歐（Mike Pompeo）在二〇一八年末造訪布魯塞爾時說，國際秩序已經「讓我們失敗，也讓你們失敗了」。像聯合國這樣的組織，還有歐盟、國際貨幣基金、世界銀行和世貿組織，他說，「必須要改革或是被淘汰掉」。[60] 類似如此的看法已經導致了美國深深的分裂。「我們必須要採取任何可能的措施來推動一個對我們的安全、繁榮和價值來說最有效的國際秩序，」吉姆・馬蒂斯在兩個星期後寫道，「而且透過團結我們的盟友，我們會變強。」川普行政團隊願意犧牲老朋友和舊有聯繫的態度，讓馬蒂斯除了辭職以外沒有其他選擇。[61]

美國不可靠的聲音變得在全世界越來越常見。伊朗的外交部長穆罕默德・札里夫（Mohammed Zarif）說美國應該對敘利亞、伊拉克和阿富汗的動盪負責。相較之下，他說，伊朗一直都在尋求穩定並站出來反對只會帶來破壞和散播極端主義的動亂。[62]「美國想要把自己的政策強加於人的作法是一個越來越大的危險」，伊朗總統哈桑・魯哈尼說。單邊行動，他談到，「不僅違反國際規則和法規，也損害了合法的國際貿易」。[63]

普丁總統所說的話也相差不遠，當他在談論美國最近做出讓局勢動盪的決策和「摧毀現存的世界秩序」的事實時——這讓俄羅斯介入烏克蘭事務和傳說中的俄羅斯影響美國、英國等國選舉的作法顯得微不足道。如果說普丁用這樣的方式講話，指控美國是動盪局勢的始作俑者的論斷並不出人意料的話，更令人驚訝的是他接受了他也有責任為不穩定負責，但是最讓人驚訝的是看到法國總統馬克宏同意他的說法。「我和你看法相同。我和你的看法完全相同，我同意你所有的經濟和金融上的論證。」馬克宏在二〇一八年五月在聖彼得堡的會面中這樣告訴普丁。[64]

其他重要的聲音也對美國的有害政策提出了警告。在談論對中國發起的貿易戰時，克里斯蒂娜・拉加德說：「多邊貿易系統已經在過去一代人的時間裡轉變了我們的世界。但是規章系統和分享的責任現在正面臨被撕碎的危險。這將會是一個無可推託的集體性的政策失敗。」關稅，她補充道，「不僅會帶來商品價格更貴，選擇更有限，而且關稅會阻礙貿易扮演其在刺激生產力和傳播新技術上的核心角色。」[65]

或者還有土耳其的例子，該國是長時間的北約成員國，因為安德魯・布倫森（Andrew

Brunson）遭扣押一事，土耳其受到了川普總統和彭斯副總統的威脅，前者是一名來自北卡羅萊納州的福音長老教會的傳教士，他受指控參與了二〇一六年試圖推翻埃爾多安（R. T. Erdoğan）總統的政變。如果布倫森不馬上得到釋放的話，川普說，「美國將會對土耳其施加重大制裁」，他隨後還在一則推文上補充說，「本行政團隊不會對恐怖分子——指的是埃爾多安總統的政府——持有『戰略上的耐性』」。[66]「馬上釋放安德魯・布倫森牧師！」彭斯警告說，「不然就等著面對後果吧。」[67]最初的制裁是針對了土耳其司法部長布杜哈米特・居爾（Abdulhamit Gül）和內政部長蘇萊曼・索伊魯（Suleyman Soylu）。過了幾天，在川普政府檢討了土耳其產品能否進入美國市場後，土耳其里拉暴跌到歷史低點。[68]

按照川普總統的說法，這個國家「作為一個麻煩已經有很長時間了」，美國對土耳其展開的行動對世界其他國家也有影響，整個高加索國家的貨幣都開始下跌，這也給這些國家的經濟造成了壓力。[69]對危機後果的擔憂已經傳到了印度，盧比對美元匯率創下歷史新低——而且也影響到了世界各國的貨幣。[70]

像這樣的案例解釋了為什麼其他國家越來越對以規則為基礎的秩序抱有懷疑，也把這樣的案例看作是一塊幕布，遮擋的是一個這樣的事實：強國如何總是能夠得到他們想要的，抑或者是將其看作是有規則體制的偽善，一方面對其他人的行為嚴苛，另一方面尋求從對他人嚴苛那裡獲益。當一個中國政府發言人被特別問到美國的作法時，她說：「大家有誰相信，規則制定者制定的規則是利人不利己的？」[71]

但也許最嚴酷的變化跡象是盟友看待美國的方式。「整個自由世界秩序看起來正在崩解，」在二〇一九年初舉行的慕尼黑安全大會的主席沃爾夫岡・艾申格（Wolfgang Ischinger）這樣說道。當代事務中的易變性並不是什麼新鮮事，但是沒人能夠預見，他說，「美國的總統，所有人的總統，將會嚴重地挑戰當前的國際世界秩序」。我們正生活在一個時代的終結，他說。[72]這些觀點也在歐洲委員會主席唐納德・塔斯克（Donald Tusk）那裡得到了共鳴。「最讓我擔憂的，」他說，「是以規則作為基礎的國際秩序正在受到挑戰的事實，而且挑戰者並不是一般而言的那些有嫌疑的國家，而是受到國際秩序的主要建築者和保證者美國的挑戰。我們將會不停地試圖讓川普總統相信，削弱這個秩序一點道理都沒有。」[73]

實際上，塔斯克的話是錯的，至少有一點，當然了，以美國的視角來看，削弱「以規則為基礎的國際秩序」是有道理的。應該毫無疑問的是，美國有權利重新考慮已經變得不平等甚至不公平的國際協定、盟友關係和貿易協定，並且威脅要提出修改。例如，德國（以及許多其他國家）不僅沒有而且還將繼續不按照其在二〇一四年的北約峰會上答應的，用該國GDP的二%來鞏固國防，像這樣的事實帶來了許多明顯的疑問，為什麼美國應該擔負這樣一個面臨著重大壓力的組織的重擔，只是因為這個組織面臨一連串在北非、中東、俄羅斯和烏克蘭等等地方的威脅和潛在問題。[74]事實上，其他北約成員國的防務開支是如此的低，這意味著美國提出甩掉其他人的包袱的脅迫，並不是完全不符合邏輯的事情。[75]

與此相類似的，和中國或者歐盟（也遭到了加徵關稅的威脅）達成令人吃驚的更好條款，也很難說沒有一定的道理。相較之下，尋求導正不對稱的條款不僅是敏銳，而且在邏輯上也完全說得通。但造成麻煩的事情在於，有這麼多的協定在同時間遭到推翻。這給人留下的印象是美國願意用強力戰術來硬推自己想要的政策，而且要遠離建立在共識之上的世界。例如，美國駐世界貿易組織的代表丹尼斯•舍伊（Dennis Shea）就曾抱怨該組織「規定不足」的事實，「無法很好地處理由中國帶來的諸多根本性問題」。然而，美國並沒有著手進行改革進程，反而是威脅要徹底搞砸一切，拒絕允許新法官的任命，這意味著法庭將無法對爭議進行判決。因此，歐盟駐世貿組織代表，即舍伊的歐盟同行馬爾科•范赫克倫（Marc Vanheukelen）說：「多邊貿易系統正處於一場深刻的危機中，美國就是危機的核心。」[76]

在川普的凝視下，沒人是安全的，「我們愛歐盟各國」，川普在北達科他州的一次集會活動中說道。「但是歐盟是集合起來占美國便宜的。因此，你們知道的，我們不能讓這件事發生。」[77]

在福斯新聞台（Fox News）上，川普被問到他是否能和歐洲盟國一起合作來面對中國貿易關稅的問題時，這位總統的反應十分不屑。「我愛那些國家，德國，還有所有國家。蘇格蘭——你知道的。」但是，他說，「他們對我們很壞」。這完全不牽扯到個人，「我的父母都是在歐盟出生的」，他如此聲稱，儘管他的父親生在紐約市，母親是在歐共體成立的四十五年以前出生在英國。「歐盟可能跟中國一樣壞，」川普說道，「只是（比中國）小一些，OK？他們對我們做的事惡劣極了。」[78]

對目標和對手的不斷緊咬無助於讓美國交到朋友——而且也讓美國無法保持住那些已經在好幾代人的時間裡成功合作的朋友。在二〇一八年六月於加拿大舉行的G7會議上，（遲到又早退的美國總統）川普對德國總理梅克爾說，「別說我沒給過你什麼」，然後生氣地往桌子上扔了兩塊糖。[79]在二〇一八年七月的北約峰會上，梅克爾在和川普會面的時候態度更加直言不諱。「德國是一個俄國俘虜」，川普在開幕聲明中公開責難道——這樣的話看起來已經讓他自己的顧問都大跌眼鏡了——儘管他的媒體祕書表明他們的痛苦表情不是因為川普的評論，而是因為他們對「期待已久的早餐，但是卻只有供應了薄餅和起司」的不滿。德國知道做莫斯科俘虜的感受，梅克爾提醒川普說。「我親眼見過」，她在回應川普的言論時說道，她所提到的是她在作為蘇聯衛星國的東德長大的事實。[80]

梅克爾的困惑只會更進一步增長，美國商務部的一份報告在二〇一九年春天被洩漏了出來。這篇報告中聲稱進口汽車和汽車零件是對美國國家安全的威脅，這給了川普向賓士、BMW和福斯等汽車製造商施加懲罰性關稅的手段。[81]

像是這樣具有攻擊性的單邊保護主義行為已經給整個歐洲的外交和貿易官員帶來了巨

大震撼——也給一般大眾拉響了警報。按照一份二〇一九年發表的重要研究的結果，日本人認為，美國造成的威脅和中國造成的威脅幾乎一樣多。與此同時，在德國，有整整四分之三的受訪者表示，在世界事務上信任法國總統馬克宏，而只有一〇%的人信任川普的稟性和行為。有比這高出三倍多的人相信俄羅斯總統普丁的事實已經讓情形不言而喻了。[82]

有許多的美國評論人認為川普魯莽草率——這其中也包括內部人士。「總統把自己的利益作為他思考的優先，反對政府的利益」，一位美國外交官如是說，並在川普花了十天時間「坐在我們北約盟友身上親普丁的屁股」之後，做出了此番匿名評論——他指的是川普在二〇一八年夏天駁斥美國情報部門，聲稱俄羅斯沒有操縱美國總統大選，而且看起來也贊同一項「驚人的（tremendous）」提案，這份提案允許俄國官員和包括一名受到克里姆林宮方面指控有「非法行為」的前美國駐莫斯科大使在內的美國公民接觸並進行談話。[83] 雖然川普後來拒絕了這一提議，但是美國前國安顧問蘇珊・萊斯（Susan Rice）說道，白宮曾實際上「為一個有敵意的外國政權服務，而不是服務美國人民」。[84]

後來發生的是川普總統對加拿大——美國最親密的盟友和鄰國之一的總理賈斯丁・杜魯道（Justin Trudeau）的評論方式，他說這位作風溫文爾雅的總理「很不誠實、羸弱」，杜魯道在此前二〇一八年G7峰會的一次媒體會議上說，美國總統聲稱給加拿大施加的貿易關稅和美國國家安全有關的言論是「挑釁性的」。[85] 考慮到白宮國家貿易委員會主管皮特・納瓦羅談論杜魯道時的說法，川普的說法已經算是很溫和了。在接受福斯新聞台的採訪時，納瓦羅聲稱：「地獄裡有專門的一個地方是給這樣的外國領導人的，他們在和川普總統的外交中心懷不軌，並且在他背後捅刀子。」[86]

和對盟友的純粹蔑視並行著的，是對其他國家的殘酷描述，這樣的方式嚴重地損害了美國曾經享有的是一個寬容、願意給人們努力實現夢想的機會的國家的聲望。「我們為什麼要讓那些來自『屁眼國家（shithole countries）』的人到這裡來呢？」在二〇一八年初，川普在白宮橢圓形辦公室的會議中這樣質問參議員，他所指的國家是海地、薩爾瓦多和一些非洲國家。[87]在此之後，他斷絕了對東耶路撒冷醫院系統的兩千五百萬美元人道主義資助，這一計畫是主要給——但不限於——巴勒斯坦人的援助，包括新生兒密集關懷、兒童透析手術、心臟手術和眼睛手術。這些切斷援助的行為被一名主管給巴勒斯坦人提供援助的前美國高級官員描述為「是特別具有懲罰性的」行為，這位前官員還提出警告說，撤出這些資金可能會導致一些醫院徹底關閉。[88]

還有在二〇一七年夏天，默許在維吉尼亞州夏洛特維爾（Charlottesville）的遊行者的活動，他們舉著「猶太人是撒旦的孩子」的看板，驕傲地舉著「卐」標誌，還有一些人舉著其他標誌，比如邦聯旗（Confederate flag）、白人至上主義標誌，甚至是十字軍的圖像，喊著要回到那個他們所說的更好年代。[89]不但沒有譴責那些遊行示威者，川普反而宣布：「那群人裡有很多人不是新納粹和白人民族主義者……媒體對待他們完全不公平。」他還補充說，在任何活動中，「兩邊都有好人」。[90]幾個月後，當總統分享了一段由極右翼團體不列顛優先（Britain Firtst）發布的影片時，情形就變得更糟糕了。[91]

擔心別人心裡是怎麼想的，會很容易讓自己想入非非。畢竟，今天的報紙到了明天就成了用來包薯條的廢紙，這也就是說，所有事情隨著時間推移都會被忘記。另外，當事情是關於國際貨幣基金的首腦、聯合國官員、歐盟官員、加拿大政治人物或是外國人的時候，如果他們認為自己的鼻子都已經被氣歪了，那麼美國的總統和官員應該要如何對待這些事情，是否要花些時間來對此給出解釋。

但有一些人考慮得比這更進一步。按照一位（不願透露姓名的）高級國家安全官員的說法，這樣的混亂不僅不能說是壞消息，實際上還是一件好事。「永久的不穩定性（permanent destabilization）創造出美國的優勢」，他們這樣告訴《大西洋月刊》（*The Atlantic*）的主編傑弗瑞・古德伯格（Jeffrey Goldberg）。不得已地讓所有人都失去平衡可以讓美國受益。和人們保持友誼並不是最重要的，換句話說，最重要的事情是要把該做的事情做了。[92]

另一名「和總統及總統的決策有直接關係的白宮高級官員」更直接地表達出了這個意思，當他被問到是否存在一個方法來總結出所謂的「川普教條（Trump doctrine）」時，他回答說是的，是有總結辦法的。「川普教條就是：『婊子，你聽好了，我們是美國。』這就是川普教條。」[93]

這句話與其說是一個計畫，聽起來更像是一句口號。它也暗示出了認為跟別人舉手擊掌和對著別人比出粗鄙手勢的方式可以長久有效的信心。它暗含著一種思考和行動的延續性——這樣的事情和當時的國防部長馬蒂斯給戰略指揮部首腦下達的明確命令正好相悖——不僅任何可能會引起核警報的重大情形在通知總統之前都要先通知他，而且指揮官「連煮一壺咖啡都要讓他知道」。考慮到美國總統有職權全權處理和下令使用核武器的實情——就足以讓一些人背脊發涼。[94]

受到控制的不可預料性（unpredictability）很可能會帶來優勢，但是衝動、不受制衡的決定會帶來高層級的風險和不可知的後果。一位不願透露姓名的高級情報官員表示，川普是一位「以一時之興來做事關生死的抉擇，從不閱讀、不審議或是不考慮後果或風險就做決定」的總統。他們還繼續說道，川普幸運地「還沒有被一場重大國安危機考驗過。但是這樣的考驗終將會到來，而且當它到來時，」他們直言不諱地說，「我們就死定了。」[95]

那句過分簡化的古惑仔一樣的吹牛「婊子，聽好了，我們是美國」也隱藏了這樣的一個事實：現實是盤根錯節地聯繫著的全球經濟十分複雜。例如，蘋果公司二〇%的利潤來自中國大陸、香港和台灣，這意味著關稅——或者是一場由美國經濟政策促成的強制性經濟放緩——將會對這家公司的底線、股東和雇員造成影響。[96]世界上最大的鋁生產業者美鋁（Alcoa）也是類似的情形，這家公司的總部設在匹茲堡，在二〇一八年夏天，公司向市場發出通知，關稅的實施將會在每個月消耗公司高達一千四百萬美元——其股票下跌了將近一五%。[97]

如上海美國商會主席鄭藝所言，美商歡迎川普總統試著緩和與北京方面的貿易關係，並尋求「解決長久存在的不平等問題和讓市場公平起來」的事實。問題在於，鄭藝說，由於加徵關稅，行政部門的作法「正在傷害其本該要幫助的公司」。[98]

許多其他的世界大公司，以及那些年輕的後起之秀，都有在中國擴張的計畫，或是正準備要這麼做。貿易戰給它們的商業模式、股票價格和押上了未來的人帶來了壓力。歷史性的低利率伴隨著重大的企業法人減稅，隱藏了二〇一八年上半年的危險——隨後公司價值迅速下跌了好幾兆美元，導致了金融危機以來最糟糕的股市。[99]人們感受到了即刻的影響，在鋼鐵成本上升、中國市場預期下降或是兩者同時作用的預計之下，通用汽車（General Motors）和飛雅特克萊斯勒（Fiat Chrysler）的股價在一天內分別下跌了八%和一六%。[100]「婊子，你聽好了，我們是美國」這句話在華盛頓的權力走廊上聽起來，要比在北美洲的董事會辦公室中——或是在貿易爭端過程中積蓄價值縮水的養老金受領人的耳中要好。

這一影響也在另一個美國最大公司之一的波音身上得到了體現。波音的企業研究報告指出，中國的航空公司將會在接下來的二十年裡購買超過七千架客機。這表示說，能夠從中獲得的好處高達一・一兆美元。[101] 對來自外國的出口品重重地關上美國的大門，自然而然地意味著世界其他地方也會對美國的公司關門，並在這個過程中給其他人創造機遇。這反過來會加速、而不是減緩美國以外的商業進程，並成為促使它們創新、投資和贏得生意的催化劑。

事實上，美國公司已經從中國擴張了的國際視野中獲得了很多好處：一帶一路倡議對於奇異公司是「非常大的一筆買賣」，該公司最高級的執行長之一段小纓說道——並不出人意料的，因為光是在二〇一六年就為公司贏得了價值二十三億美元的生意。新絲綢之路將會繼續有利可圖。如段小纓所坦承的，我們有專注在新絲路國家中贏得更多合同的雷射線。其他的美國公司，像是Caterpillar和Honeywell也持有相似的觀點。[102] 用關稅和經濟減速來瞄準中國將會帶來的結果，是讓那些在全世界爭奪消費者的巨頭企業的生活更難而不是更容易。

「婊子，你聽好了，我們是美國」這句話可以是起到反作用的現實，能在如下的例子中顯示出來，美國在二〇一八年春天對五個實體和十九個個人加徵的關稅，是出於「（川普）行政團隊正在對抗和反制俄羅斯的惡意網路攻擊行動，其中包括試圖介入美國選舉，發起破壞性網路攻擊和以關鍵基礎設施為目標的入侵」。[103] 這些關稅產生的副作用導致鋼鐵價格上升，讓生產鋁的關鍵原料氧化鋁價格上漲超過八〇％。[104] 這意味著全世界都在漲價，當然也包括美國國內製造業中九〇％的進口鋁。[105]

對俄羅斯採取的反抗行動，也相似地降低了美國評估克里姆林宮方面行動的情報能力，尤其是關於對美國大選的潛在介入行動。隨著介入選舉的行動出現，關於影響二〇一六年總統大選的可能行動的細節詳盡的報告，曾經從俄羅斯的一系列消息線人那裡傳來。這些線人現在已經沉寂了，可能是因為莫斯科出於兩國之間上升的敵意而採取了更高層級的反情報收集行動——也因為川普總統願意忽略、找藉口開脫或是否認莫斯科在二〇一六年的介入。[106]

在二〇一七年對俄羅斯實施制裁並在二〇一八年繼續新一輪制裁的諷刺之處，其中之一在於油價突然飆高——在十二個月內上漲了三〇％。這不僅給美國人在加油站的油泵前施加了額外壓力，而且讓莫斯科政府的碳氫化合物收入大增——更高的價格對於一個一半收入都來自於化石燃料的開採和出口的經濟來說，無疑是一項福利。在二〇一八年春天對伊朗實施的制裁，對俄羅斯和伊朗這樣的石油出口國來說是一份大禮——有一位伊朗高層人士奚落川普說：他「頻繁又不體面的推文」在每桶石油的價格至少加上了十美元。[107]當然了，所有的這一切都意味著加油站儀表上更高的價格和全世界更高的能源開支，美國也不例外。[108]此事之後發生的是鋼鐵的突然漲價，在十二個月內，美國的熱軋鋼捲價格標準翻了將近一倍。這讓美國商務部發起了一場調查，來弄清楚美國的生產商是否在利用關稅做藉口，以便從國內消費者身上漲價獲利。美國優先並非像聽起來那麼容易做到。[109]

同樣的案例是在對中國的一帶一路倡議做出回應的時候。當參議院軍事委員會在二〇一七年十月對一帶一路倡議提出詢問時，國防部長馬蒂斯宣布：「在全球化的世界裡，存在著許多帶和許多路，沒有一個國家應該把自己放在一個發號施令說『一帶一路』的位子上」。[110]這麼說或許很對。但是在柬埔寨總理洪森在幾個月以前被問及一帶一路倡議的時候，他說：「其他國家有很多主意但是沒錢。但是當中國拿出主意的時候，錢也跟著。」[111]

這樣的話也在其他地方回響，例如在巴基斯坦，該國的商業部長胡拉姆．達斯提吉爾．汗（Khurram Dastgir Khan）說：「這是城裡唯一的買賣。」[112]或是在哈薩克，該國大權獨攬的第一任總統納札爾巴耶夫親切地拿中國和西方做比較，指出中國並不強加條款，不強加外國價值觀，是一個更有吸引力的夥伴。[113]美國的高層也認識到了這個問題。「我們看到了其他國家的行為和動作，」當時的國務卿蒂勒森表示，「尤其是中國，和它帶到（絲綢之路沿線）許多國家，結果是給這些國家背上巨額債務的金融機制。」如此遲緩地，他才意識到，「重要的是我們要開始發展出一些制衡方法，並伴隨有替代性的金融方案和金融結構」。[114]在一個出於迅速變化之中的世界裡，行動慢一步不僅意味著劣勢，也意味著表現出缺少動力和缺少領導力。

這就是當瓦爾德豪澤將軍在談到非洲時所大力呼籲的。所有他見到的非洲國家領導人都「想要美國參與。他們都想要美國領導。而且不一定非要很大規模。不用宏偉。但是他們想要知道他們有我們的支持。他們想要有我們的領導。而且想要和我們有關係。真的，他們真的想要。」[115]

要低估這樣的挑戰很難，史蒂芬・湯森（Stephen Townsend）將軍在接受參議院對提名他來領導監管美國在非洲行動的AFRICOM聽證會上說。「在接下來的十年，非洲將會被外部因素的持續增加而重塑」，這位將軍說道。「俄羅斯和中國正越來越積極地用經濟和軍事手段擴展他們在整個非洲的參與和影響力」，他這樣指出，並且補充說，提出正視和應對這些挑戰的政策是十分關鍵的，因為它們會「損傷」美國自己的利益。[116]

中國公司和商業領袖，比如阿里巴巴的馬雲，他派出了一個據說由十六個億萬富翁組成的代表團訪問東非各國，忙著投資新的貿易平台、製造業和房地產項目，比如位於肯亞內羅畢（Nairobi）的阿西河（Athi river）區域巨大的「友誼城」。[117]當這一切發生的時候，美國和非洲的貿易正被鎖在衰退模式和分崩離析的承諾中。[118]

行動遲緩還意味著要被迫應對既成事實，這樣的狀況如果說不是不可能逆轉的話，要逆轉也十分困難。無法停止中國在南海的擴張，中情局東亞任務中心的副手助理局長邁克爾・柯林斯（Michael Collins）說，意味著美國實際上是在應對一個「東方的克里米亞」——他提到的是俄羅斯在二〇一四年將位於黑海的半島吞併的事件。潑出去的水是很難收得回來的。[119]

在新的、正在浮現出來的世界的案例中，尤其是在中國崛起的案例中，美國已經把賭注押在了印度身上。這一點甚至在川普當選之前就已經初露端倪了。當時的總統候選人川普在談論中國是如何損害美國的經濟時，他也清楚地表現出他看待印度的方式十分不同。「我是印度人的大粉絲。我是印度的大粉絲。非常，非常大的粉絲」，他在競選過程中說過。「如果我能當選總統，」他補充說，「印度人和印度教社群將會在白宮擁有一個真正的朋友。我可以跟你保證。」[120]

要在亞洲創造出一個新堡壘的渴望，也在二〇一七年夏天從麥克·彭斯副總統那裡得到了同樣強有力的表達。美國在阿富汗和周邊地區的戰略，彭斯寫道，應該要基於「和印度更強的戰略合作的基礎上，這個國家是世界上最大的民主國家，也是一個安全和經濟上的關鍵夥伴」。[121]馬蒂斯的表述甚至更加外露，「我們現在有的，」他在一場參議院聽證會上說，「是一個戰略性的聚合，這是世界上兩個最大民主國家之間一個世代的機遇，（美國和印度）基於共同的為了地區和平、繁榮和穩定的利益一同協作。」印度正在「世界上扮演更大的角色，」他說，「而且這樣的角色，以我們的視角來看，現在是完全積極的角色。」這很明顯，他說。「印度和美國，我們是天然的夥伴。」[122]

考慮到印度在冷戰期間曾經是不結盟運動中的關鍵國家的事實，歷史並不是站在這一光亮觀點的一邊，印度曾和蘇聯關係緊密，蘇聯不僅供應印度三軍大量的武器，而且還給印度提供了條件十分慷慨的貸款，甚至允許在印度共同生產米格戰鬥機（MiG fighter jets）。[123]在一九八〇年代的四年中，蘇聯給印度提供了超過七十五億美元的軍火——這在當時絕對是令人眼熱的一筆數目。[124]即便是現在，俄羅斯目前為止仍然是印度最大的軍火供應國。按照斯德哥爾摩國際和平研究所的數據，二〇一三至二〇一七年間，印度購買的軍火中有三分之二都來自俄羅斯。[125]在二〇一七年，俄羅斯以一百二十九億美元獲得印度艾薩爾石油（Essar Oil）控制股權的投資行為，伴隨著印度對俄國生產商、油田和首次進口液化天然氣的投資行為，給兩國的緊密關係提供了其他的重要連結。[126]換句話說，印度把目光投向莫斯科而不是華盛頓來尋求支持和合作，已經不止幾年時間，而是好幾代人的事情了。

美國拉攏印度的嘗試，解釋了為什麼國務卿馬蒂斯在國會中接受質詢時，要慎重地細數一帶一路倡議的是非曲直和真相。這個計畫包括「穿過有爭議領土」，他說，「我認為這一點本身就表現出了試圖要樹立起某種專斷」。[127]換句話說，考慮到雙方共同的敵人，美國和印度攜手合作是有道理的。

國務院的簡報也用相似的方式談到了這件事。雖然中國沒有直接提到，但是不用費力就看得出美國的目標是平衡北京方面的影響力和勢力。「我們的政策，」一位高級官員說道，「是確保印度……在經過一段時間後，成為『印太地區』一個更有影響力的選手。」這個目標明確地和美國理想化的全球事務圖景有聯繫。「讓印度在該地區扮演越來越重要的角色，這符合我們美國的利益，也符合地區利益。」[128]

對於美國和印度之間是天然盟友的設想，也可以從海軍上將哈里斯的評論中清楚地顯現出來，後者是當時的美國太平洋指揮官，他在新德里舉行的年度萊辛那對話大會（Raisina Dialogue）上說，「當我們一同努力維持海洋對所有國家的自由航行時，美國和印度海軍船隻一起航行將會成為常態，並在印度－亞洲太平洋水域各地成為受到歡迎的場面。」[129]只要能讓印度有開放的選擇，在這個程度之內就一定有雙方的利益。新德里的軍事戰略人員也非常重視跟台灣展開協作，後者對中國軍事部署的密切關注得到了印度的倚重。「我們依賴台灣，因為他們正盯著中國，」一位高層消息來源聲稱，而且補充說印度軍官定期以「進修假」的方式造訪台灣。[130]

這裡的問題是說印度看起來是一個美國在亞洲的完美夥伴，但印度政府是不是同樣這麼認為，則是絕對不清晰的。首先，印度和俄羅斯有緊密的聯繫，後者小心翼翼地利用每一個機會接近總理莫迪（Narendra Modi）——從二〇一六年十月宣布的大量軍事硬體訂購合同，到位於果阿（Goa）的核反應堆硬體購買合同一事來判斷，俄羅斯在這件事上取得了良好結果。俄羅斯是「印度的一個老朋友」，莫迪這樣說道，而且還補充說，一個老朋友要好過兩個新朋友。[131]印度的一些人也認為俄羅斯是印度抗衡中國崛起的更好籌碼。正如一位評論人所說的，「印度和俄羅斯在亞歐大陸共同協作，以確保實力均衡態勢的恢復，避免中國主導」，雙方的合作空間十分寬闊，例如在IT和可再生能源產業。[132]

在被問到來自俄羅斯的武器採購和美國因此可能會採取行動反對印度和印度軍隊的問題時，印度軍隊的總參謀長十分直率的回答。「印度心存感激」，他說，美國可能會「向我們施加制裁，但是我們遵循的是獨立政策」。[133]這一點可以有助於解釋為什麼在美國海軍上將哈里斯發表言論後，在印度出現了巨大的批評聲音，其中包括國防部長馬諾哈・帕里卡（Manohar Parrikar）發布的聲明，宣布：「沒有舉行和美國海軍共同巡邏的討論。而且，」他接著說道，「印度海軍從未和別的國家共同巡邏過。」[134]

那些美國認為是天然盟友的國家謹慎地捍衛自己的獨立，而且可能會比美國預想中的更加不切實際。

隨後則是印度和美國之間不和睦的商業關係問題。從一方面來看，印度被看作是一個理想夥伴，但是另一方面則被看作是一個對手——而且是一個被輕蔑相待的對手。是時候讓印度不要再把美國當成「所有人都能撈一筆的小豬撲滿了」，川普在二〇一八年夏天這樣說道。稱總理莫迪為「一個美好的人」，這樣的話也許對於這位印度領袖的自我感受來說很有吸引力，但是大多數印度人聽川普說著這樣的話，並又威脅要「給成千上萬」的印度商品徵稅，他們覺得如果他什麼都不說的話，印度人可能還會對美國更有同理心——尤其是在川普如何談論美國和如何談論世界其他國家的上下文語境中更是這樣。[135]

印－美關係的悖論在這件事情上體現得淋漓盡致，在二〇一九年夏天，美國能源部長瑞克・佩里（Rick Perry）發推文表達了他對於兩國關係的樂觀，說「如果印度和美國把手握到一起，世界的未來和他們的人民將會是無限的」。[136]在這個自相矛盾的經典例子出現的兩個星期以前，川普才拒絕了價值六十億美元的印度商品進入美國市場，並且尖銳地批評了印度沒有給美國提供「公平合理的進入權力」以進入印度市場。[137]

被美國徵稅或是被美國市場拒之門外的威脅，是新德里方面為什麼要試著博得華盛頓歡心的原因之一——例如，提出購買飛機和增加從美國進口的石油和天然氣。在美國拒絕讓印度從鋼和鋁的關稅中得到豁免之後，新德里政府就對核桃和巴旦木（杏仁果）徵收了新關稅，考慮到美國有一半的巴旦木出口是由印度購買的事實，這件事的重要性非同小可，但是人們把這件事衡量為印度做出了一個回應的姿態，而不是與美國敵對。[138]美國的經濟肌肉是如此強壯，以至於回擊的動作需要小心謹慎地完成。

然而，和美國站在一起有著重要的好處——這從簽署里程碑性質的《通訊兼容與安全協定》（COMCASA）事件中，就能清楚看到。簽署這一條約將允許印度獲得敏感的設備，並且將印度推進一個和日本、澳洲一起的「亞洲北約」。所有人都起身爭取更好的聯繫，尤其是在面對中國問題的時候。[139]

然而，雖然和中國對立，但是印度並不願意不必要地和它的強大鄰居撕破臉，為了這一點，印度尋求發展建設性的論述，而不是尖銳的對抗。除此之外，在印度的案例中，和中國保持盡可能實際的聯繫有著明顯的優勢——正如和其他國家保持著聯繫一樣。二〇一八年春天在武漢舉行的一場峰會，見證了習近平主席和莫迪總理之間重要的團結聲明和其他外交細節，人們看到了這位印度領導人受到了特別的禮遇接待。令人驚訝的是，不但沒有強調不同之處，特別是沒有提到洞朗前線和海洋事務上的爭端，莫迪很熱衷地強調了兩國在世界歷史上起到的領導角色。這兩個國家有很多共通之處，他說。因此並不意外的是，考慮到「在過去兩千年裡，印度和中國扮演了全球經濟增長的引擎角色長達一千六百年」，[140]領導人們也在峰會上討論了如何更緊密地協作——在阿富汗進行的計畫被假設為兩國合作可能的先行情節。[141]

自從武漢的會面之後，兩國的合作得到了繼續。例如，當上海合作組織在二〇一八年六月於青島舉行時，有消息宣布說中國已經同意給印度提供雅魯藏布江在洪水季節時的水文數據——這一行為既有助於預測洪水，也有助於提前預計枯水期。在一份中國承諾進口非巴斯瑪蒂米（non-basmati rice，非印度長粒米）的協議和一份開展軍事合作的臨時計畫，給這兩個世界上人口最多的國家展開的初期合作提供了更多案例。[142]

如果說這樣的態勢攪渾了美國對印度走向的希望的話，那麼川普總統從伊核協定中退出的決定，也會讓走向變得混沌起來。考慮到川普陷入了一種對他在白宮的前任總統歐巴馬所處理過的國際、國內事務都加以系統性地蔑視、詆毀或廢除的運行模式的話，那麼這位總統做出退出伊核協定的聲明並沒有讓很多人感到意外。談論解放伊朗人民和造成政權更迭的決定顯示出，總統應該要更努力地審視一下，那些曾在橢圓形辦公室裡或是距此咫尺之遙的人們所下的決定造成了怎樣的歷史，甚至是最近幾年的歷史也不例外。[143]

在二〇一八年五月，美國從伊核協定中退出，川普宣稱：「一份建設性的交易本可以『在歐巴馬執政時』達成，但是事實沒有。位於伊核協定最中心的是一個巨大的謊言，說這個殺人政權只想要發展和平用途的核子能源項目。」儘管國際原子能機構證實的事情正好相反，川普卻說他已經有了「確鑿證據說伊朗的保證是一個謊言」。這份協定「協商得糟糕極了」，他說。「它沒有帶來穩定，沒有帶來和平，也永遠不會帶來『穩定和和平』。」要做的重要事情就是撕碎這份協定，川普繼續說道，來幫助伊朗人自己。「伊朗的未來屬於它的人民，」他說。「他們是豐富文化和古老土地的正統繼承人。他們值得擁有一個給他們的夢想帶來正義，給他們的歷史帶來榮譽，給神帶來榮耀的國家。」[144]

為了讓這件事能發生，國務卿龐培歐在兩個星期後說，「我們將給伊朗政權施加前所未有的金融壓力」。[145]這樣的效果幾乎是立刻顯現了，德黑蘭的巴札實際上已經關門，因為商人們無法進口到貨物——也因為商人們面對著猖獗的通貨膨脹和經濟不確定性，他們無法正常地定價商品。[146]里亞爾的價值崩潰是美國政策的一個立即結果；二〇一八年夏天，在伊朗許多城市裡的街頭抗議則是另一個立即結果。[147]隨著制裁的施加，醫生們警告說全國都面臨醫療用品短缺，指出隨著藥品供應的停止，對伊朗銀行系統的打壓，意味著人們實際上也無法支付藥品的供應。「美國不會費力去認定哪些是安全的『支付』管道」，龐培歐說，並補充「如果銀行對伊朗的銀行業系統沒有信心的話」，那是「伊朗的問題」。[148]在一九九〇年代對伊拉克的類似制裁給窮人、飢餓和生病的人造成災難性的影響。[149]當龐培歐被問到無辜的人民將會遭殃的時候，他告訴BBC，伊朗的領導人「必須做決定」是否「想讓他們的人民吃飯」。美國採取的措施「不是要懲罰伊朗人民，其實美國的目標恰恰與此相反」。[150]

美國對伊朗出手重壓的更進一步證據，可以在伊朗經濟部長下台、逮捕許多破壞經濟者和對總統魯哈尼令人驚訝的電視詰問的事情上清晰地顯現出來。[151]在外交部長穆罕默德・札里夫做出在伊朗打擊腐敗的評論後，對他以捏造的指控加以彈劾的事情，表現出美國想要動搖德黑蘭政權穩定性的企圖更有可能會消音，甚至是排除掉溫和派的聲音，鞏固強硬派的地位——換句話說，這絕對是與華盛頓的打算事與願違的結果。[152]

為了爭取時間，伊朗將案子遞交到了海牙國際法庭，以尋求推遲美國的制裁，伊朗形容這些制裁是「赤裸裸的進犯」，其目的無疑是對伊朗的「經濟勒殺」。[153]美國的回應是宣布無論海牙國際法庭給出什麼樣的判決，該法庭都沒有對此爭議做出判決的司法權力。[154]如果伊朗想要和美國簽署一個新協定的話，那麼伊朗有十二項要求需要達到；如果做到了，華盛頓將會解除「我們每一項的制裁」，「重新和伊朗建立起完整的外交和商業關係」，甚至允許該國獲得「先進技術」。[155]

問題是這一要求清單可以讓人回想到一九一四年在準備開戰時給塞爾維亞下達的最後通牒——也就是說，設計出這一長串要求的目的倒不如說是為了羞辱對方，因為這些要求根本就不可能達到。在任何情況下，設想給伊朗施加壓力以換來一場對伊朗人民有利——而且對美國也有利的變革，都要求極度的樂觀。正如中國總理李克強所警告的，也許持續給伊朗施壓的最大風險就是給當地、地區和周邊領域造成不可預計的後果。[156]因此正如一些伊拉克政治人物所指出的，美國有可能在背地裡影響了伊拉克當局不向伊朗支付十五億美元的能源供應時，這件事的結果可能不僅會讓一個國家的人民面臨生活困難，而且也給其他國家帶來內部爆裂和坍塌。這件事讓伊拉克出現街頭抗議，伊朗隨後停止向伊拉克南部供電，引發了巴士拉（Basra）的暴動。[157]

如事實所顯現的，美國採取的方式是一個讓伊朗內部發生站隊結盟的催化劑，在伊朗總統魯哈尼針對川普的行為加以言詞激烈地批判後，伊斯蘭革命衛隊給總統寫信說：「為了您及時、精明又正確的評論，我要親吻您的手」——刊登在強硬派報紙《國家今日報》

（*Vatan-e Emrooz*）上的評論，也類似地表揚了總統的憤怒言論。[158]正如可以預見的那樣，來自外部的壓力常常會讓人團結，而不是分化。

但是對伊朗施加的壓力也表現出了美國把注意力集中在伊朗身上，但是卻見樹不見林，無法認識或理解採取這樣的決定會有牽一髮動全身的後果的危險。美國決定退出伊核協定，並隨即給德黑蘭施加制裁的行為，也創造出讓德黑蘭和莫斯科走得更近的機遇——這是雙方在二〇一八年夏天對裡海法律問題地位做出調解的原因之一。「伊朗不是一個可以欺負的國家」，俄羅斯駐伊朗大使勒萬・札卡延（Levan Dzagaryan）說道。和伊朗打交道的唯一方式就是透過外交、承諾和勸導，他補充說。以莫斯科的觀點而言，他繼續說道，美國對伊朗的制裁是「不合法的」。來自華盛頓的威脅對莫斯科和德黑蘭的關係沒有影響，大使說道。[159]

俄羅斯和伊朗的聯合已經促成了未來合作工程的提案，例如將俄羅斯二〇一四年吞併的克里米亞透過新修的鐵路線和伏爾加-頓河運河與伊朗連接起來，考慮到這項工程的花費和有限的經濟前景，這樣的提案所表達出的更多是希望而不是現實。[160]這些計畫都是範圍更大的協作和保證熱情的一部分，俄羅斯科學院東方研究所給出的熱情洋溢的報告則是另外一個因素。按照一篇文章的說法，伊朗已經是俄羅斯的「後門」了，這篇文章解釋了伊朗如果遭到美國攻擊的後果。「和伊朗開戰很可能意味著美國作為一個世界強權的終結」，將會導致沙烏地阿拉伯的石油供應「永久」停止以及外加以色列的崩壞。[161]

「美國應該知道與伊朗的和平是所有和平之母」，魯哈尼總統不久後說道，敵對政策只會帶來後悔，他補充說。[162]這引來了川普總統立即的回應。「絕對不要再威脅美國！」他用全大寫字母發布推文，「不然你就得忍受歷史上很少有人經受過的嚴重後果。」[163]

聽起來好像是發動核武打擊的警告，在不久後又被美國前國安顧問約翰•波頓（John Bolton）再次強調。「如果伊朗敢做任何負面的事情，」他說，「他們將付出很少有國家付出過的代價。」[164]蘇萊曼尼少將（Q. Soleimani）表示，這些話是來自一個夜店老闆的威脅，這是一個暗指川普的產業利益和賭場有關的說法。在期待伊朗後退之前，總統先生最好先查看一下在阿富汗和其他地方的美國履歷再說吧。[165]

當出現敵意上升的景象時，帶刺的評論和威脅都具有真實性，與此同時，戰爭言論的許諾對於印度來說，則造成了非常大的麻煩。德里方面一直很努力地建立和德黑蘭的良好關係，從而建立起貿易聯繫——尤其是在能源產業上，同時也以此作為對印度長期以來的敵人巴基斯坦的反制。

宣布任何在伊朗做生意的公司都將面臨制裁，對印度來說是一個巨大焦慮，因為印度和伊朗正在進行有關鋪設一條從伊朗南部出發的新深水油管和提高天然氣和石油銷售以幫助印度經濟成長的討論。考慮到印度現在有三分之一的石油是來自伊朗的現實，美國的制裁對生活在印度的數億人產生了重大影響——而印度則是美國認定的在亞洲，尤其是在南亞的主要盟友。在被媒體問到制裁的目的時，前國安顧問波頓說：「為什麼有任何公司、任何企業的股東，會想要和世界的國際恐怖主義中央銀行做生意呢？」[166]那些在孟買試著點燃灶台或是開燈的人們應該能夠回答這個問題。

美國已經在伊朗問題上採取了毫不妥協的態度，而且不存在例外。「我們不會給出豁免權。」一位美國國務院官員在談論制裁伊朗對印度的影響時說。美國期待、要求印度把從伊朗的進口數字「降到零，絕不含糊」。[167]

當此事正在發展之中，在許諾這件事沒有例外後，美國適當地給予了對印度——以及多數伊朗石油進口國的豁免。[168]

認識到給伊朗施壓也意味著給其他美國努力拉攏的國家施壓，雖然不是有意為之，但造成的壓力是印度官員期待有豁免權的一個原因，最初的豁免限制在六個月內，將會在需要的時候延長。[169]

能源供應的進口不是印度和伊朗之間唯一的重要紐帶，二〇一六年在伊核協定剛剛達成之後，印度就承諾要投資五億美元來擴建查巴哈爾港（port of Chabahar），一部分的原因是為了回應中國投資和建設的瓜達爾港，但是也同樣是出於伊朗最高領袖哈梅內伊口中所說的，為了在印度和伊朗之間「深入、長期和有效的合作打下基礎」。[170]除了港口提案以外，還有在自由貿易區裡的一百六十億美元投資計畫，該計畫本身也是一個更宏大的連結印度、伊朗和阿富汗的公路及鐵路網，以增加未來機遇的計畫的一部分。[171]這些新網絡中的一些工程已經開始了——而且有一些階段任務已經完成了。[172]再一次，反對伊朗的盟友和合作夥伴的威脅被證明是空洞的，正如連查巴哈爾也在最後一刻從懲罰威脅中豁免了一樣。[173]

和讓印度的投資遭遇的風險一樣，對和伊朗做生意的國家施以威脅也是在逼迫這些國家妥協。查巴哈爾港已經證明了它不只是一條可行、而且還是高度具有競爭力的通向市場的路線，它可以把來自阿富汗的貨物和產品帶入市場，打開一個新通道，把生意從卡拉奇身上拉走。[174]美國如何在長期內做到不可能做到的事情是件特別難以預料的事。「我們知道這個港口的事情，美國將和印度一起解決此事」，妮基・海莉在二〇一八年夏天訪問印度的時候說。印度是「我們在阿富汗的好夥伴」，她說，「而且真心給美國提供幫助」。她這些話對於查巴哈爾和印度意味著什麼還不清楚。「我們知道我們正在穿針眼」，海莉有所保留地說道。[175]

反對伊朗而採取的行動，就像是打開一罐又一罐裝滿麻煩蟲的罐頭一樣。在查巴哈爾的發展給資源豐富的中亞共和國提供了機會，比方像烏茲別克，該國能夠快速而且價格低廉地從事出口——要不是有對伊朗的制裁，這件事還非常複雜難搞。[176]然後還有土耳其問題，一直以來，土耳其都是美國的盟友，但是如今正在往相反的方向滑動。「伊朗是一個好鄰居，而且我們有經濟上的紐帶，」土耳其外交部長恰武什奧盧說，「我們不打算因為別人一聲令下，就要切斷和伊朗的貿易聯繫。」[177]土耳其經濟部長尼哈特・宰貝克吉（Nihat Zeybekci）更進一步地說：「伊朗在該地區變得越強，土耳其也會變得越強，而土耳其變強，伊朗也會變強。」[178]

讓伊朗衰弱的努力因此也會對其他國家造成負面影響。「我很抱歉，」土耳其總統埃爾多安在上一次的制裁實施時告訴美國總統歐巴馬，「但是我們要跟伊朗買天然氣。如果不買，我們的天然氣從哪來？」[179]伊朗「對我們來說是最重要的戰略夥伴之一」，土耳其領導人說，拒絕了反對伊朗的聯合制裁。[180]

跟美國政府站錯邊的風險已經足夠讓一些人決定要小心謹慎行事了。Nike就抱著這樣的疑慮，在二〇一八年六月世界杯開幕的三天前，這家體育服飾用品公司宣布：「美國的制裁意味著，作為一家美國公司，Nike這次將不會給伊朗國家隊的運動員提供球鞋。」如果一個體育用品公司都太害怕提供二十二雙球鞋給伊朗隊所遭到的後果的話，那麼別人有同樣的擔憂大概也不會出人意料之外。[181]

這些擔心的別人中也包括法國的石油勘探商托特（Total），這家公司已經簽署了開放伊朗南方法爾斯省（South Pars）的合同，這裡是全世界最大的天然氣田，開採成本預計是五十億美元。[182]在二〇一八年冬天，托特的位置被中國的石油巨頭中石油（CNPC）取代。諷刺的是，為了削弱伊朗所做的努力最終鞏固了中國在能源產業的地位——即便如此，至少在現下，中石油已經同意不開採這片氣田，作為對德黑蘭政權進行短期未來評估的一部分環節。[183] 隨後還有世界最大的飛機製造商波音和空中巴士，這兩家公司在二〇一六年底簽署了總價值達三百九十億美元的合同來給伊朗提供商業客機——這些合同也大概不會被履行，這也將影響到類似產業的工人和股東。[184]

又一次諷刺的是，此事的明顯獲益者——當然又是中國。按照商務部發言人高峰的說法，北京不會顧慮美國制裁，並且繼續照常和德黑蘭進行生意往來——無論華盛頓做出怎樣的威脅和行動。[185] 這並不出人意料之外，考慮到中國正在提供一個代替美國的地緣政治方案的大背景，而且也因為這個局面給中國公司創造出的機遇。瑞士的施塔勒軌道公司（Stadler Rail）本應提供一千台捷運車廂，但在美國制裁任何和伊朗、在伊朗做生意的公司的情形下，無法履行合同。這份合同，施塔勒的銷售主管說：「可能會被中國人半路截殺走。」這一點也不令人吃驚，前瑞士駐德黑蘭大使菲利浦・魏爾第（Philippe Welti）評論說：「只要有任何空隙，中國都會跳進去。」[186]

制裁——或是對制裁的恐懼——是埃克森美孚石油（Exxon）在美國和歐盟當局表明那些和俄羅斯總統普丁過從甚密的人都將受制裁後，從與俄羅斯石油（Rosneft）的合資中撤出的原因之一。這個決定和「在二〇一七年後半年，美國立法並擴大了對俄羅斯的制裁」的事實有直接聯繫。[187] 據估計，退出的決定意味著喪失了高達五千億美元投資的俄羅斯北冰洋勘探工程。[188]

這些手段除了對美國人的工作和經濟造成影響以外，美國使用的強權戰術和威脅在老朋友們之間也惹來了怨聲載道。當理查・哥倫內爾（Richard Grenell）在他擔任美國駐柏林大使的第一天就警告，「和伊朗做生意的德國公司應該立即收手」，[189] 此事震驚了德國。如果不立即收手的話，他說，就將會面臨讓德國企業受到重擊的後果。[190] 這件事讓德國經濟部長彼得・阿爾特邁爾（Peter Altmaier）被迫坦承，他無法利用任何法律手段「來保護德國公司不受美國政府的決定的侵害」。[191]

這件事反過來造成了一系列的後續事件，其中包括歐盟委員會主席尋求啟動一個所謂的阻擋法規，以禁止歐洲公司遵守美國對伊朗的制裁。「我們歐盟和歐盟委員會有職責保護我們的歐洲企業，」榮克說，「我們必須現在就行動，而且我們也將即刻就行動。」[192]

這一阻擋法規在二〇一八年八月七日生效，正式禁止了歐盟的公司——在受懲罰的脅迫下——取消和伊朗的商業聯繫。在只能被描述為超現實主義政治和經濟的情形下，歐洲企業面臨的選擇是和伊朗做生意被美國罰款——或是不和伊朗做生意被歐盟罰款。很難有比這更合適的方式來顯示出西方是如何已經走偏了嗎？在二〇一八年六月於魁北克舉行的G7峰會之後，法國總統馬克宏感覺自己一定要發篇推文說一說，川普在一群歷史上總是團結一致的國家之間被孤立了，這一事實正好顯示出，在過去三百年中領導世界的各國要適應二十一世紀處在變化中的世界有多麼困難。[193]

人們很容易會去想，我們究竟在這位美國總統身上看到了什麼。他的氣質和怪癖，以及他所帶有的不同尋常的堅決教條和自信，讓他在被問及他與北韓的金正恩見面時，他可以宣稱他知道會議將如何發展，「我想我在第一分鐘就會知道，只靠我的感覺、我的感受，我就會知道。這就是我」。[194]

但事實上，在這件事上有更重大的意義存在──川普本人在這種情形下只是一個表象，而不僅僅是原因。我們先把這位當前的白宮主人放在一邊，令人震驚的是，美國在全世界僅有的少數幾個盟友，而且即使是長期的合作夥伴，都在對美國盟友的根本可靠性上提出疑問。對於那些經驗豐富的老手來說，美國的孤立是一件令人深度憂慮的問題，比如之前的美國副國務卿塔博特（Strobe Talbott），他曾經提出警告，美國的孤立主義不僅愚蠢，而且也違背美國的國家利益。[195]

這正是吉姆・馬蒂斯在二〇一八年聖誕節不久前辭去國防部長一職的時候所提出的論斷。馬蒂斯堅定地相信美國「作為一個強大的國家，是和我國獨一無二並且周到的盟友及合作系統密不可分的」。允許這些盟友和夥伴被忽略和拋棄不僅會弱化美國，而且還會給「那些在戰略利益上越來越和我們不和的國家」帶來機遇。

結盟是一門藝術，而且是一個會帶來長期回報的漫長、緩慢的過程。但是建立、維持和培育這樣的關係需要花時間並且需要投資。若是把王爾德（Oscar Wilde）的名言稍加改動，那就是：拋棄一個盟友貌似不幸；那麼同時拋棄所有的盟友則是草率。

第五章

通向未來之路

為未來做好準備的能力看起來問題重重。在歐洲，能源、資源和政治人、政策制定者和文官的關注點，幾乎完全集中在一個問題上：歐洲本身。在一個各種紐帶正在世界各地聯繫起來的時候卻陷入到長期的內省時期，是件十分諷刺的事情——一個隔江猶唱後庭花的經典案例。

光是在二〇一七年這一年裡，美國國務院的外事服務官員隊伍（Foreign Service officer corps）就有六成的職業大使離職——這些人是最有經驗、知識最淵博而且最有人脈聯繫的專家。[1]這樣的缺口已經延伸到了外交官梯隊的最高層。在蒂勒森二〇一八年初被解雇之前，國務院中最高位階的十個職位有八個正式空缺，也就是說，有三十八個大使職位是空缺的。[2]在美國整個政府系統下屬的執行分支中的六百二十六個頂級職缺中，在川普宣誓就職的一年後仍然空缺，甚至連一個參加任命程序的候選人都沒有。[3]

這讓川普成了美國歷史上最有權力的總統，尤其是考慮到美國的軍事能力的時候：有如此多的高級職位空缺意味著有更少人做出決定，反過來將權力集中在一小群人的手中。在這樣的情況下，總統和他身邊的小圈子在某些方面看起來就像是一名中世紀的國王和周邊近臣圈子的事實，就絕對算不上出人意料了。一個總是有些唐吉軻德風格又衝動的人，川普反覆拋棄國務卿、司法部長和其他高級官員的能力和意願，揭示了權力集中在他的手裡。

同樣的事情也可以在川普的親戚所扮演的角色上看到。他的女兒伊凡卡（Ivanka）和女婿庫許納（Jared Kushner）在政府中擔任重要職務，伊凡卡是高級顧問，而庫許納則是監管美國的中東政策。也許最能清晰表現出這位總統和他的親戚所握有權力的案例，是發生在二○一八年下半年的對副國安顧問米拉・里卡德爾（Mira Ricardel）的解雇。里卡德爾很明顯是跟川普總統的妻子梅蘭妮亞（Melania Trump）在先前的一次非洲之行中鬧翻了。「她不再有為本任白宮政府部門服務的榮譽了」，梅蘭妮亞的發言人在她被解雇的不久前說。[4]

也許，現在這種情況下並不會令人吃驚的最自然而然的道路，就是去遵循最不反抗的路線。因此，沙烏地阿拉伯成了美國中東政策的支柱——儘管事實上這個國家的政府正在被九一一事件受難者家庭要求對簿公堂。[5]沙烏地人的石油財富是原因之一，但另一個原因是該國花在購買武器上的驚人數目，其中很大一部分軍購都是來自美國。在歐巴馬政府的八年執政過程中，美國向沙烏地人出售了驚人的一千一百二十億美元的軍火，其中包括二○○九年的一筆六百億美元的訂單。[6]

沙烏地人深不見底的軍購口袋，以及伊朗在美國外交政策制定中的重要性，解釋了為什麼川普執政後的第一次出訪就是造訪利雅德。這就是目的的宣示，也是對如何對付德黑蘭的思考方向有了重大調整的跡象。

到目前為止，川普仿效前任取得出售軍火的成功說法，還只是一個錯覺。雖然有他的商業背景和對交易的關注，而且在他的利雅德之行中也宣布了一筆價值一千一百億美元的軍火銷售，但是這筆買賣還沒有最終定案。這是當沙烏地王儲在二〇一八年春天訪問華盛頓時受到川普批評的原因之一，他告訴穆罕默德・賓・薩爾曼，你應該增加支出，而且那幾億美元對你來說「只不過是一點零花錢罷了（are peanuts to you）」。[7]

沙烏地阿拉伯是「一個很偉大的朋友」，川普在接待王儲的時候說，因為「他們是一個軍火大客戶，而且也因為很多其他的事情」。[8]這解釋了為什麼沙烏地人能夠被挑選出來受此特別對待，就像龐培歐在二〇一八年被任命為國務卿後，就立即告訴利雅德方面，他的第一次海外訪問將會和總統川普的腳步一樣，是去沙烏地阿拉伯。[9]

川普在二〇一七年對利雅德的那次訪問絕對是值得回憶的。的確，正如總統後來說的，那是「我所見過的——任何人所見過的一次特別棒的兩天會晤」。當時那些看著川普的人，國務卿蒂勒森和他當時的首席策略顧問班農（Steve Bannon）也一定同意他的說法，他們參加了沙烏地劍舞（sword-dancing）的展示，並和沙烏地主人們一起在慶典上令人不自在地跳起了舞。[10]

川普和沙烏地人聯合的後果影響了中東地區其他國家的軍火銷售提案。在二〇一七年，川普面見了波灣國家卡達的統治者，後者告訴川普說：「我們是朋友。到目前為止，我們已經有很長時間沒有直接交往了，對吧？可是我們的關係這麼好。我們現下正在討論一些特別嚴肅的問題。其中之一是在討論購買很多漂亮的武器裝備，因為沒有人能像美國一樣把武器做得那麼漂亮。而且對我們來說，這意味著有工作做，而且，我實話實說，會有安全，我們要的安全。」[11]

在卡達和沙烏地阿拉伯及其鄰國之間發生嚴重爭吵，並導致幾個國家對卡達施加陸路封鎖的語境之下，這是一個麻煩事。他們的關係已經差到利雅德方面計畫要「改變該地區的地理」，按照一個沙烏地高級官員的話說，他們計畫挖一條運河來把卡達從阿拉伯半島本土中割出去——不僅要沿著運河建立軍事設施，還要把它用作傾倒核廢料的垃圾場。[12]

這樣的局面促使卡達和對該地區有自己抱負的土耳其加強了政治、軍事和經濟聯繫，而且還推動了卡達和伊朗令人驚訝的靠攏——兩國恢復了外交關係並大力鼓吹貿易聯繫。[13]這樣的複雜局面和美國很有關係。就像許多屆美國政府都曾感受過的，保持中立並不容易。「您一直都是美國的友人，」財政部長梅努欽在二〇一八年夏天這樣告訴卡達外交部長謝赫穆罕默德・賓・阿布杜拉赫曼・艾－薩尼（Sheikh Mohammed bin Abdulrahman al – Thani）。[14]

所以當川普於二〇一八年三月在白宮接待王儲時說沙烏地阿拉伯是「一個很偉大的朋友」時，中東各國都在小心翼翼地聽著，試著能預測走勢。川普拿出的是自己最擅長的事情——銷售。沙烏地人，他說，可以依靠購買大量武器，而且能放心地跟美國買武器。「我們製造的是世界上最好的設備，」他說。「甚至幾乎沒人能接近『我們的水平』。」[15]

保護和沙烏地的武器交易是川普在賈邁勒・哈紹吉被謀殺之後很快就站在沙烏地阿拉伯

這邊的原因之一。「世界是一個非常危險的地方！」他在一場新聞發布會上說，以表現出他對利雅德的支持。美國保護承包商能在沙烏地阿拉伯過得好；採取對沙烏地的制裁、懲罰或是批評，將會讓俄羅斯和中國「成為巨大的獲益者──而且非常高興地得到這一筆新開拓的生意」。另外，川普接著說，哈紹吉已經被稱為是「國家的敵人」，而且無論如何，「我們可能永遠也不會知道圍繞在謀殺周圍的所有事實」──考慮到川普本人已經承認他得到了關於這位記者在沙烏地駐伊斯坦堡領事館裡被殺時的錄音的完整簡報，這是一個奇怪的表態。

川普說，沙烏地阿拉伯生產大量的石油並購買大量武器。它對美國來說是一個好盟友，他補充說，沙烏地「已經同意花幾十億美元」來打擊極端伊斯蘭恐怖主義。他甚至支持已經成為嚴重的人道危機的在葉門的軍事行動。川普說，沙烏地人會「立即提供」急需的援助──如果他們允許這樣做的話。[16]

給沙烏地阿拉伯的承諾的一部分原因，可以解釋為美國想把這個產油國阻擋在中國的軌道之外的渴望。正如二〇一九年四月麥克・龐培歐在參議院外務委員會的發言一樣，「美國最好能參與」向沙烏地出售飛彈系統，「而不是讓中國加入進去」──當時正值川普在哈紹吉被謀殺的兩星期後撤銷了對沙烏地出售高價核子技術──並使用了他的否決權阻止向沙烏地阿拉伯和阿拉伯聯合大公國出售軍火。[17]

像是這樣的支持解釋了為什麼甚至在哈紹吉剛剛被殺的幾天裡，沙烏地外交部長阿德勒・阿爾－朱拜爾（Adel al－Jubeir）覺得可以聲明利雅德和華盛頓之間的關係是「堅固不破的」。他說，美國在處理世界大事的時候是「理性且現實的」。在中東，這件大事就意味著伊朗問題的重點——和它的「暗黑計畫」。[18]

在另一方面來說，若是和世界最大的產油國鬧翻的話，是要承擔後果的。在二〇一八年早些時候，德國政治人物對沙烏地阿拉伯提出的批評，導致德國企業立即被排除在沙烏地王國的經貿投標之外——重重地打擊了像戴姆勒、西門子、德意志銀行和拜耳這樣的公司。[19] 當總理梅克爾和外交部長馬斯（Heiko Maas）在哈紹吉被殺害後批評了沙烏地阿拉伯，他們隨即採取了進一步行動，其中包括撤出了將由蒂森克虜伯（ThyssenKrupp）造船部門為埃及海軍建造的四艘輕巡洋艦的貸款，這一工程的價值超過二十億歐元。[20]

這樣的決定也給其他地方造成了寒蟬效應。在二〇一九年春天，根據報導，沙烏地阿拉伯向承包商英國航太系統公司（BAE Systems）提供的價值約每年三十五億美元的交易受到了威脅，因為其中有相關的組件是在德國製造的。[21] 在這樣的經濟影響的擔憂中，尤其是面對著脫歐的不確定性，英國外交大臣給他的柏林同行寫信，力勸德國和沙烏地阿拉伯修復嫌隙並維持軍火銷售。[22] 看起來，在企業利潤和工作機會的冷酷考量之下，人們只能冷眼看待世間冷暖。

但是，在這個變動之中的世界，意識到其他人能夠做出攻擊性的行動來捍衛其利益，對於一些人來說好像仍然很值得驚訝。例如，在加拿大外交部長對沙烏地人權問題做出一番評論的一個月後，沙烏地教育部立即凍結培訓項目，停止支付留學獎學金，命令留學生終止在加拿大的學習，並在一個月內申請回國機票。按照一些人的估計，這將會導致加拿大的教育系統在一年裡損失將近十億美元。[23]

當美國在慶祝和沙烏地阿拉伯關係的親密並樂意忽視夥伴們身上的瑕疵時，值得注意的是，他們並不是唯一渴望贏得和維持這個王國統治階層菁英好感的人。以俄羅斯為例，在二〇一七年底，俄羅斯也和沙烏地阿拉伯簽署了一筆出售最先進武器裝備的大合同。好幾十億美元的合同中包括俄羅斯令人膽寒的S-400防空系統，而且還有Kornet-EM反坦克制導飛彈系統、一部非制導的空包燃燒火箭系統、自動榴彈發射器和卡拉什尼科夫AK-103攻擊步槍。[24]就像普丁總統在俄羅斯電視和廣播節目「問與答」中告訴聽眾的，戰場是展示俄羅斯武器裝備的最佳舞台——「因為沒有軍事訓練能比得上在戰鬥狀態下對武力的操作」。因此，參與到敘利亞戰場中，給俄羅斯提供了「無價的」機會來測試新武器，並向潛在買家證明這些武器的優異性能。[25]

華盛頓方面對於沙烏地阿拉伯對伊朗的憎惡和大量購買美國武器的作法，意味著它將只會找美國採購的假設，同樣要放在莫斯科和利雅德之間進行高層級會談的語境中來檢驗，雙方談論了結成長期聯盟的內容，這兩個石油儲備豐富的國家如果能小心地控制石油輸出量，將會帶來更高的油價——因此有更高的收入。「我們正在努力」，穆罕默德・賓・薩爾曼說，來跟莫斯科達成一個「十年到二十年的協定」。「我們在大願景上有個協定，但沒有細節。」[26]他的意思是說，暫時還沒有。

隨後發生的是沙烏地阿拉伯和中國的關係越來越深入，這挑戰了美國對於沙烏地王國是美國天然盟友的概念化理解。首先，中國看起來已經在對沙烏地的彈道飛彈運載系統發展提供支持了——這是和受到美國尖銳批評的伊朗飛彈項目相似的計畫。[27]而且，中沙關係正在顯著升溫，尤其是在王儲於二〇一九年春天訪問北京並簽署了一項價值二百八十億美元的投資協議的時候。[28]

另外，這位王儲看起來也為新疆維吾爾穆斯林的監禁背書，他在電視聲明上說「中國有權利為了國家安全施行反恐和去極端工作」，這樣的態度將再次受到中國當局的歡迎——這是一個無論華盛頓的希望是什麼，無論華盛頓看待世界的方向如何，絲綢之路上的國家都會自然而然地靠攏在一起的信號。[29]

把寶壓在和俄羅斯有共同利益的沙烏地人身上，只是美國正在冒的險的一部分。美國還得要和北京、利雅德、莫斯科——和其他國家——在世界各地一點一點地鬥智鬥勇。例如土耳其，這個國家因為和俄羅斯、中東、中亞相接近的地理位置，曾是北約冷戰戰略中的一塊基石。但埃爾多安則是被俄羅斯勤勉地唱和拉攏，疏離美國和歐洲。一部分的努力是透過在敘利亞進行合作，以及改善兩國之間的商業聯繫。[30]但同樣起作用的是，俄羅斯提出將先進的S-400防空飛彈系統提供給土耳其的出價——以此來取悅誰都不怕的總統埃爾多安。「沒人有權利討論土耳其共和國的獨立原則」，他說，或是討論任何「關於我國防務上的決定」。[31]

這引起美國的警覺，美國參謀長聯席會議主席約瑟夫・鄧福德（Joseph Dunford）被迫要發表一份聲明來處理「一篇不正確的媒體報導」。雖然人們的推測是正相反，但他說土耳其「沒有從俄羅斯購買S-400防空系統。這是一個隱憂，但是他們還沒有買」。這份聲明的重要性從中國新聞媒體進行了報導可見一斑。[32]

五個月後，土耳其同意以據報導為二十五億美元的價格購買S-400防空系統，此事給土耳其的北約成員國身分造成了疑問，甚至也給北約本身提出了疑問。[33]美國國務卿龐培歐試圖給他的土耳其同行恰武什奧盧施壓。美國參議員在幾小時前實施的凍結洛克希德馬丁（Lockhead Martin）公司的F-35戰鬥機群的出售，並沒有把事態平息下來。向土耳其施壓的行為是不會被容忍的，恰武什奧盧說。[34]這樣的事情在俄羅斯人聽來無異於天籟，克里姆林宮發言人表示，強烈歡迎土耳其購買蘇－57戰機取而代之。[35]

相似的，當美國因為土耳其扣押美國傳教士而對土耳其政府高級官員實施制裁，並且威脅採取更進一步的懲罰性措施的時候，北京迅速地向土耳其建議，提出推進兩國連接並透過和安卡拉增加合作以帶來「豐碩結果」。[36]二〇一八年七月於金磚國家會議上，埃爾多安和習近平之間的會談清晰地圍繞在這件事上，兩國決心改善關係並「關心彼此的核心利益」。也許並不出人意料，中國領導人指出，中國和土耳其在「一帶一路的合作建設上是天生的夥伴」。[37]

埃爾多安熱情地尋求和中國保持更緊密的關係，他不但談論起多虧了「新絲綢之路」的計畫讓「我們的地區正迎來一個新紀元」，而且還提到了博斯普魯斯海底的馬爾馬拉（Maramaray）隧道是北京提出的倡議中最重要的部分之一，儘管該工程的出資方是由日本、歐盟和土耳其組成的聯合財團。[38]

因為「安卡拉和華盛頓之間正在狂暴上演的爭執目前沒有顯示出消弭的跡象」，土耳其和中國也成了天生的夥伴。中國《環球時報》的社論文章用很長的篇幅提出，現在正是中國和土耳其探索「加深合作的新機遇」的最好時機。文章表示說打好基礎十分重要，因為在中國，對土耳其的認知很糟，而且很多人對正在伸出的「友誼之手」漠不關心。在韓戰期間支持美國和在購買紅旗－9飛彈一事上的出爾反爾，給土耳其留下「和中國耍花招」的印象。然而，「最不能接受的」，是土耳其對新疆分離主義者的支持，和對新疆「民族政策不負責任的評論」。在美國政策帶來的進一步壓力已經給土耳其經濟造成打擊的時候，中國提供了潛在的新夥伴關係的開價。[39]正在安卡拉上演的麻煩已經為北京敞開了門。

這其中的利益遠不止武器銷售那麼簡單。因為面對著從地中海東部一直到太平洋乃至在非洲等地的絲路沿線正在上演的對立和地位爭奪，必須要做出決定。因為《美國敵對國家制裁法案》（Countering America's Adversaries Through Sanctions Act），美國禁止向任何購買俄羅斯武器的國家出售武器。這意味著如果沙烏地阿拉伯、土耳其和其他國家可以被莫斯科說服來改換效忠的話，那麼這些國家就會明確地離開華盛頓的軌道。

美國國防部長馬蒂斯做出結論，這是個嚴重的問題。美國正在一個自我癱瘓的過程中，他這樣告訴國會。「在今日的發展當中，」他說，「事情會很快、很快地讓國家發生變動。」美國把自己桎梏在自己規定的條條框框中已經足夠糟糕了，但「俄羅斯正用他們的所作所為讓他們每天都處在可以說是把我們逼到走投無路境地的位置上」的事實，甚至還要更糟糕。「情況緊急」，他這樣說道。[40]

也許俄羅斯能夠支配的經濟能力很有限，但是它有認識到世界正在變化的外交能力和政治悟性——從而能適應變化中的世界。莫斯科在創造不安和利用他人的焦慮上十分拿手。梅克爾已經相信二〇一九年春天抗議氣候變化的德國學生是得到了俄羅斯特工的協助或是慫恿。這怎麼可能呢，她思索著，德國的孩子怎麼會突然對環境議題感興趣了呢？在她目前所見，他們提出的更乾淨、更環保、更光明的未來可以回溯到俄羅斯身上，這是普丁「每天在歐洲國家中」展開的新型「混合戰爭（hybrid warfare）」的一部分。[41]

從某些意義上說，這樣的觀點是否有實在證據並不重要；俄羅斯使出手段的事實甚至闡明了我們所生活的變動時代。同時，這也可能探測到普丁所採取更多公然、明顯、外露的手段，例如在敘利亞和談中，俄羅斯夥同伊朗、土耳其，將自己展現成穩定局勢的力量——和美國產生對比。美國領導的對伊拉克、阿富汗的介入所帶來的後果，只有「破壞和極端主義的擴散」，伊朗外交部長札里夫說。[42]俄羅斯外交部長拉夫羅夫說：「美國、法國和英國實施的空襲違反國際法。」[43]西方，他補充說，表現得彷彿他們仍然「幸運地對我們世界上的事務說了算，」他說，「他們的時代已經過去了。」[44]這樣的論述是莫斯科方面把自己呈現為可靠的、一支穩定性力量，以及一個獨立的國際仲裁人的更大運行模式中的一部分。[45]

俄羅斯、土耳其和伊朗呈現出來的和平樣貌以及尋求用和平方式達成協議的作法，會讓那些關注俄羅斯吞併克里米亞、俄國軍隊出現在烏克蘭並試圖在英國暗殺前情報官員、被英國醫院鮑伯・席利（Bob Seely）指控說俄羅斯正在利用「冷戰時期的KGB使用過的積極手段」來破壞英國政治制度穩定性的人們感到十分驚訝。[46]一份英國外交事務委員會在二〇一八年夏天提交的報告，不僅發現「把倫敦當作與克里姆林宮有關聯的個人的腐敗資產基地」的情勢十分嚴重，這「已經對我們的國家安全產生了影響」，而且「打擊這一現狀應該成為英國外交政策的優先考量」。[47]

緊接著的是持續、不間斷地試圖介入美國和其他國家的選舉。俄羅斯人「不斷地做出努力來推翻民主程序」，馬蒂斯這樣說道，他還補充說，普丁在二〇一八年中期選舉的時候，「又再次嘗試了破壞一番」。「我們無論如何都會做出必要的舉動」，他補充說，來捍衛民主程序，反抗那些尋求削弱美國和削弱民主本身的人。[48]

土耳其在它的目標和行動上都不能算是按兵不動。對鄂圖曼帝國的懷舊，已經被如何重建其輝煌的過去所取代，在那時候，從塞拉耶佛到大馬士革，從班加西（Benghazi）到埃爾祖魯姆（Erzurum）的所有城市，都位於一個多文化、多種族的國家境內，這個國家所取得過的成功籠罩了不算久遠以前的歷史。[49]埃爾多安總統在二〇一七年的一場演說中說：「土耳其共和國是鄂圖曼帝國的延續」——儘管其國境線已經改變了。[50]正如那些爆紅的以奧斯曼帝國為時代設定的電視劇一樣，將過去之火重新點燃，是土耳其在當今世界上扮演的角色很大的一部分。[51]在敘利亞和伊拉克的軍事介入也是一樣，以及對鄰國希臘採取的益發強硬的立場——以及在面對華盛頓時的目中無人的遣詞造句。「我們的肚子上沒有連著美國『的臍帶』」，這句話成了五家親政府立場的報紙在同一天中的頭版頭條——這是一個來自華盛頓的壓力已經惹怒了安卡拉的清晰信號。[52]

而且還有伊朗，該國在伊拉克和敘利亞的冒險，以及對葉門胡塞（Houthi）武裝的支持，同時還有在對哈瑪斯和真主黨的援助，都未必是一個熱衷於將自己描述為保護國際秩序的國家的最好憑證。伊朗一邊提出尊重在協商得出的協議範圍之內運作，若非萬不得已避免使用武力的承諾，同時派出軍隊在別國參與軍事行動，並且捲入了代理人戰爭，這些事都凸顯出了關注行動而不是關注言論的重要。

然而，看到中國、俄羅斯、土耳其和伊朗面對世界正在發生變化的事實彼此協調一致的現象，是具有揭示意義的。同樣也令人驚訝的是，這顯示有多少亞洲國家不僅已經明白這一點，而且正積極主動地試著找到為未來做好準備的方法。幾乎所有國家已經發展出面臨短期和中期機遇和挑戰的藍圖，以及如何更好地處理機遇和挑戰的分析。

「一帶一路倡議」可以歸入到這個類別裡。但是沙烏地阿拉伯的「願景二〇三〇計畫」同樣也可以，其他的還有俄羅斯、白俄羅斯、哈薩克、亞美尼亞和吉爾吉斯的「歐亞經濟聯盟」、哈薩克的「光路倡議」、越南的「兩走廊、一經濟圈倡議」、土耳其的「中央走廊倡議」、蒙古的「發展之路倡議」、寮國、柬埔寨和緬甸的發展計畫。隨後還有由印度推出的一系列計畫，例如「東望政策」、「印緬泰三邊高速公路工程」、「西進戰略」和「鄰國優先計畫」。[53]

和這些計畫並行不悖的還有區域性的規劃，例如「東協願景二〇二五」，這項計畫希望推動整個區域之間的經濟、社會和安全合作，據估計有六・五億人生活在這個區域內。

在這些為未來準備的綜合性計畫列表中，明顯缺席的是歐盟。對一些人來說，這不僅是好事，也是有意為之的。一位負責歐盟和亞太地區國家關係的官員宣稱，歐盟「不進行地緣政治操作」。[54]雖然速度緩慢，這樣重大的否定正在被新的近乎於傳播福音一樣的宏大聲明所取代——但是拿不出細節或是實質上的內容。歐盟外交事務的高級代表人說，歐盟將會和亞洲緊密互動，「這個地區有世界上最高的成長預期」，也就是說，受益的不僅是歐洲和亞洲，而是「整個星球都會受益」。[55]

至少這樣的局面要好過在英國的情形。儘管習近平主席將英國的「北方引擎計畫」（Northern Powerhouse）稱為一個世界各國都應該效法的用基礎設施投資來尋求和推動聯繫的例子，但現實卻很不一樣。[56]「北方引擎計畫」是在「一帶一路」計畫開啟的僅僅幾個月後宣布實施的，但是它的進展則更卑微。當中國的策略已經抓住了人們的想像力，而且承諾把數千億美元投入到道路、鐵路、港口和發電廠的工程中去，這裡邊的很多工程現在已經展開了，而「北方引擎計畫」至今的主要成就，只不過是在里茲（Leeds）火車站開了一個新的南側入口。[57]

相較於絲綢之路與亞洲，歐洲與其說是速度不同，倒不如說更像是方向的不同。當亞洲發生的故事是增加聯繫，提高和深入聯合與合作，在歐洲正在上演的故事則是關於分離、重新豎起障礙和「把控制找回來」。脫歐提供了一個很好的例子，但同樣是好例子的還有在義大利、德國、波蘭和匈牙利等國越來越頻繁的反歐盟運動，以及數十萬人支持的蘇格蘭和加泰隆尼亞獨立。

在一些案例中，自由民主功能所具有的最基礎根基看來已經遭到了威脅。很少有英國人懷疑強森在二〇一九年秋天推動的議會休會——不折不扣的關門休會——是強行脫歐的政治操作。但是很少有人想到世界上的其他國家是如何看待一國首相打算要繞過所有議員行事，更何況他還真的做出了行動。保加利亞總理鮑里斯・鮑里索夫（Boris Borissov）就曾問過：「你能想像如果我把議會關閉後會發生什麼嗎？」「你能想像那些獨裁的指控嗎？」[58]具有專制的本能和行為的那些民粹主義者的崛起，為我們揭示出許多現代西方正在面臨的挑戰。

這樣的壓力所造成的令人悲傷的結果，是世界的一部分看起來正在我們的眼前消融。「歐盟」，坎特伯里大主教在二〇一八年夏天時說，「帶來了和平、對繁榮窮人和弱勢的慈悲，為所有人帶來啟發和希望的意圖。」歐盟是「自從西羅馬帝國滅亡以來，人類所實現的最偉大的夢想」——這樣的評價不僅透露出深刻的歐洲中心主義，而且既缺少對世界歷史的理解，也缺乏對歐盟本身的理解。[59]但即便如此，這句話也表現出在幾百年來一直享受著太陽溫暖光芒的滋潤的一片地方，正在經歷日落的憂鬱表徵。

歐洲正結結巴巴地把機遇讓給別人。比如說，中國已經迅速地看到了經濟投資創造出來的政治優勢。尤其是在歐洲委員會主席塔斯克的發言之後，有許多人期待著歐盟在南海爭端上能夠採取有力立場，他在海牙仲裁法庭做出判決的不久前，在日本G7峰會中發言，他提出歐盟不僅有需要「捍衛我們共有的共同價值」，而且要採取「清晰、堅定的立場」來面對中國的海洋要求。[60]

事實上，中國在背地裡做出大量的努力來讓歐盟不要這樣做，利用和希臘、匈牙利和克羅埃西亞的聯繫，來確保布魯塞爾發布的聲明不「支持」或「歡迎」法庭的裁決，而只是「承認其存在（acknowledged it）」。[61]這是中國已經做出努力不只是在亞洲和非洲，也包括在歐洲努力培養新朋友的證據，在歐洲的「16+1倡議」提供了一個北京方面和十一個中、東歐盟成員國（包括波羅的海三國、保加利亞、克羅埃西亞、匈牙利和波蘭在內）以及五個巴爾幹國家（阿爾巴尼亞、波士尼亞和赫塞哥維納、黑山、馬其頓和塞爾維亞）的對話論壇。

在這個倡議中的國家立場親中，這是因為潛在的中國投資，而且還因為如匈牙利總理奧爾班（Viktor Orbán）在二〇一六年十月所說的：「世界經濟中心正在從西方移向東方；雖然在西方世界裡對此還存在一些否認，但是這樣的否認看起來並沒有道理。」世界正在變化，他說：「全球經濟的中心正在從大西洋地區向太平洋地區轉變。這不是我的見解——這是事實。」[62]

儘管對其他人來說，向東轉也和歐洲和歐盟的癱瘓有關。歐洲「正在撤出——或是沒有維持它對歐盟中的巴爾幹部分做出的承諾」，前南斯拉夫馬其頓共和國總理喬治・伊凡諾夫（Gjorge Ivanov）說。歐盟的失敗對其他人來說是一個「快來這裡填空」的信號。宛如向中國——和俄羅斯敞開的大門。多麼大的恥辱啊，伊凡諾夫說，歐盟看起來已經忘了歷史上的那些重要教訓了。[63]

當這種對歐盟加以苦苦懇求，實際上還有美國已經向巴爾幹地區投入的重要關切和資源時，影響選舉、向高級宗教人士施壓，甚至推翻當地政府的許多次嘗試，看起來都可以追溯到莫斯科方面的事實，也不言而喻地顯現出在這個地區對心靈、思想和荷包的爭奪。[64] 類似的，處理歐洲鄰國關係和擴大的歐盟執行委員約翰內斯・漢（Johannes Hahn）已經提出中國對巴爾幹地區有越來越大興趣的警告，這樣的事實大聲地呈現出世界正在變得益發複雜。[65]

有些人已經認識到缺少一個行動計畫會招致後果。「如果我們不能成功地發展出一個例如面對中國的單一策略的話」，德國外交部長西格瑪・加布里埃（Sigmar Gabriel）在二〇一七年說，那麼中國將會成功地將歐洲分裂。[66] 他的話激起了中國外交部的激烈回應。「我們對這樣的言論感到震驚。」一位女發言人說道，隨後她還補充：「我們希望他能澄清他所說的『一個歐洲（one Europe）』是什麼意思，以及是否在歐盟成員國內部對於『一個歐洲』也存在共識。」——此話完美地抓住了歐洲內部關於缺少共同發展方向的分裂。[67]

加布里埃在後來的談論世界變化和歐洲適應該變化的失敗的演說中說得十分明白。「中國看起來是目前世界上唯一一個有任何形式上的真正全球、地緣策略概念的國家」，他在二〇一八年二月說道。這是一個事實問題（matter of fact），他補充道，指出「中國有資格拿出這樣的一個概念」。問題在於，加布里埃表示，歐洲和西方沒有連貫的觀點、沒有計畫、沒有反應，而且看起來，對此沒有概念。「我們能夠自責的是，」他說，「在於我們，作為『西方』，沒有屬於我們自己在全球利益中尋求新平衡的策略，這樣的策略應該是建立在調解和加入共同價值的基礎之上，而不是單邊追求利益的零和遊戲。」[68]

接任加布里埃外交部長職位的馬斯，試圖找到一個方式來清晰表述出孤立主義的危險。他呼籲類似德國這樣的「太小而無法獨自在世界舞台上發號施令的」國家找到合作的方式。二〇一八年七月在東京的一場演說中，他提出了川普總統願意用「兩百八十個字的推文」來削弱「數十年才發展出的盟友關係」會造成的後果。這一點，連同俄羅斯和中國帶來的挑戰，讓「思考新的路線」至關重要。德國應該和日本合作——該國正好在絲路沿線有非常積極的援助和基礎設施工程——以組成「多邊聯盟的心臟」來展開合作，促進穩定，並填補「許多其他國家撤出之後不斷出現的真空」。[69]

北京對這樣的要求表現得很配合，不僅是處心積慮支持，更呼應著這一要求。「我們需要秉持多邊主義，」總理李克強在一場中東歐及巴爾幹16＋1國家會議上說。「我們需要秉持自由貿易……並一同協作來阻止全球經濟復甦速度的減緩。」歐盟，他補充說，「對於和平、穩定和繁榮是一支非常重要的力量，是世界不可或缺的一支力量。」[70]

中國的崛起——及其對當前和未來所需的清晰理解——已經讓其他地方敞開了大門，例如在中東，北京對於利雅德的拉攏既勤勉又成功。沙烏地阿美石油公司（Aramco）的一筆私人持有（但如果出現在市場上將會成為世界最大）的股份的潛在出售可能性，已經吸引到中國的注意力——中國在沙烏地王國擁有後勤設施、基礎設施工程和較小的石油生產商。

在穆罕默德・賓・薩爾曼帶著改善和中國未來關係的目標訪問中國後，沙烏地阿拉伯宣布漢語課將會進入該國所有教育階段的學校和大學課堂，加深中的聯繫看起來將會繼續擴展。[71]正如一個評論人所說的，沙烏地人已經做出結論，他們「因為華盛頓方面的大亂套……現在不能依賴西方，所以他們向東看」。[72]這些新連結和認識到新的機遇有很大關係，而且也是因為採取選擇的最大化——而不是限制在過去歷史的條框中。

就此而言，很難不被強調共同利益的新論述所打動。中國和阿拉伯國家，外交部長王毅說，是「一帶一路合作的天生夥伴」。絲綢之路的影子灑落在所有方面：所有人都應該遵循「絲綢之路的和平協作精神、開放和包容、相互學習和共同受惠，並尋求更大的協同效果」，以追求「民族的復興」。[73]

這是範圍更廣的一場魅力攻勢的一部分，外交部長王毅評論所述的中國「將一直和阿拉伯國家站在一起，並捍衛它們的正當權利和利益，以及中東地區的和平與穩定」，這樣的內容聽在沙烏地人的耳裡就像是天籟一般——即使這隱藏了一個事實，即中國目前為止在該地區的最多貸款和投資都去了沙烏地人的最大敵人——伊朗身上。[74]

和沙烏地阿拉伯保持緊密關係並不妨礙北京方面加深和德黑蘭的聯繫。例如，在美國退出伊核協定的消息得到宣布時，中國企業已經做好了計畫來取代那些西方的大石油公司，其中包括簽署了一個選擇權來得到例如由托特石油公司持有的股份，等待著重新對伊朗實施制裁和西方企業被迫離開伊朗的情形。[75]

但是北京在創造和重複一種尋求團結和調解而不是分裂的敘事這一點上，一直表現得十分精明。在接待了沙烏地的薩爾曼國王僅僅一個星期之後，習近平接待了來訪的以色列總理內坦雅胡，此後不久，又接待巴勒斯坦總統阿巴斯（M. Abbas）。中國希望，習近平主席說，「巴勒斯坦和以色列能盡快實現和平並安居樂業」。[76] 這樣的評論總是會受到歡迎；但這些話是不會在為中東帶來和平一事上起到作用的。

該地區的所有人都應該一同協作並「以正當方式避免區域性爭議」。習近平說，這件事是可以達到的，如果「我們能彼此以誠相待，不害怕差異，不避免問題，而且對彼此的外交政策每一個層面和發展策略展開足夠的對話的話」。為了能顯示出中國準備好了把錢送到它所談論的地方，北京迅速承諾拿出二百億美元貸款來給「有重建需要的阿拉伯國家，提供良好就業機會和積極社會影響的工程計畫」。[77]中國還承諾拿出更進一步的一億美元援助款來「促進經濟增長」。[78]

中國外交部的一個官員說，這是一些倡議計畫的一部分，這些倡議就像是一帶一路計畫本身一樣，是「具有前瞻性、創新性和開拓性的」，他如是說道。[79]這樣的評論和行動和已經選邊站好的美國形成了直接對比——美國選了非常不同的方針。[80]當北京正忙著在各時各地尋找夥伴的時候，我們驚訝地看到美國和西方在絲路沿線國家的朋友是多麼的寥寥無幾。

中國釋放出的訊息的持續性和來自華盛頓的隨意、無法預料又前後矛盾的訊息，形成了尖銳對比。在笨手笨腳、未經請求又滑稽可笑地試圖「買下」格陵蘭後，因為丹麥總理缺少交易興趣和她「可恥的」發言，川普取消了丹麥行程。這件事嚴肅地反映出了一個本該是自由世界領袖的人的判斷和性格，而且這也顯露出美國並不是一個捍衛自由、民主和法治的安全衛士，而是一個帝國主義投機主義者，把自己的利益高高地置於別人的利益之上。[81]

「我們想要所有的國家，每一個國家，都能夠保護其主權免於他國脅迫。」龐培歐在二〇一八年夏天說過。「我們想要和平解決領土和海洋爭議的方式，美國所到之處，我們都尋求合作，而不是主導。」他所說的話明顯是針對中國——雖然他沒有指明。「我們相信戰略上的夥伴關係，而不是戰略上的依賴。」[82]

格陵蘭一事上的灰頭土臉，伴隨著川普說如果他想的話，他能「把阿富汗從地球表面抹去」並且「用一個星期」就應得戰爭勝利的吹噓，這些事情都很難讓美國顯得自己是一個很多人都願意效法的榜樣。[83]反而會有恰恰相反的效果：這些事情更增添了美國有時候並不公平地可以先斬後奏，然後再問為什麼的名聲。

這幾乎在全世界都是一個新聞，美國在這個世界上賺得了一個名聲，有時候不太公平，即美國不管對錯後果，總是先下手再說。但是正如歷史學家了解的，控制好說話的分寸是很重要的——也就是說，應該有能力說明和展現合作帶來的好處、能夠顯示出「雙贏」是可能達到的，也是對所有人都有利的，還應該要小心注意在事關國際事務時言行一致，當然了，也要準備好和能夠反擊批評和對手的狡辯。在這件事情上，美國已經在競爭中遠遠地落在後面了。

巴基斯坦就是一個關於這件事的案例，該國被美國挑出來，然後公開地羞辱，有一部分原因是因為和中國太親近，也有一部分原因是成為了美國理想化的和印度重要聯盟的祭壇上的犧牲品，還有一部分原因是因為阿富汗惡化中的局勢。在川普二〇一八年的第一則推文中，他說美國「在過去的十五年時間裡傻呼呼地給巴基斯坦提供了三百三十億美元的援助，但他們除了謊言和欺詐以外，沒有回報過我們任何東西，覺得我們的領導人是傻子」。[84]是時候該在阿富汗改變軌道了，當時的國安顧問約翰・波頓說。「大問題，不是陸戰的戰術。大問題出在巴基斯坦身上。」[85]

巴基斯坦當時的外交部長哈瓦賈・阿希夫（Khawaja Asif）說，美國把巴基斯坦當成自己在阿富汗和其他地方失敗的「替罪羊」實屬可恥。[86]在中國正忙著推銷對未來的共同願景、便宜的金融、技術能力和支持的當下，美國暫停向巴基斯坦提供的十億美元安全援助金的類似聲明和行動，很自然地把巴基斯坦更進一步推向了中國。[87]

儘管有巴基斯坦可能會因為急速增長的公共債務而尋求國際貨幣基金以高達一百二十億美元的數目解救其經濟難關的廣泛恐懼——這樣的問題至少有些是和中國放貸的基礎設施支出有關——同樣也和其他包括貨幣貶值在內的許多產業部門中的問題有關，但是巴基斯坦和中國的關係看起來仍傾向於越來越深入。「別犯錯，」龐培歐說。「我們會看著國際貨幣基金的一舉一動。國際貨幣基金根本沒有道理用稅金，而且說到這個，美元是國際貨幣基金資金的一部分，來讓那些人挽救中國持債券人或是中國本身。」[88]

這些話在巴基斯坦身上造成了很壞的影響，對潛在的救市可能性加以阻礙，這被視為美國的又一個試圖阻礙巴基斯坦發展並毀掉其未來的例子。[89]在二〇一八年的大選中，巴基斯坦正義運動黨的領袖伊姆蘭・汗（Imran Khan）贏得了多數席位，更是沒有遠離北京，這就是一個美國適得其反的例子。他告訴中國大使「在正義運動黨執政後，他們將和中國展開全面的合作，並持續推動雙邊關係的發展和深入」。[90]與此同時，中國立即讓一筆二十億美元的貸款額度通過——顯示出胡蘿蔔可以比棍子更加誘人和有效。[91]

也許懸在一帶一路計畫頭上的唯一最重要的問題，就在於不光是巴基斯坦，其他國家也都想要知道中國在面臨重大工程陷入困境或者貸款有必要重組的情形下，會如何處理。理解在這樣的情形下決定是如何做出的，以及要評估北京方面在被要求或被期待拿出一個和美國不一樣的藥方時會如何做出舉動，以及為何做出此舉動。雖然美國或其他組織拿出的提案可能要更具透明度，但在協商和免貸的問題上也不那麼具有靈活性。對一帶一路整體所做的上述理解和評估將會塑造各國對它的回應，以及它的進展和成功。

為了讓自己留有選擇餘地，巴基斯坦也向其他國家尋求金融支持。新總理伊姆蘭・汗從沙烏地阿拉伯手中收到了六十億美元——這只不過是有一個新世界正在編織在一起的跡象。[92]「但憑阿拉的意願，」伊姆蘭・汗說，「我在幾天之後將給你帶來更多好消息。我們也在和另外兩個國家討論，靠託阿拉，我期待從他們那裡得到相似的包裹合同。」[93]

穆罕默德・賓・薩爾曼在二〇一九年春天訪問巴基斯坦，並簽下價值二百億美元的合同，其中包括一個位於瓜達爾的大型精煉廠和石化建築群，並且和與中國投資的瓜達爾港口及中巴經濟走廊有緊密聯繫。「我們相信巴基斯坦在未來將會是一個非常、非常重要的國家，」王儲說，「而且我們想要確定我們也是其中一部分。」[94]沙烏地阿拉伯想要幫忙穩定巴基斯坦的經濟，沙烏地能源部長哈立德・法里赫（Khalid al-Falih）在行前說道——並且「和巴基斯坦合作，參與到中巴經濟走廊中」。[95]美國的政策並不只是把國家推向別國的懷抱——而且還加強他們的經濟和宗教連結。

沙烏地人促進與巴基斯坦聯繫的動機中的一大部分，是出於他們贏得反伊朗支持的渴望——這件事本身也表現出其他國家正在思考全局圖景。以這點而言，穆罕默德・賓・薩爾曼從巴基斯坦飛往印度開會的行程非常重要，他在印度進行了類似的關於雙邊利益、聯合投資和為未來做準備的討論。他宣布八百五十名印度國民將被從沙烏地阿拉伯監獄中釋放——相對的是幾天前的兩千名巴基斯坦人得到釋放——同時降低對印度和巴基斯坦國民的簽證費，以表現出彼此合作帶來的好處並贏得公眾的好感。[96]

同時和巴基斯坦與印度建立聯繫的平衡舉動清晰地顯示出正在浮現的新世界特點以及它會帶來的挑戰。沙烏地王儲對兩個國家的相繼訪問（以及隨後飛往北京）十分了不起，尤其是考慮到印巴之間正在上升的緊張關係下。在印度控制的喀什米爾，一起自殺式襲擊殺死了四十六名印度準軍事警察，印度經濟部長阿倫・加特利（Arun Jaitley）宣布政府將會取消貿易權利，並採取行動確保巴基斯坦被國際社會「完全孤立」。[97]其他考慮要實行的措施包括：命令印度板球隊不參加二〇一九年夏天舉行的板球世界杯——儘管在巴基斯坦釋放了被擊落的印度戰鬥機飛行員後，這項威脅被收回了。這名印度飛行員在恐怖襲擊發生後的緊張日子中被擊落和俘虜。[98]當兩國的緊張情勢到達最高點時，有些人則是竭力火上澆油，例如不久前退役的胡達（D. S. Hooda）中將，他告訴媒體，印度「除了軍事回應以外別無選擇」。[99]

對沙烏地阿拉伯來說，像是中國、伊朗、俄羅斯等國，這些國家在處理複雜的地緣政治局勢時，有明顯的優勢去支持各方勢力。以當今世界中崛起的強國觀點來看，保持選擇餘地的開放既符合邏輯，也是至關重要。但是眾所周知，做出平衡各方利益的行為十分困難。

正如現實中一樣，至少是在巴基斯坦的例子上是這樣，美國政策的轉變不僅把該國更進一步推向了中國和沙烏地阿拉伯，而且也加強了俄羅斯在該地區的力量。莫斯科已經和印度擁有緊密的聯繫了，印度政府據說是另一個正在考慮購買俄羅斯S-400系統的國家。[100]儘管如此，俄羅斯也在和巴基斯坦推進聯繫，看起來也會在宣布伊斯蘭堡方面將購入蘇-35戰鬥機和T-90坦克的同時推進更多合同。聯合軍事演習、情報分享和批評美國在阿富汗的政策，給他們提供了更進一步的共同立場——同時還提出再一次對雙方都有利的價值一百億美元的離岸天然氣管線合同。[101]

雖然「長期的不穩定會創造出美國優勢」的這句話，可能在華盛頓的政策制定者耳中聽起來很有道理，但是這樣做也有後果。宣布非法移民的小孩將會和父母分開並且被安置在德克薩斯州軍事基地帳篷城裡的「分隔難民場所」的事情，不會讓美國看起來決絕又勇敢，而是讓美國看起來刻薄又殘忍。[102] 關於小孩被帶去洗澡後一去不歸，母親以淚洗面的報導震驚了全世界。[103]

小孩被和父母隔離，以及在一些案例中小孩被注射藥物以使他們無法行走、害怕人、嗜睡的事情被揭露，這在海外給美國造成了巨大傷害——同樣傷害巨大的，還有一些案例是人們必須要用DNA檢測的方法才能讓小孩和家人團聚的事實。[104] 這樣的場面發生在一個長久以來被視為希望之燈塔、正義之堡壘和自由公正捍衛者的國家，實在令人難以置信。

發生這種事的一部分原因，肯定是根植於華盛頓的腦力衰竭和制度性失敗中。削減國務院預算的決定已經造成了專業能力和同理心的流失。在一個美國能夠和應該竭盡所能地強調它曾在全球安全和貿易中起到的作用，建立友誼並提出有希望的未來願景，展現包容且合作的時候，美國卻正在背離歷史。關稅並非專門為競爭者和對手所設——同樣也針對受最大損失的曾經的朋友和盟友。[105] 問題已經不再是是否或是存不存在貿易戰了，法國經濟部長布魯諾・勒邁爾（Bruno Le Maire）在二〇一八年夏天說道。「戰爭已經開始了。」[106]

如果不算是適得其反的話，美國對俄羅斯的政策也被證明了是可謂一團亂麻。按照國家安全戰略文件的說法，俄羅斯——像中國一樣——被正式認定是「想要塑造一個與美國價值和利益正相反的世界」，並決心要「重新回到超級大國地位」。俄羅斯「的目標是削弱美國在世界上的影響力，並在我們的盟友和夥伴中製造分裂」。[107]在二〇一八年春天，美國宣布針對一些高級寡頭和俄國政府高官實施一系列的制裁。美國提到了俄羅斯對烏克蘭和敘利亞的介入，同時還包括「試圖推翻西方民主和惡意網路攻擊」在內的「惡意行為」，美國採取了強硬立場，試圖給普丁總統和他的內核圈子發出強烈信號。[108]「沒人比我對俄羅斯更強硬」，川普在宣布制裁的媒體會議中說道。[109]

事實上，在其他地方，美國的行動也正在起到適得其反的效果。對俄羅斯施加的外交和政治壓力已經把莫斯科更進一步推向了北京——這可能比俄羅斯感到舒適的距離還要接近，中國對俄羅斯能源進口在俄國經濟中的重要性已經占據過大比重。[110]比如在二〇一七年，儘管石油出口總量只是微小地增長，但是向中國的出口卻增長了四〇％。[111]同樣是在二〇一七年，隨著兩國經濟關係加強，中國人在俄羅斯的投資增長了將近四分之三。[112]

在二〇一八年四月美國空襲敘利亞後，中俄兩國的親近關係獲得收效，美國的目標是和阿薩德政權有聯繫的資產，同樣意圖將空襲作為力量秀並給俄國提出警告，後者有地面部隊正給失信於人的敘利亞領導人阿薩德提供支持。美國的空襲引來中國的譴責，一位外交部發言人說，中國政府把美國的空襲看作是「對國際法原則和基本準則的違反」。[113]

然而更令人驚訝的是，新近被任命的中國國防部長魏鳳和所做出的評論，他被派往莫斯科來展現兩國團結。用值得注意的坦白口吻，魏鳳和將軍說：「我來訪問俄羅斯……是為了給世界展現我們兩國關係發展的高度，和我們武裝力量要加強戰略合作的堅定意志。」然而他的訪問還有更即時的目的：「中方來到莫斯科向美國人展示中國和俄羅斯武裝力量的緊密聯繫……我們是來支持你的。」[114]

這是強調友誼和共同利益的論述的一部分。「普丁總統和我已經建立了良好的工作關係和親密的個人友誼，」習近平主席在二〇一七年七月國事訪問莫斯科之前說道。注意到中國和俄羅斯「是彼此最值得信任的戰略夥伴」是十分重要的，他說。但同樣應該看到的是中俄關係正處在「歷史上的最好時期」。[115]

兩位領導人之間的私人關係也特別好，習近平曾說過他「珍愛這份深厚的友誼」，並指出他和普丁總統「有比任何其他外國領導人更親近的互動」。簡單來說，普丁是習近平「最好的朋友和知心朋友」。[116] 這樣的評價得到了普丁回應，他告訴他習近平說他「非常高興能有你這樣的朋友」，在塔吉克首都杜尚別舉行的一次會晤上，普丁還送給習近平一盒他最喜歡的俄羅斯冰淇淋作為生日禮物。[117]

這樣的個人連結在一個相互懷疑的時代中十分重要，它有助於促進更廣泛的合作。這樣的例子包括二〇一八年夏天舉行的大規模東方－18（Vostok-18）軍事演習，這次演習是莫斯科自一九八一年以來舉辦的最大規模的一場戰爭遊戲。中國和俄羅斯軍隊過去就會定期參加聯合訓練，但是中國承諾派出三十架中國戰鬥機和直升飛機、九百台武器裝備和超過三千名人員參加東方－18軍演，這都是前所未有的規模。如果這樣的規模已經引人驚嘆不已的話，那麼同樣令人震驚的是，這場演習是以反外國入侵的目標設計的，而且還模擬了核武器的使用。可能不出意料之外的，美國官員已經對這一行動表達了不安，並要求俄羅斯「採取行動來分享訊息」，以避免「任何潛在的誤會」。[118] 兩個美國的主要競爭對手正在更多、更緊密地合作。

對美國來說，這是噩夢情節的一部分。「俄羅斯和中國走向彼此，這兩個國家的聯合將是致命的。」一位參與了川普總統和普丁總統二〇一八年在赫爾辛基的會議的官員說道。季辛吉也是建議川普聯合俄羅斯以把中國「放到盒子裡」的人之一——外交關係委員會主席理查・哈瑟（Richard Haase）認為，這個概念在紙上談兵的時候具有明顯的優點，但是考慮到莫斯科目前的發展軌跡，如果不說它是不可能實施，也可以算得上是不切實際。[119] 對華盛頓方面來說，選項要麼不切實際、無法實施，要麼就是難以接受。

一份近期的黯淡報告清楚地闡述「中國和俄羅斯之間的合作已經成熟和擴大了……這對美國利益有嚴重的負面後果」，而且在最近幾年已經大大地得到了鞏固。「目前的樣子十分灰暗，」作者指出，「美國沒有簡單的解決辦法。」[120]

在一帶一路倡議運行了好幾個月以後，美國才做出一個讓人無法留下印象的反應，國務卿龐培歐在一場被當作是意向聲明的演說中，提出一個「把印度－太平洋作為一個真正的管理整體任務的經濟通路」。印太地區，龐培歐說，「從美國西岸一直延伸到印度西岸，是美國外交政策的重要議題」。它是全球經濟的「最大引擎之一」。[121]

就此事而論，這顯示出美國在這個地區想要有所作為，他高興地宣布投入「一•一三億美元到新的倡議中」。雖然中國在新絲路沿線投資和貸款的具體數目仍是專家之間的重大議題，但是所有人都同意龐培歐所提到的那個數目只不過是無關輕重的小打小鬧。如果認真考量的話，美國許諾的數目只是比川普的女婿和女兒——庫許納和伊凡卡在二〇一七年的個人額外收入稍微多一點。[122]對於一對年輕夫妻而言，這的確是不錯的一筆數目；但是對國際關係和大規模、具有轉型意義的基礎設施工程來說，這樣的數目完全沒有意義。

到二〇一八年末時，緊迫感終於出現了，伴隨著它一同出現的是拿出切實計畫的第一個跡象。美國許多力氣都投入到大聲、持續地批評中國上，尤其是批評一帶一路倡議。例如在巴布亞新幾內亞，副總統彭斯用大篇幅談論中國計畫中的瑕疵。「正如我們都感覺到了的，」他說，「有些『國家』在印太和全世界提供基礎設施貸款。」這些通常都有附帶條件而且常常無法持續。所有人都應該知道，他繼續說道，「美國提供更好的選擇。我們不會把我們的夥伴淹沒在債務海洋裡，我們不脅迫，不損害你的獨立性。我們不提供勒緊的帶或是單行的路。」[123]

彭斯在峰會的幾天之前曾說道，美國公司「實實在在提供工作並給地區帶來繁榮」。不像中國拿出的是「危險的債務外交」，美國是一個理想的合作夥伴。[124]批評中國並提出簡單替代方案的許諾很好。但重要的是美國如何真的實現自己的許諾，在遙遠國家中帶領或是參與重大基礎設施工程，在這些國家，有必要一直鼓勵那些人脈關係堅固的菁英人士，跟他們打交道，對這些菁英來說，那些不透明的合同有時能帶來好處。除此之外，雖然提醒有過度負債的危險和現實很合宜，但是建設性和實效性通常更有用處。

例如菲律賓就剛做出一個和中國互動而不是和這個假想敵戰鬥，或是等待來自美國可能有也可能沒有的投資和支持的決定。「中國已經在南海的關鍵部分占有了控制權」，杜特蒂總統說。考慮「會招致北京回應的軍事行動」對菲律賓來說是不現實的。[125]不僅小心地考量參與哪個工程的合作，而且選擇正確的措詞來達成和解將是更有用的方式。[126]

來自於華盛頓方面的圍繞著《建設法案》（Better Utilization of Investments Leading to Development Act, BUILD Act）所做出的討論，可能會提出一個方案來，這個法案讓美國拿出政策「給各國提供健康的替代投資來頂替由威權政府提供的國家主導的投資」——這是明確地針對中國和一帶一路計畫。[127]但仍要觀望的是，究竟有怎樣的資源會被承諾投入到這項提案中，而且私人產業部門的投資人和承包人要如何才會被說服來亞洲、沿著絲路國家或是其他什麼地方給工程注資？支持美商在遙遠的國家中投資和美國優先的口號，聽起來並不容易協調一致。

至少在當前，華盛頓的大部分力氣都用在批評中國、中國的方法和計畫上。正如前國安顧問波頓所言，中國「使用賄賂、不透明協定和對債務的戰略性使用來擒住非洲國家，以符合北京的願望和要求」。波頓不在乎非洲國家本身，而是擔心中國人的「捕獵行為」對「美國的國家安全利益」造成的影響。是時候該採取新的方式了，他說，讓「我們做出的每個決定、制定的每項政策、援助的每一塊錢都更進一步推進美國在該地區的優先考量」。在談到美國要設計一個針對非洲的新政策大綱時，人們驚訝地注意到，波頓沒有提及和任何一個非洲領袖或國家領導人，或是任何一個代表多數或甚至是某一個非洲國家的機構進行討論。然而，他卻提到中國在非洲大陸上的政策不下十四次之多。換句話說，美國對非洲國家的政策不是根據什麼對當地有利或是當地最需要，而是看起來只是要應對由北京按照配方提出的政策，無論北京的政策是真實的，或者只是美國的想像。[128]

如果只看表面上的價值，美國的支持原則配合美國的優先考量事項看起來並沒有什麼問題。但美國的優先考量不一定和當地人的需求相等，而且美國不是獨立發展出自己的方案，而是要和北京和莫斯科針鋒相對。換句話說，美國的政策是為了應對中國和俄羅斯的計畫而提出，而不是提出一個能提供長久、實際支持的獨立、自主方案。

首先，考慮到美國的對手們握有的巨大戰略優勢，這是一場美國看起來不會贏的比賽，對手的戰略優勢在於做決定的過程不透明而且十分迅速，而且對手願意配合非洲各國政府，並給當地的計畫提供支持。另外，非洲和世界其他地方所需要的援助，和川普行政團隊重複而且持續的目標尖銳地相互對立：國際發展資金被急遽裁減，還有像是美國非洲發展基金會的相關機構被裁撤。[129]

除此之外，長久以來，美國在和非洲國家進行有建設性的交往和共事上都是失敗的，從二〇一三年起的數據來看，美國對海外的直接投資中只有不到一%是進入非洲這個人口有十二億而且仍在快速增長的大陸。[130]這自然而然地呈現出了知識上的鴻溝、邏輯思考上的困難以及和投資、建築工程、成立任何新的協助發展計畫的意願相關的動機和信用問題。

美國的外交政策越來越顯著地出自於和中國、俄羅斯的競爭——這種情形不只是在非洲。在二〇一八年十二月，根據報導，美國將開始從阿富汗撤軍，美國談判人員要求塔利班實行半年時間的停火，以幫助美國軍隊能夠安全撤出。但是美國想要在撤離以後仍然在該國保持三個軍事基地。按照可靠消息來源所說，美國已經給出保證，「將不會介入阿富汗的內部事務」，並在安全問題上不扮演任何角色。「美軍基地將只用於保護美國在該地區的利益，尤其是反對俄羅斯和中國。」[131]

絲毫不令人意外的，一邊要撤退，另一邊又想堅決參與的矛盾驅力導致的是混亂和疑惑。「我們將保持承諾……以確保擊敗ISIS。」二〇一八年十二月發布的堅定決心行動（Operation Inherent Resolve）聲明中有這樣的內容，還說「任何指出美國在這些努力中改變立場的報導都是假的，而且是要播種疑惑和混亂」。[132]在這篇聲明的幾天前，打擊ISIS的全球聯盟的美國總統特使布雷特・麥克格爾克（Brett McGurk）曾說過，在ISIS被擊敗以後，「我們不能就收拾東西離開」。「沒有人說他們會消失，」他補充說，「沒人那麼幼稚。所以我們要繼續待在戰場上，確保能夠維持穩定。」[133]

美國政策一團混亂的印象在幾天之後被更進一步鞏固了。「我們已經在敘利亞擊敗了ISIS」，川普總統發的這條推文驚呆了美國軍方大多數人，他宣布美國從敘利亞完全撤出——這個決定在幾個星期後又被部分推翻了。[134]在第二天吉姆・馬蒂斯的辭職信上，他說，的確有不當「世界警察」的好理由，也有不將美國服役人員暴露在危險中，或是讓美國納稅人來支付昂貴的海外戰事的好理由——但是，像是這樣的膝蓋反射一樣的決定，明顯是川普和土耳其總統埃爾多安的電話談話之後一時興起而做的決定，讓所有人都感到出其不意。不僅埃爾多安本人，還有馬蒂斯，以及幾乎是立即辭職的麥克格爾克，還有在敘利亞和美國軍隊並肩戰鬥了好幾年的庫德武裝組織，都感到大吃一驚。[135]

這也給其他人提供了機遇。俄羅斯人和伊朗人一度已經開始討論將美國人驅逐出中東地區了。「敘利亞領土完整的主要威脅」，俄羅斯外長拉夫羅夫在二〇一八年九月說，來自美國所追求的「非法行徑」，其中包括在幼發拉底河以東建立一個「獨立自主實體」的行為。[136]在這不久前，埃爾多安總統告訴普丁，美國所做的決定是對敘利亞未來最大的威脅。[137]很簡單，魯哈尼總統說，伊朗、土耳其和俄羅斯需要「收拾局面，並強迫美國離開」敘利亞。[138]

很多評論人認為，美國離開敘利亞的決定給俄羅斯、土耳其和伊朗各自和一同對中東加以重塑提供了機遇。[139]事情是不是這樣仍有待觀察：認為莫斯科、安卡拉和德黑蘭將證明比美國更有效地對付ISIS及其後繼者的想法要求非常樂觀的信心，認為美國的撤出將導致其他在這一地區裡有興趣的國家能夠看法一致，找到有效合作的方法也同樣需要非常樂觀。然而，考慮到約翰・波頓在川普下令撤出的僅僅三個月前還曾說過，「只要有伊朗部隊仍在伊朗國境線以外，美國軍隊是不會離開的」，[140]這樣的方向改換實在是令人不可思議。

在這一系列事件中，不會弄錯的是，美國對中國戰略計畫和世界其他國家的反應，是美國對正在到來的新世界的反應。這是一個越來越聯繫在一起的世界，有範圍更廣的協作和聯合。沒有哪個國家可以輕易地孤注一擲向前而達到目的，而且很重要的事情在於認識到對立、競爭和緊張關係可以隱藏在平順的言論和虛假友誼的背後——例如俄羅斯、中國、哈薩克、烏茲別克、塔吉克、吉爾吉斯和印度的領導人達成的聲明一樣，指出像世界杯、在重慶舉行的國際武術大賽和二〇一八年的國際瑜伽日，「將會帶來更親近的友誼，相互理解與和平」。[141]如果非要不那麼尖銳地對此事加以評論的話，那麼至少可以說這樣的看法太過樂觀了。

然而政府之間的合作常常不是直來直往的——因為有戰略敵對、資源競爭和領導人之間個性上的衝突，那些領導人有可能被支持者描述為有領袖魅力的遠見者，而被批評者看作是有專制獨裁的天性。下面所提到備受矚目的事件就是一個例子，有個哈薩克族中國公民非法從中國越境至哈薩克和家人團聚。在她的庇護申請聽證會上，法官必須抉擇是要冒著惹怒北京的風險讓她在哈薩克獲得庇護，還是要將她遣返到中國並引來哈薩克支持者的憤怒。[142]

關於正在到來的新世界如何在實際操作中實現合作的類似例子，是俄羅斯和土耳其關係的案例。在某些層面中，兩個國家有時在面對西方的時候是站在同一條戰線上，兩國都正在經歷著和歐盟及美國的緊張關係。在二〇一六年試圖推翻埃爾多安的政變中，普丁給埃爾多安提供支持的事實讓兩國改善了關係，尤其是因為俄國領導人在政變發生前暗中通知了他的土耳其同行，或是他成功地在事後讓媒體相信確有其事。[143]雙邊貿易的重要性也給土俄兩國提供了廣闊的共同立足點。[144]

但是在一些重要領域上，俄羅斯和土耳其的分歧絕不只是一星半點。在俄國人吞併了克里米亞之後，埃爾多安催促北約要採取行動。他告訴北約祕書長延斯・斯托騰伯格（Jens Stoltenberg）說：「黑海已經幾乎變成俄國人的湖了。如果我們不現在就行動的話，歷史將不會原諒我們。」[145] 他的警告並不令人驚訝，尤其是因為普丁長時間以來都在大肆慶祝俄羅斯已經把克里米亞變成了一個永不倒塌的「海陸堡壘」。[146] 埃爾多安可不這麼看。「我們絕沒有，也絕對不會，承認俄羅斯對克里米亞半島的吞併。」他在二〇一七年十月訪問基輔的時候說道。[147]

與此同時，對俄羅斯野心的憂慮促使哈薩克更新了其軍事政策，明確地討論了俄羅斯給哈薩克領土完整和主權構成的威脅——這很難被看作是可以期待兩國關係在接下來幾年會一帆風順的跡象。[148]

毫不令人驚訝的是，雖然樂於在公開場合談論和鄰國合作，哈薩克人也同樣熱衷於讓自己的選擇留有餘地，並找到一個平衡槓桿來防止俄羅斯人——或是中國人——的注意力變得太過頭。這是為什麼哈薩克同意在阿富汗給美國提供支持以維持和華盛頓的良好聯繫的原因之一。[149] 這件事已經被莫斯科看在眼裡了。所以當哈薩克政府在二〇一八年六月允許美國軍隊使用哈薩克在裡海的兩個港口來運輸物資時，當時的外交部長凱拉特・阿布杜拉赫曼諾夫（Kairat Abdrakhmanov）收到了他的俄國同行拉夫羅夫的痛斥，據說後者砲火全開地質問他怎麼能以及為什麼決定要如此配合美國。和美國達成這個協議並沒有商業或後勤上的意義；哈薩克人很顯然是別有所求——尤其是因為他們沒把為什麼這樣做的原因通知莫斯科。[150]毫無疑問，裡海的美國軍事基地正在修建，阿布杜拉赫曼諾夫斷言道，他在接受採訪時試圖平息事態，他說聲稱情形相反的那些人根本不知道自己在談論的是什麼。[151]

在這些國家中，中國想要打造一個勇敢新世界的努力，也並不像乍看之下那樣受到歡迎。在西伯利亞購買土地的行為已經上了一連串當地媒體的頭條，購買土地一事不僅造成價格上漲和外國人大量湧入，媒體還提出警告說，中國人已經對貝加爾湖和周圍的地方有了領土企圖。[152]這樣的焦慮很難被中國旅遊網站上的內容加以平息，中國網站上寫著，這個地區曾經是在中國的控制下。[153]

變化中的世界也並不容易掌舵，有時候會發生不尋常的一百八十度轉彎。在二〇一六年夏天，中國買家獲得了大範圍的農地租賃並提出要對土地法加以更動的提議，此事激起了地方動盪，隨後哈薩克的土地改革的進程中止了。當地的農民擔心他們可能沒有辦法和那些握有更雄厚資源的對手展開競爭，同時還有其他人表達了他們對國家的寶貴土地被不假思索地打包賣給別人的焦慮，他們擔心這會造成長遠後果。[154]

從美國對伊朗採取的強硬手段中衍生出的複雜局面，提供了另一個世界變動現實的有用提醒。如果川普真的實行他所說過的榨乾伊朗石油出口的話，「德黑蘭已經準備好了升級和美國的對抗，給全球石油市場帶來直接的代價」，魯哈尼總統如是說道。[155]如果伊朗不被允許從波斯灣輸出石油的話，伊朗軍隊司令穆罕默德・巴赫格里（Mohammad Bahgeri）放話說：「其他人也別想安全，不會有原油能從這裡出口。」[156]

干擾波斯灣運輸的威脅反過來被美國以進行整個地區的海軍大規模演習來加以制衡，以確保在「任何地方、任何時候」的穩定和安全。美國第五艦隊，搭配著有F-35B戰鬥機群（「世界最先進的戰鬥機」）的支持，將會「確保自由航行和商業自由流通」。[157]

這恐怕不是能夠一帆風順地做到。畢竟，專家們長久以來都擔憂伊朗和北韓進行軍事合作，兩國的彈道飛彈計畫具有驚人的相似性，尤其是德黑蘭對於金正恩政權所開發出的技術的依賴——儘管也有例子說明伊朗的進展也分享給了北韓。在這樣的背景下，哈迪爾級（Ghadir-class）潛艇擁有的能力尤其令人擔憂，它有發射巡航飛彈來攻擊水面船隻和陸地目標的潛力。[158]

在二〇一八年底派出約翰・C・史坦尼斯號（John C. Stennis）航空母艦就是為了確保海上和空中的優勢，也是在採用新的戰術。「我們想要在操作上讓敵人無法預估，但是戰略上要讓我們的夥伴有所預料」，美國第五艦隊發言人克洛伊・摩根（Chloe Morgan）中尉說。[159]伊朗海軍少將哈比布拉・薩亞里（Habibollah Sayyari）在這艘航母來到該地區後說，我們不認為美國航空母艦來到波斯灣是一個重大威脅，他聲稱美國海軍沒有「勇氣或是能力來放手對付我們」。[160]

雖然這樣有火藥味的評論不可以全聽全信，但是人們對伊朗衝突的恐懼正在越來越大，甚至可能對碳氫化合物通過波斯灣造成限制，這應該已經拉響了倫敦和其他地方的警報了。有三成經過海上運輸的原油和液化天然氣交易要經過荷姆茲海峽（Strait of Hormuz），任何中斷都將對大部分原油進口都來自波灣國家的英國經濟造成直接打擊，而且也將產生嚴重的間接經濟放緩影響，導致相關經濟隨之受害。[161]雖然有些人爭辯說，許多國家都會熱衷於盡快地解決爭議，但是歷史上數不清的例子都指出，認為爭議會迅速解決的樂觀情緒常常有，但也常常放錯地方。[162]

魯哈尼關於潛在的封鎖所做出的評論同樣也引來北京方面的嚴詞反應，中國外交部副部長陳曉東說，伊朗「應該做更多對和平和地區穩定有利的舉動，並共同保護那裡的和平與穩定」。伊朗應該花少一點時間來發出威脅，花更多時間來「做一個好鄰居並且和平地共存」。了解中國這番話背後的意思並不難：中國也嚴重依賴中東和北非的石油，有將近一半多的進口是來自中東和北非地區。[163]

伊朗為了回應美國制裁所做出的任何供應方面的中斷，都會立即給中國本身帶來影響。因此中國建議「各方」都應該同意「各退一步，考慮彼此的處境」。[164]

這些例子展現出當利益沒有重疊的時候要控制局勢有多麼困難。同樣的，和克里姆林宮有緊密聯繫的俄羅斯石油公司做了在南海鑽井的決定，但是鑽井的海域位於越南聲稱的領海範圍內，同樣也位於中國感到十分敏感的水域上。俄羅斯石油公司的行動遭到北京的嚴厲指責：沒有國家或是企業應該「在中國領海主權下的範圍內進行勘探行為」，除非能得到北京的事先允許。[165]

俄羅斯和中國可能常常聲稱彼此立場相同，而且在雙方利益重疊的事情上也的確如此。但是共同的目標卻並非完全一致。擁有裝載核彈能力的9K720 Iskander-M公路移動飛彈系統的俄羅斯第二十九軍第三飛彈旅，被部署在接近中國邊境的俄國東部地區的事實，就表現出在莫斯科和北京之間，除了關於兩國友誼的甜言蜜語之外，眼光放得更長遠也十分重要。[166]畢竟，把類似這樣的火力部署在靠近敵人和潛在敵人附近才是正常的，而不是把可靠的朋友放在攻擊範圍以內。[167]

當然了，還有中國經濟在面對快速的增長和變化時，人們對於其穩健性的憂慮。根據英格蘭銀行近期為了評估中國經濟對於英國金融市場的潛在波動所做的一份報告，這種憂慮的一部分是出於中國的「信貸增長維持在一種異常的程度」。這篇報告指出中國的信貸繁榮是「有史以來規模最大的」，並補充說，「在其他國家，類似的信貸繁榮很典型地出現在危機之前。」

問題的跡象來自於貸款所助長的快速擴張，像海南航空集團這樣的大公司尋求快速地處理資產，中國國儲能源拖欠了三・五億美元的債券，還有，二〇一八年七月，在李永宏無法繼續一份野心勃勃的金融償還計畫後，美國的投資公司艾略特管理集團（Elliott Management Group）從李永宏手裡獲得AC米蘭隊的控制權。[168]

這樣的挑戰並未被中國的政策制定者忽略，央行的領導人周小川已經不僅談到了改革的需要，而且也提及正在面臨的經濟風險。這些挑戰可能是「隱藏的、複雜的、突然的、會蔓延的並且是危險的」，他在中國人民銀行的一篇文章上寫道，他向讀者提醒，習近平已經反覆強調「金融安全是國家安全重要的一部分」。[169]

另外還有圍繞著一些一帶一路工程的麻煩，比如在馬來西亞，總價值加起來超過兩百億美元的三個最大的基礎設施工程被暫停了，因為這些工程引起花費上的憂慮和對馬來西亞政府投資資金中的貪腐指控——這就和三個價值將近三十億美元的管線工程一樣。[170] 如同已經束之高閣的獅子山自由城（Freetown）新機場工程，據說肯亞的蒙巴薩港口已經因為工作不如預期而提出貸款抵押，這引起人們對這個港口可能會被中國拿走的擔憂。[171] 一座中國出資修建並在二〇一八年八月揭幕時被描述為「通向明天和無限機遇的入口」的大橋，在僅僅幾個月後，就被一位高級官員形容成馬爾地夫人民「被焚燒」的過程的一部分。[172]「我們沒有金融能力來負擔這些合同」，馬爾地夫新任財政部長易卜拉欣・阿米爾（Ibrahim Ameer）在二〇一九年初時說。[173]

其他人也有類似反應。對類似巴基斯坦拉合爾的捷運橘線工程項目的過度承諾，伴隨著越升越高的政府赤字，已經導致關於是否需要對接下來幾個月和幾年的巴基斯坦預算進行重大調整，和關於是否、在什麼時候以及用什麼方式來對貸款進行重組的清醒評估的出現。[174]之前一任政府「在和中國談判的時候做得很糟」，伊斯蘭堡一位重要的政治人物阿卜杜勒・拉札克・達伍德（Abdul Razak Dawood）說道。「他們不好好做他們的功課，沒有正確地談判，所以給出了好多東西。」他承諾說要複審所有的協議，有必要的話就重新談判。[175]

在東加，繼續償還的負擔已經讓總理阿卡利西・波希瓦（Akalisi Pohiva）宣布他的國家正在遭受「債務貧困」。[176]還有計畫投資七十三億美元在孟加拉灣修港口的緬甸，為了避免類似問題，該國已經按比例收縮了超過八〇%的投資。[177]雖然像這樣的例子可能會讓一些人說一帶一路面臨的麻煩正在增長，但是所有計畫中八五%的工程都正在順利進行的事實，也是不言而喻的。[178]

然而，在這樣的狀況中，北京方面不出意料地開始解釋一帶一路倡議中的優點和利益。這份倡議「來自中國，但是屬於世界」，中國媒體新華社在報導中說道。透過將想法變成現實，一帶一路「已經變成了世界最大的跨國合作平台和最受歡迎的國際公共產品」。它在描繪出「百萬人民的夢想」並將「所有國家和人民」的希望統一起來。[179]

一帶一路倡議，習近平主席說，透過創造一個「全人類共享未來的」社區，這有利於所有人。這從中國和一帶一路國家的貿易現在已經超過五兆美元的事實可清楚地看到，同時還有助於在「和平與發展」中起到重要作用。暗示他承認有批評聲浪存在，習近平指出，一帶一路倡議不是一個「地緣政治或軍事聯盟」，也不是一個「中國俱樂部」，而是一個開放、包容的進程，目的是改善全球發展模式、全球治理和經濟合作。[180]

政府媒體則更加直白。「所有的政策都有其不足之處」，在二〇一九年四月於北京舉行的第二屆一帶一路論壇前夕，一份評論文章這樣說道。這份倡議「自從二〇一三年開始就陷入了爭議」，但漸漸的，它已經證明了投資和消滅腐敗的質量。[181]

這件事自始至終都伴隨著北京既認識到了債務負擔問題，又準備好了幫忙解決這一問題的跡象——至少在一些案例中是這樣。在二〇一八年九月，北京宣布貸款給「非洲最不發達的國家」的債務將被免除。[182]雖然沒有明確的信息讓人知道這句話是指哪種債務和哪些國家，但是衣索比亞總理阿比伊・阿赫麥德（Abiy Ahmed）在幾天後宣布，中國已經同意讓衣索比亞的一些債務重組——其中包括修建一條連接阿迪斯阿貝巴到沿海地區的新鐵路工程的四十億美元貸款，這筆錢被允許在三十年時間，而不是本來的十年裡還清——這一事實提供了一個債主和負債人並不是不能重新談判、從而獲得雙方都能接受的條款的例子。[183]

透過宣布向非洲投入價值六百億美元的新一輪補助金、無利息貸款、信用額度和發展資金，習近平以這一作法回應非洲接受了太多沒有徹底考慮清楚的方案的指控。資源，他說，

「將不會被花在浮華的工程上，而是花在最需要的地方」。這些投資「必須給中國和非洲人民切實的實惠和可以看得到、感受得到的成功」。[184]

問題不在於中國發出貸款的原則，而在於鞏固貸款原則的運作。對於那些往外放款的人的一個問題是，如果出現對方無法繼續償還和拖欠的情況，之後會發生什麼。至少在一些一帶一路工程的案例中，很明顯有著放款者和借錢者動機的不平衡：中國金融機構動機強烈地給計畫提供資本，他們知道如果情勢出錯，北京有退後一步的選擇。

然而，這裡有明顯的事情正在發生變化的跡象，現在有了更仔細的眼睛，不僅盯著出問題的合同、談及重組時所提供的靈活性，而且也同樣盯著關係的重建，注意是否會在什麼地方、什麼時候出錯。在馬來西亞發生了一起關於新鐵路工程的費用的醜聞，其金額是經由黑箱作業得出，已經被叫停的合同，現在在雙方重審和習近平主席和穆罕默德・馬哈蒂爾（Mohammed Mahatir）總理個人介入此事之後，又再度繼續了。按照馬來西亞貿易部長達樂・雷京（Daell Leiking）的說法，這兩個人有「非常特別的理解」，還補充說，在二〇一八年的會面中「有非常好的事情」已經出現，這鋪平了鐵路線工程復活的道路。[185]

「我們想要從中國的財富增長中獲利。」馬哈蒂爾在二〇一九年時說道。在他看來，中國的目標是「盡可能獲得更多影響力。但是到目前為止，中國看起來還不想打造一個帝國」。這和不願談論「主導的話題或是不願談論如何用軍事手段對付小國家甚至征服了這些小國家」的西方人相反。畢竟，歐洲人已經來過「東方了，而且很簡單，他們征服了東方」。儘管中國跟馬來西亞當了兩千多年的鄰居，但是中國還沒有這麼做過，而且看起來現在也不想這麼做，他尖地補充道，指出現在美國的行為「非常難以預估」。[186]

與此同時，在巴基斯坦，一系列的工程已經在巴基斯坦的要求下放慢，此舉被中國駐伊斯蘭堡大使姚敬描述為對雙方都有利。「雙方都已經決定」，他說，帶著伊姆蘭・汗總理要求的發展援助計畫「走入『中巴經濟走廊的』新階段」。[187]

考慮到那些過度許諾（和有可能的說得多，兌現得少）的糟糕工程，其中的一個關鍵問題在於考慮是否、如何和在什麼時候那些提供貸款的銀行可以在放款過程中受到限制，而且在可用的資金減少或是在工程沒有按照計畫進行的時候被迫面對後果。另外一個問題是要考慮這些案例可能可以有經濟和政治補救措施，如果是這樣的話，要在什麼地方和用什麼方式來實行。這些問題會如何發展將不只對一帶一路計畫、對各個國家，甚至是對中國的金融產業至關重要，而且也對作為一個整體的中國對於外部世界的承諾至關重要。

對北京的動機、行動和在非洲、印度洋和亞洲脊梁地帶的效果加以評估，可能是當今世界上的每個國家的政策制定者所面對的單一最重要的挑戰了。有許多事情都取決於做出了什麼樣的決定，個人投資和貸款是否沒有按計畫進行、在什麼時候和什麼地方沒有按照計畫。正如當事情發展得順利的時候是可以談論雙贏的，但是也有必要預計在事情發展不順利的時候變成雙輸的情境。

英格蘭銀行的報告這樣指出，若中國發生減速、修正或崩潰，考慮到中國「深刻地嵌入在全球供應鏈上」，那麼全球經濟的風險是顯而易見的。這也會有潛在的好處——例如說，像煤、鋼、銅這樣的商品價格會急遽下跌，同樣下跌的還有石油價格，這會讓英國的物價降低。[188] 像這樣的評估推測起來可能是美國對中國加徵關稅的進犯姿態，同時採取行動來給經濟施壓的背後原因，是為了削弱北京並同時加強美國消費者的能力。這樣的評估也解釋了中國做出的堅定嘗試，不僅實施了經濟反制措施，而且還警告說這樣玩下去的後果是難以預估的。美國正在「攻擊全球供應鏈」，中國商務部發言人高峰在被問到關於又加徵新關稅的問題時這樣說道。「美國是在向全世界開火，也是在向自己開火。」[189]

在英國的案例上，正如英格蘭銀行的報告清楚地指出的，在中國出現重大經濟危機的時候，出現更低物價的前景只是事情的一面。實際上，中國的經濟危機將會尤其嚴重地打擊到英國——會比歐洲任何其他國家的打擊都更嚴重，因為英國各家銀行的暴露程度比「美國、歐元區、日本和韓國加起來」還要大。對英國經濟可能採用的措施的模擬演習，已經導致英格蘭銀行將潛在外流影響提高了五〇％。美國所做的決定可能會引發中國市場大型回調，這會給英國造成嚴重影響。[190]

這件事背後的代價十分高昂，但是卻被忽略了——當英國脫歐的高層擁護者所談論的唯一和經濟相關的題目，是關於英國在擺脫了被一些人所說的歐盟「殖民地」後，新的自由貿易協定的前景就會實現。[191] 這看起來幾乎是沒有認識到一個事實，即「人民離開歐盟的意願」是在二〇一六年表達的；但自從那以後，世界已經發生了劇烈變化。挑戰已經出現了，它們不僅是在舉行公投的時候不被人們了解，甚至在一些案例中這些挑戰在當時還未出現。就這些挑戰而言，關於脫歐的最大問題，也許不是英國離開歐盟是否正確，而是在如此重大的地緣政治和經濟脆弱的時候做如此重大的決定是否正確。當注意力只集中在範圍狹小的重要事情上，卻忽略同時發生的其他急需處理的更重大、更具挑戰的問題，在這樣的局面中存在著真正的危險。

新技術的迅速發展也是一個重大問題，預計這些新技術將在接下來幾年帶來的影響並且找到如何隨之應對的方法是重要的議題，人工智能技術、機器人、機器學習、區塊鏈、以太坊和各種新技術將會改變我們生活、愛、工作和交流的方式。另外還有像比特幣這樣的加密貨幣，雖然令數碼先鋒們感到興奮，但是最明顯感興趣的，則是那些想要讓自己的交易安全、躲避別人窺探眼睛的人——包括那些處理不正當事務或商品的人，或是那些想要讓自己的財富免被官方收稅的人。諷刺的是，去中心化數位貨幣的到來可能會證明比政府在面臨壓力時尋求繼續促進貿易的努力更加重要——大規模貿易的跨國交易貿易是在美元、歐元和日元主導下的，以其他貨幣進行這些貿易是不實際、不方便或是不可能的。

對於像伊朗這樣的國家，這看起來將會是合理的一步，該國所面對的是試圖對它的所有國際貿易進行地毯式的禁止，伊朗已經在探索在非美元主導貨幣的狀況中做生意的方法。[192]事實上，德國外交部長馬斯已經提出歐洲需要找一個方式來克服現存的金融清算系統，以便在未來對伊朗和推測起來還有其他國家給予幫助。應該建立新的支付管道，他說，其中包括歐洲貨幣基金和一個獨立的SWIFT系統來允許銀行內部交易。[193]不可避免的，新技術——以及反制技術將會是這些解決辦法的一部分。但是聽到高層歐洲政治人物討論要找到辦法來削弱和推翻美國政策的事實，就如同第四次工業革命本身一樣意義重大。

就像之前革命的例子一樣，對新技術的發展（和投資）是和軍事用途緊密聯繫在一起的，試圖用新技術帶來在戰場上具有決定性的戰術優勢。就此而論，雖然用現存的臉部識別技術能在中國的肯德基連鎖店中點一個勁脆雞腿堡，但事實上，同樣的技術可以被政府安全部門用來進行毫無疑問更加重要的監視和安全用途。[194]

中國政府正在大把地將錢和資源撒向人工智能上面，在全國各地建立新技術園區，例如在北京門頭溝區斥資二十一億美元的園區和另一個位於前帝都西安的園區。[195]按照一份權威報告的內容，二〇一六年，在全世界支持人工智慧技術起步的投入中，中國只占一一・

三％；但這個百分比在接下來的一年就提高到了幾乎五〇％。「中國正在積極地實施一個徹頭徹尾的ＡＩ設計計畫，」這份報告說道，還補充說：「在一些ＡＩ領域，中國明顯超過了美國。」[196]

雖然一些「未來人工智慧計畫」元素包括有智慧農業、智慧物流和新的就業機會，但其他的內容則和防務，甚至外交緊密聯繫在一起。習近平主席在二〇一八年夏天舉行的外交事務相關的中央工作會議上指出，中國應該「在大國外交中開闢新陣地」。這包括提出如何形成一個對「中國在世界發展中的地位和角色的清晰理解」，以此幫助「對國際現象進行頭腦清醒的分析，用科學的方法規劃中國外事工作的原則和政策」。[197]根據報告的內容，巨大的努力將會被投入到幫助分析和呼應世界地緣政治變化的生產人工智能系統——並帶來對其他國家具有競爭力的優勢。「ＡＩ可以比人多想很多步，」中國科學院自動化研究所的研究人員說，「它可以對很多可能出現的情節進行深入思考，然後拿出最好的策略。」[198]

這只是資源擴大投入到的一個領域——按照推測，其他國家也在擴大投入。然而，另外一個例子，來自於新軍事技術的發展，在二〇一五年十一月，中國航天空氣動力技術研究院（ＣＡＡＡ）展示了新款ＣＨ級無人機。[199]先前一代的無人機（ＵＡＶ）是被證明在中東和非洲買家那裡十分受歡迎的美國裝備的更便宜版本。[200]但是這款新無人機則是另一個境界，具有自己鎖定和追蹤目標的能力。[201]這讓軍事戰略人員要面對這種新的、沒有測試過的情節，要預防無人自動火力系統可以在沒有直接指令的情形下發動攻擊，或者要確定是否無人設備已經失能、失去了抵抗力，或是被劫持並用來打擊自己的操作者。不用說，如何回應這樣的情節的不確定性，也帶來了新的可能性，核實請求和反請求在這樣的案例中變得十分困難甚至是不可能。

「我們從歷史上得來的七十年長假期可能要結束了，」英軍國防參謀長尼克・卡特將軍爵士（Nick Carter）在二〇一八年夏天的一場講演中說道。我們現在生活在一個「持續競爭」的時代，他說，這個時代的標誌是「關於戰爭性質的變化發展」的困難問題。最至關重要的是，認識到「能源、金錢、貪汙腐敗的商業操作、網路攻擊、暗殺、假新聞、政治宣傳以及那些美妙的老派軍事恐嚇」都被用作武器。「構成武器的東西，」他警告說，「已經不再非得是發出『轟』的一聲了。」在這樣的新紀元裡，「我們的那些以國家為單位的競爭者們，已經變成善於在和平與戰爭的接縫處遊走的大師了」，這已經是一個現實問題了。[202]

技術創新可以降低訓練和裝備成本，也可以增強表現。更進一步而言，還能夠降低領導人的政治風險級別，他們不願意看到陣亡烈士被從戰爭中送回國的畫面，這樣的事情隨著戰爭時間的延長，也隨之益受人們的反對。人工智能、機器人、自動化和電腦化系統也能減少訓練所需的時間和花銷。按照中國國營媒體的報導，一名具有基本航空知識的大學生在接受一天或兩天的訓練之後，就可以操作CH-5無人機了。[203]

同樣的，俄羅斯軍隊也在下重手投資新技術以推進軍隊轉型，發展能夠執行疏散戰場傷員，並且可以診斷和治療傷患的機器人。研究人員也在研究生物型態的機器人，比如有四條腿的機器山貓，它可以裝備機槍和反坦克制導飛彈，能夠在不宜真人士兵活動的冰面、沙漠等環境中執行任務。俄羅斯還在發展無人掃雷車、可以在極嚴寒的環境中工作的機器人護士，以及遠程操控版本的T-14阿馬塔（Armata）坦克。[204]這款威力巨大的坦克已經惹來俄國以外的許多人眼紅。「毫不誇張，」英國國防部的一篇報告中寫道，「阿馬塔代表著過去半個世紀在坦克設計上最具革命性的變革。」[205]

不出乎意料之外的，很難去核實聲稱正在研究的新無人武器系統具體有怎樣的進展或是效果，人們也很難核實發展這樣的武器系統的花費有多昂貴。但是有件事情絕對不用懷疑，就是這是一個俄羅斯等國尤其感興趣的領域，俄羅斯在二〇一八年五月主辦了該國的第三次軍事科學大會（Military Scientific Conference），主題是「俄羅斯聯邦武裝力量的機器人化」。[206]

軍事競賽的激烈化正在快速地推進並且是一個巨大的焦慮來源。例如，美國空軍認定，無論是中國或是俄羅斯，或者是兩國，發展出破解長久以來讓美國擁有巨大空中優勢的「祕密」技術的軟體和硬體將只是時間問題。[207]另外還有對發展出「航母殺手」飛彈的焦慮，這樣的飛彈有能力把航空母艦從先進、令人膽寒的戰爭平台變成一個昂貴的靶子。[208]

超前競爭也正在快速擴張到太空競賽的新紀元。印度科學家在彈道技術方面取得的進展，讓該國宣布在二〇二二年之前將進行載人任務。[209]這一進展伴隨著中國成長中的載人和非載人發射計畫，其中包括在阿根廷南部帕塔哥尼亞（Patagonia）的一個重要新設施的建設，它將有助於對月球的遠端進行探索。[210]像這樣的倡議已經激起華盛頓方面的回應，最近川普承諾將重大投資投入到美國太空計畫中。這些努力需要產出結果：「在太空中光有美國的存在是不夠的，」他說，「我們必須要讓美國人主宰太空。」[211]

美國做出越來越多的努力限制中國、俄羅斯和伊朗對ＩＴ的取用，這樣的作法是美國企圖回應它正在面臨新的、快速變化中的競爭的事實。用懲罰性手段針對像中興這樣的中國手機和ＩＴ技術公司，只是一個多管齊下的開局——該公司被罰了十億美元（外加四億美元的第三方保管契據）和十年不得購入美製零件，其目的如果不說是限制，也是要減緩越來越被認為是對美國國家安全構成威脅的創新速度。[212]

中國電信巨頭華為的首席營運長孟晚舟在二〇一八年冬天在溫哥華被扣押一事燃起了外交事件，北京駐渥太華的大使指責加拿大人的「西方自我中心主義和白人至上主義」，同時一個中國的主要英語報紙將加拿大的行為和「妓女」相提並論。[213]

這件事也引起了歐洲許多國家和美國對華為行動的重新審視，隨著該公司被排除出５Ｇ的競標，還收到了無線網路禁令或是有責任讓其硬體接受檢查的威脅。「我們需要確定容忍中國擁有這些技術和平台的程度」，英國軍情六處的主管艾力克斯・楊格（Alex Younger）在二〇一八年底罕見地接受採訪時說。[214]

但是在一個交互作用的世界裡，事情並不是這麼簡單。首先，根據估計，全世界九〇%的個人電腦、四分之三的手機都是在中國製造的。按照一份彭博社所做的調查，這個事實讓全球供應鏈上的每一個大科技公司都暴露在滲透和妥協之下——其中包括美國的華為替代選擇在內，這意味著安全疑慮不是始於或是終止於公司個體，而是來自生產系統本身。[215]

另一個例子是來自聯合發射聯盟（United Launch Alliance）的案例，這家公司使用俄羅斯動力機械公司（Energomash）在俄羅斯製造的RD-180火箭發射美國軍用衛星。對俄羅斯的制裁讓人擔心在未來購買這樣的火箭將會遭到制止，這造成了發射行動要依靠伊隆・馬斯克（Elon Musk）的Space X計畫。[216]在任何情況下，正如近期一份呈交給美國國會的報告指出的，不只在中國，俄羅斯在其他地方也擁有依賴其技術和專業的客戶。如果說需求乃發明之母的話（看起來很可能是這樣），那麼這件事很有可能證明試圖以榨乾其他國家的零件和知識的手段來抑制技術發展，只會加速其發展。

有些人能看出局勢。美國貿易代表萊特希澤指出，中國在許多產業上正在取得飛速進展——例如航空、高速鐵路和新能源汽車。要瞄準這些產業，他說，來徵收貿易關稅。我不用靠一個天才（或是間諜）就能知道，「這些產業事關中國能否主宰世界，這對美國不是好事」。[217]如果美國想要繼續繁榮昌盛，中國的崛起需要被制衡。

在二〇一八年初夏的五角大廈負責研究和工程事務的第一主管的確認任命人選聽證會上，上述觀點被強有力地清晰表述出來。提名人麗薩・波特（Lisa Porter）的話說得十分清晰了當。「我們需要改變在五角大廈中的文化」，她說。對於美國面臨的挑戰的規模，不應該有懷疑。國防部「太大，動作太慢了」，她表示。[218]

在全美國的經濟、軍事和政治機構中，都可以明顯感受到緊迫感。美國面對著「國安和國防的致命危機」，近期一份關於美國面臨挑戰的報告中寫道。如果美國不表現出「更緊迫和更嚴肅」面對挑戰的回應，它的安全和影響力會面臨「毀滅性」破壞。[219]

正如條條大路通羅馬一樣，中國位於這些威脅和挑戰的正中央。當時的國家情報總監丹・科茨說，中國人「用手上的一切能力來影響美國的政策，散播政治宣傳，操縱媒體和對包括學生在內的批評中國政策的個人施壓」。[220]「俄國人現在在做的，」麥克・彭斯說，「跟中國在我們全國各地所做的事情相比，簡直就是小巫見大巫。」[221]

這件事所引發的恐懼已經不只是無處不在了；它已經在對美國做出的反應、行動和政策的評價中起到了根本作用——即使是那些表面上看無論如何都跟中國沒有關係的決定也是如此。用美墨加三國協定（US-Canada-Mexico Agreement）來替代北美自由貿易協定（NAFTA），在最低限度上確保了對美國更好的條件，但是並沒有帶來川普曾在重新談判期間和之後宣稱的那種戲劇性變動。但是令人吃驚的在於協定的文本中有一個隱藏條款，它在更廣闊的世界範圍語境中極為重要，對於中國來說尤其如此。在原來的NAFTA中沒有的新增條款，包括協約各國與任何「非市場經濟體」——換句話說就是中國，進行任何貿易談判時，都要求通知華盛頓方面。迫使那些想要和美國保持有利的貿易條款的國家將美國放在優先地位，將他們變成代理人，並將他們的手束縛起來。

這一切都是根本性的全球重新站隊的一部分，這樣的事情看起來出乎很多人的意料。美國面臨「困難的情報斷檔」，中央情報局的主管吉娜・哈斯普（Gina Haspel）在二〇一八年秋天的一場講演中說道，因為「情報社群無可厚非地極度強調反恐」。時候已經到了，她說道，要「把我們的眼睛擦亮，關注那些國家層級的對手」。[222] 問題在於「美國和盟國領導人一直因為國內的麻煩事而分心」並緊緊關注國內——早上起床已經趕不上世界變化的現實。巨大的變動需要美國，和西方，繼續待在這場競賽裡。[223]

總是有困難和危險的時期。除了潛在的世界各地軍事衝突爆發點和那些有追求抱負又雄心勃勃的國家熱衷於展示肌肉，緊張事態明顯升級之外，還有潛在的要比超越美中貿易關係和中國自己的信貸泡沫更深遠的經濟挑戰。當土耳其的利率已經高達二五%的時候，義大利的經濟正處於危險狀態，一連串的國家都在努力掙扎，或是很有可能陷入到沉重的債務負擔裡，國際貨幣基金已經發出警告，「巨大的挑戰正在若隱若現地浮現出來……要阻止第二次大蕭條」。[224]我們有很好的理由認為全球經濟比二〇〇八年受到金融危機打擊的時候好，但是事情很容易就可能急轉直下，引發一場多米諾骨牌效應，創造出混亂和無序，造成撕毀協定、關稅壁壘和一波高過一波的挑釁性推文。

在這樣的不確定性之中，一邊是一個想要按照自己的利益、祭出棍子而不是胡蘿蔔來重塑世界的美國行政團隊，另一邊是一個談論互惠互利、加強合作、用獎勵措施來將人民、國家和文化編織在「共贏」情節——但又同時讓很多人擔憂中國政府有意建造一個帝國，或是與生俱來地具有帝國傾向。

這個二分法正在塑造二十一世紀。「我們正在遠離由西方自由主義所引領的國際準則，向著一個國際準則不再受到尊重的狀態走去。」閻學通指出，他認為動盪局面是從單邊世界向多邊世界過渡的時期的一部分。「戰略關係也變得很清楚了，這就是一件其他國家要在美國和中國之間做選擇的事情」，閻學通說道。[225]

這一觀點也能在季辛吉那裡聽到共鳴。「我們正處在一個非常非常重大的時代，」他這樣告訴《金融時報》。一個分裂的大西洋，他說，將會把歐洲變成一個「亞歐大陸的附庸」，迫使歐洲不能向西看，而是要往東向中國看，後者的目標是成為「全人類的原則顧問」。[226]中國的領導野心也擴張到了政治哲學中。中國媒體近期的一篇文章指出，這個國家在過去四十年中的進步，「已經使世界有了『對於社會主義的全新理解』」，而且「證明了現代化的西方模式並不是唯一的發展模式，而只是眾多選擇中的一個」。[227] 如果說自由民主的勝利還未結束的話，也可以說是處在懸而未決的狀態了。

有些人已經後退到了用自由來交換「讓事情辦成」的地步，克萊兒・福格斯（Clare Foges）就是這樣的一個，她是倫敦《泰晤士報》的專欄作者，她在專欄中表揚了像川普、埃爾多安和普丁這樣的獨裁領袖。「強人也許專制而且讓人不愉快，但是在分類帳目上的好處一邊，他們真的相信自己可以讓國家發生轉變。」[228] 這樣的言論完美地概括西方是如何在這個變化中的世界喪失了立場和方向。

一個新世界的升起正在我們的眼前上演，它升起的動力是根本上的權力變換，這樣的變換是如此深刻，已經讓我們難以想像要如何將其停下來、放慢或是往回拉，除非是透過在過去世界史的塑造中起到過重大作用的衝突、疾病和氣候變化的力量，來給當今和未來帶來重新定向和重塑。

在二〇一七年的達沃斯（Davos）論壇上，中國主席習近平在演講中談到，國家間需要合作而不是彼此對立。「我們真正的敵人，」他說，「不是鄰國；而是飢餓、貧窮、無知、迷信和偏見。」「世界上最富有的一%人口比剩下九九%的人擁有更多財富……『同時』對許多家庭來說，擁有溫暖的房子、足夠的食品和安全的工作仍然是遙遠的夢想」，這是不對的。除此之外，他總結說，「在遭遇困難的時候，我們不應該彼此抱怨，指責別人，喪失信心或是拋下責任。我們應該攜手迎接挑戰。歷史是勇敢者創造的。讓我們鼓起信心，做出行動，肩並肩地邁向光明的未來。」這篇發言象徵著中國所做的努力，明確地闡明出扮演一個對所有人都有吸引力的全球領導者的角色。[229]

另外，這也是一個明確顯示出北京方面的延續性訊息。川普總統「對全世界開火」，正如七月時候，一位中國政府發言人在更多貿易壁壘被樹立起來之前說的。「中國將會和世界其餘國家堅定地站在一起來反對落伍、過時、無效、單邊主義、開歷史倒車的保護主義。」[230]換句話說，中國提供的是堅實、互惠互利的共同利益；而美國不是。

現實要比這更複雜。在波羅的海和波斯灣之間，從東地中海到太平洋之間的各國都有深深的瑕疵。大多數國家都有糟糕的人權紀錄，在信仰、良知和兩性方面有受限的表達自由和受到控制的媒體，這些國家會對媒體報導的內容加以限定。批評政府、批評總統或是總統身邊的人常常會帶來長時間身陷囹圄的後果，或是像在一些案例中的那樣喪失性命。[231]大多數的案例是：自從我上一本書出版至今，情形要麼是沒有改善，要麼就是變得更糟糕了。

有些世界領導人所精心挑選的語句，要比那些說話方式糟糕的領導人更加讓人分心。真正重要的事情是要見微知著（不可見樹不見林），要去理解正在讓一些人煩躁、擔心的全球變革的脈動，更要創造一個有希望的世界，並提供對明天的承諾。在絲綢之路的沿線，有大把大把的事情不完美，也有大把大把的事情可以、應該並且需要在未來得到改善。

同樣重要的是，認識到隨著經濟中心的轉移和過渡時期的不確定性，當前的現實具有脆弱性。按照《人民解放軍日報》近期的一篇頭版文章的說法，中國軍隊正在遭受「和平病」，因為它太久沒有打仗了。該報指出，需要新的訓練技術來保障中國軍隊能夠贏得對敵作戰的勝利。[232]讀一讀這樣的評論讓人可以保持頭腦清醒。按照美國國防部近期的評估報告中的說法，同樣讓人清醒的，還有中國轟炸機「可能正在訓練襲擊美國和盟國目標」的事實。[233]

有時候很難去相信情節推演會導致軍事對抗，特別是因為合乎邏輯的推斷會認為，在談判桌上處理爭議和對立要比在戰場上處理更好。但是歷史教給我們的其中一課就是，沒有任何一代人獨享和平，也沒有任何一代人擁有獨一無二的能力減輕壓力，更沒有任何一代人有技巧能消弭正在升級的態勢。

儘管所有的證據都證明當一個國家被逼到了崩潰邊緣會發生什麼事情，但是華盛頓看起來仍然深信，對伊朗的制裁會在短時間內超過德黑蘭的承受範圍，並深信要促成其政權的更迭。事實上，美國對伊朗實施的政策對於中國來說是最嚴重的。儘管是否是有意為之還不清楚，但看起來美國想要把德黑蘭逼入絕境的努力將會給中國造成嚴重影響。「我們的目標是把伊朗政權銷售原油的收入減到零，從而增加其壓力，」美國國務院的政策規劃總監布萊安・胡克（Brian Hook）說道，「我們已經準備好對那些繼續和伊朗進行此項交易的國家施以次級制裁。」這其中包括四分之一的進口石油都購自伊朗的中國，更何況該國已經要被迫面對貿易關稅了，相較對美國的影響，關稅給中國經濟帶來的麻煩更大。[234]

陰鬱感也被其他人感受到了。「這個冬天會很冷，」中國最成功的商人之一陳鴻天說。「困難比人們預期的更大。」[235]「前面有一場經濟硬仗要打」，中國總理李克強在全國人大的年度工作報告中說，下一年的預期將近三十年來的最慢增速。[236]

共產黨「正面臨長期複雜的威脅」，習近平主席在二〇一九年一月的四中全會上說。這些威脅包括「尖銳且嚴重的精神渙散，能力不足，脫離人民和消極腐敗」。國營企業的債務是個問題。是時候要「把握全球大局」，他說道——換句話說，就是要未雨綢繆，更努力地工作。[237]這則訊息已經在中國被反覆地強調了。「外部環境複雜，挑戰艱鉅，而且不穩定和不確定因素已經大大增加」，習近平在二〇一九年夏天的演講中說道。[238]紀律、勇氣和決心，他說，是暴風雨中所需要的。這也許可以解釋對香港大規模抗議所下的重手和回應的語境背景。在香港，一份允許把居住在香港的人羈押和引渡到大陸的新法案提議，引起成千上萬的示威者湧上街頭。北京所受的額外壓力還有資源短缺、更高的關稅、經濟減速、國際批評或國內不穩定。就此而言，對北京施加額外壓力將面臨風險進一步提高的威脅。即使是中國摒棄了美國提出的切斷進口的要求，但是不出所料的，中國媒體已經在談論「跋山涉水」

了。[239]

中國人民應該無所畏懼，因為中國已經花時間發展出了「對貿易戰的綜合理解」，政府喉舌《人民日報》上的一篇文章這樣說道。這意味著領導層能夠「鎮定處理挑戰」。然而，應該不會有人懷疑的是，「美國想要從與中國的經濟和貿易關係中獲利」，在此同時，又「想要給中國的發展更多牽制」。[240]

《環球時報》說：「我們盼望著來一場更漂亮的防守反擊（以回應關稅）。」匿名作者承諾說中國「將會讓美國感覺到的疼痛越來越大」。[241] 這些評論是設計用來撫慰中國中產階級的，他們正遭受著貿易戰損害。在華盛頓擴大關稅後的一個月中，中國股票市場下滑了二五%，伴隨著人民幣明顯減弱，有些評論人已經指出，中國領導層面臨的一個挑戰是如何安撫公眾意見。正如一個北京金融人據傳說過的，「在中國的金融系統上」懸著一把「達摩克利斯之劍」。[242]

對有些人來說，這樣的局面要求更猛烈的行動。在二〇一八年七月發表的一篇題目是〈我們當下的恐懼與期待〉的精彩文章中，清華大學重要的教授許章潤向國家移動的方向——和領導層提出了挑戰。幾十年來，公民社會沒有發展，許章潤寫道，導致了中國公民缺乏政治成熟，這不僅是不幸，也是退化。巨大的金融資源是「工人的血汗」建立起來的，但卻只是為了花在支持像北韓和委內瑞拉這樣的失敗國家上，在其他國家做出巨額投資——

並給那些「富得流油」的中東國家的政府提供援助。中國所需要的，他說，是「一個國家未來的清晰圖景」。[243]

在媒體，甚至私人通訊都被小心翼翼地規範的國家裡，異議很不易見到。許章潤這樣的論述十分少見，無論是以其內容來說，還是以表達出如此強有力的意見來說都是如此。這些論述是給我們的有用提醒，提醒我們這樣的聲音雖然不容易被聽到，但並不意味著它們不存在。人們很容易會認為在那些自由受到限制的國家，所有人都同意當局者的政策。但情形很少如此。

事實上，小道消息的風車正在北京不停地旋轉，它們都試圖跟上最新動態，尋求能夠理解中國在變化中的全球局勢裡要如何應付，以及如何能更好地對此做出回應。應對未來的其中一部分，是透過規定如何對「習近平思想」加以應用來塑造的，這是一個在二〇一八年三月全國人大上被正式加入到憲法中的十四條宣言——除此以外，憲法中還有「馬克思列寧主義、毛澤東思想和鄧小平理論」。「習近平思想」中的一個關鍵內容，是創造一個以合作為基礎的共享未來的國際社群。在別的國家不想要共享未來或是不想推動一個完全不同的願景的時候，這並不容易。[244]也許不出人所料的是，二〇一七年中國的最高「熱搜話題」，據報導是關於研究習近平思想的。[245]正處在十字路口，考慮著前方可能會發生什麼和不會發生什麼的，並不只是世界上的其他國家。

以當下來看，大多數的事情都取決於新的遊戲規則是什麼和如何設定。說到這件事，可能並不用吃驚，譁眾取寵和留有退路是並行不悖的。中國的媒體一邊抱怨美國正逐漸對中國的大公司形成了一個共同的包圍圈和壓制圈」，談論北京方面「需要認真地選擇反擊目標來讓美國學到教訓」，而在另一方面，當美國對德黑蘭施壓的時候，中國在伊朗的能源公司則暫緩開採伊朗的石油，以避免「不想要的麻煩」。[246]

對中國來說，當風向突然變得越來越有挑戰性，中國關注的問題在於穩定和美國的關係。在這樣的時局中行船是一件非常棘手的事，但是這對後果來說是如此重要，所有人都會受到影響。北京和莫斯科之間展開的關於不用美元作為默認國際貨幣的討論已經被叫停，原因之一是俄方不想要在貿易戰已經開始的情形下刺激美國——更何況貿易戰也許會更加劇烈，而且也有擴散的可能。[247]

舊世界已經突然驚醒，發現新世界已經在幾十年的時間裡慢慢形成，產生了從軍備競賽、技術競賽，到阻礙投資以配合經濟、政治和外交壓力的各種劇烈反應。這樣的事情已經對世界很多國家造成了影響，鞏固了它們的觀點，認為最想要踩下煞車的是那些有最多資源失去的國家——也就是西方國家，它們一直躺在車輪邊睡覺，現在想要回歸「正常」，並期待新來者在世界秩序中繼續待在它們舊有的位子上。

這樣的論調尤其對亞洲的數十億人聽起來沒有吸引力。在最近的經濟轉型中，他們心裡的期許已經提高而不是降低。

找到方法來一同協作既不容易也不是天生就有的事情。但亞洲國家在很多事情上是相同的。正如習近平於二〇一三年在阿斯塔納說的，雖然絲路上的人民「有不同的種族、信仰和文化背景」，但是正如歷史所展現出來的，他們「完全有能力共享和平與發展」。這並不是一個新世界正在出生，而是舊世界正在重生。

我們已經生活在亞洲人的世紀了。從西方已開發經濟體向東方移動的全球GDP無論在規模上還是在速度上都令人驚訝。按照一些人的預估，拜石油價格急速上漲所賜，中東（和北非）各國在二〇一八至一九年將比此前十二個月多賺兩千一百億美元——這真是令人羨慕的好財運。[248]這樣的變化已經在亞洲導致一系列明顯的成長痛楚，從環境破壞到對於基礎設施投資幾乎是無可滿足的胃口。這樣的狀況也帶來了各國政府如何互動、協作，以及在一些案例中如何彼此競爭的挑戰。

然而值得驚訝的是，新的聯繫正在打造，舊的聯繫正在更新，西方處在越來越不相關的危險中，當西方真的開始參與並扮演一些角色時，它總是一成不變地用幫倒忙的方式介入或是干涉——或是設置障礙和限制，以防堵其他國家的成長和繁榮。西方人按照自己的樣子來塑造世界的時代早已過去了——雖然好像仍有人認為管理他人的命運是恰當甚至可能的事。

「中國、俄羅斯和伊朗……是不穩定的勢力」，約翰・薩里文（John Sullivan）——美國的副國務卿——在二〇一八年四月發布人權報告的時候說道，這些國家「在道德上應該受到譴責而且削弱我們利益的基礎」。這樣的評論令人不舒服地伴隨著這樣的一些報導，宣稱甚至是在川普當選總統之前，他就曾被中東有影響力的人物試探過，和俄羅斯及普丁達成一筆交易，上面說的有影響力人物包括阿布達比的王儲和以色列駐美國大使。本質上，這是一筆交易：以換得迫使伊朗從敘利亞撤出，莫斯科將會得到停止制裁和對其吞併克里米亞的承認。「我們將會考慮看看」，川普在被問到他是否會改變美國對俄羅斯介入烏克蘭一事上的立場時說道。[249]

和中國的關係也不會比較容易預測——雖然北京和華盛頓之間的關係已經很明顯緊繃起來，已經到了精神衰弱的程度。帕特里克・沙納漢（Patrick Shanahan）不久後被任命為馬蒂斯的繼承者，他在他的第一場會議中，就讓他的優先考量事項表現得十分清楚了。美國的關注點應該是「中國、中國、中國」，他這樣說道。[250]

隨著北京的幽靈變得如此令人擔憂，中國的種種在美國幾乎成了避不開的話題——即使是在川普的選舉之前——有些人已經為兩國之間爆發常規戰爭將造成何種軍事、政治和經濟結果做出了模擬。[251]從這一角度來看，川普試圖重新和中國進行合同條款的談判並非特別出人意料，雖然有報導說，總統想要用作為更大範圍和越來越強的警告的一部分貿易關稅讓中國「更慘」。在華盛頓響起的警告認為來自中國的威脅極其嚴重，而且要求採取劇烈的行動。[252]

對於中國的焦慮已經導致美國對任何膽敢、甚至表達出對北京的計畫有參與興趣的國家——無論是真實的或是想像出來的——都給予激烈的言詞批評。義大利和中國簽署諒解備忘錄和給一帶一路倡議背書的決定，遭到華盛頓方面尖銳的責難。「義大利是重要的全球經濟體和投資目的地，」美國國安委員會的發言人評論道，「義大利政府不需要給中國的基礎設施工程出讓正當性。」[253]

這樣的反應也是歐洲突然夢醒的一部分。中國是一個「系統性的對手」，歐盟在習近平到訪義大利並簽署合同的幾天之後宣布，這些合同將讓中國投資位於第里雅斯特（Trieste）和熱那亞的港口設施，不僅讓美國怨恨，也讓一些歐洲國家忿忿不平。一份新政策文件指出，無論是歐盟還是任何一個歐盟國家，都無法在沒有完全統一的情形下有效地完成他們對中國的目標。[254]

「歐洲人天真的時代已經結束了」，法國總統馬克宏在習近平訪問法國的前夕宣布。馬克宏並沒有簽署一帶一路倡議——但是這並不妨礙他宣布一筆價值四百億歐元的貿易合同，這是義大利簽下的合同數額的二十多倍，卻未因此而受到譴責批評。[255]當和錢有關的時候，很容易就能忽略自己的天真，或是找到如何跟「系統性的對手」打交道的方法。

就像美國的看法一樣，這看法存在的一個問題是假設中國的投資本身是有害的。例如，在升級義大利的港口設施上，人們並不清楚和私人股份公司、其他國營企業或是根本不投資相比，中國是不是一個壞夥伴。當然了，也很諷刺的是，像是希臘之類的被迫出售皇冠上的寶石的國家——該國出售了十四個大型機場，歐洲放貸者的救市開價也和新殖民主義本身完全相似。[256]

另一個問題是認定北京要麼是積極地尋求或是最終會挑起和美國在未來的對抗——這一點是值得懷疑的，即便經濟、政治或者是軍事對抗的假說是正確的，但它同樣迴避了是否美國採取的方式是正確的的問題。

中國是一個需要被強硬對付的威脅的確定性，恰好隱藏在願意造成無辜傷害的意願背後。在中國需求量下跌後，蘋果公司發出盈利下滑的報告，白宮經濟顧問凱文・哈塞特（Kevin Hassett）一字一句地把話說得十分直截了當。「將不會只有蘋果公司，」他在接受採訪時說。「直到我們和中國達成協議之前，明年還會有一大把的美國公司在中國的銷售都將降一個檔次。」[257]美國農民立刻就為貿易戰付出了代價，當中國對關稅展開報復，大豆出口下跌了九四％，導致專家提出警告，指出負債和自殺率已經很高了——而且正在攀升。[258]

在目的是創造一個更平等的兩國經濟競技場的好幾輪談判後，無論潛在的協議是什麼樣子，有件事情是確定的：沒有任何協定是永久的。改變不可避免。所以，一個好的協議取決於它在怎樣的時間範圍內讓雙方都認為自己得到了好結果，而且也取決於各方採取什麼樣的手段來捍衛各自利益。但是歷史的確給我們上了重要的一課：霸凌戰術在把對手拉到談判桌前的時候是有效的，但是這樣的戰術會被後者學會並在適當的時候如法炮製，在認為自己被對手占便宜了的時候退出談判。

對於不穩定勢力，旁觀者貌似會自有公斷。當給其他國家貼上破壞穩定的標籤時，美國很容易用美化、甚至健忘的觀點看待自己在過去十五年裡介入伊拉克和阿富汗造成的後果——更毋須說的是，美國在二十世紀中葉的那幾十年中的所作所為。認定是別人製造了麻煩的想法提出一個問題，華盛頓是否從歷史中學到了哪怕一點點的教訓？用烏克蘭來交易敘利亞是一件；掩耳盜鈴般指責別人製造混亂是另一件。

以美國的觀點來看，發生在絲路的脊梁地帶的事情已經很糟了，在這個地方，中國、俄羅斯和伊朗——世界上最大最重要的國家之三——被認為正在給美國和全球穩定造成直接威脅。[259]另外的兩個，土耳其和巴基斯坦，被視為是有癌症一樣的問題，只能用激進的方式來處理，同時在敘利亞、伊拉克和阿富汗的經歷，則是給美國提供了外部介入常常不能達成既定目的的苦澀教訓。

作為一個歷史學家或是一個當代事務的觀察者，面前的挑戰之一是，如何看到更宏大的圖景。認識到世界聯繫在一起的方式和對那些交會的繩結加以評估，不僅能讓我們更好地理解我們身邊發生的事情，也能給我們提供一個平台，更精準地看到優勢在哪。評估一片片不同的全球地緣政治拼圖是如何彼此連結，同樣也幫助我們更好地解釋脆弱和危險——以及聯合與協作的機遇——將有助於得到更好的決策制定。

大概在兩千五百年前，中國戰國東北部的趙王曾經說過：「故循法之功，不足以高世；法古之學，不足以制今。」這樣的智慧之言在今天就如同在過去一樣恰當。試圖減緩或是停止變化只是不切實際的幻想。然而，實實在在絕非幻想的，是絲路正在崛起的事實，而且它們還將繼續崛起。它們會如何發展、擴充和變化，無論是好還是壞，都將會塑造未來的世界。因為絲綢之路歷來都是如此。

感言

大多數的書都包括一個感言致謝的部分，來讓作者能夠感謝那些在作品成書過程中提供幫助的人。在過去的幾年，我認識了許多新朋友，結識了好多有趣又有幫助的人脈，讓我能夠依靠一個巨大的評論人網絡，他們研究的領域是我所感興趣的各種地區、人和話題。還有一些我的朋友和同事讀了我這本書的部分或全部內容，有些人想要保持匿名。我非常感謝他們以各種各樣的形式給我提供幫助——我希望你們知道我在此感謝的是你們。

正如往常一樣，我虧欠Catherine Clarke和她在Felicity Bryan出版團隊的很多人情，以及我的編輯Michael Fishwick和Bloomsbury出版社提供了完成這本書所需要和渴望的支持的所有人。多謝Sarah Ruddick的耐心和指導，以及Richard Collins的敏銳眼力和對細節的檢查。感謝Emma Ewbank為我們呈現了又一個無與倫比的精彩封面。

我的家人必須得容忍我一天到晚埋首書桌，無論是當我在家的時候，在我急忙趕往機場的路上，還是在非常忙碌的最近幾年的出國途中。沒有你們，我是做不到這一切的，Jess、

Katarina、Flora、Francis和Luke：謝謝你們！

如果沒有我的父母，我也是做不到這一切的，他們教我走路，教我讀書，教我寫作和思考。在將近五十年的時間裡，他們一直是愛、歡笑和鼓勵的來源。在我需要他們的時候，他們總是在我身邊。

當我在寫這本書的時候，我爸爸已重病在身。他是我的榜樣；是一個擁有巨大勇氣、謙和又有智慧的男人。自從我還是小男孩的時候，他教我讀書、思考並關注我的學業功課。幾十年來，我幾乎每天都和他聊天，我們的話題常常是跟歷史和過去發生的事情有關，也常常和絲綢之路的現在和未來有關。

他對我來說不僅是父親，而且是我的英雄和朋友。他有無窮無盡的耐心和無私；他為我做了各種事情（事實上也是這樣對很多人）但是從未要求回報。他是慷慨、善良和愛的榜樣。

他在這本書要出版之前離開了人世，這對我和我的家庭都是心碎的事情。我最後一次看到他的時候，我給了他這本書的第一本樣書。他對我笑了一下，告訴我他已經等不及要看我的書了。我當然沒有提醒他他已經沒有時間了；不能再看到他、不能再和他聊天是如此摧人心肝的痛。這本書是獻給我最愛的爸爸的——我真的非常想念他。

我非常感激蒂姆・賴斯爵士和迪士尼公司允許我摘錄《阿拉丁》中〈A Whole New

World〉的歌詞——這首關於絲路過去的歌預見了絲路的未來。

伍斯特學院的院長和研究員，以及我在牛津的許多同事都極為彼此支持，他們給學者提供了世界上最令人振奮的環境。我非常感激他們的鼓勵和他們提供的家。

儘管如此，我要預留一個專門的位子給我的一個朋友。馬克・維拓（Mark Whitow）是他的一代人中最傑出的歷史學家之一。他是一個天資傑出的學者，也是一個無與倫比的朋友，不僅對我如此，對和他在牛津共事、受教於他，或是遇到他的人都是如此。馬克是一個幽默和善良的無盡來源，但是更重要的，他是我的靈感和啟發的來源——在許多年前，他是我的博士主考官，隨後他是我要仰視的一個高階同事，後來也是我的合夥人。在二〇一七年聖誕節前，馬克在一次事故中不幸喪生，這對牛津大學來說是個巨大的損失，他才在不久前剛剛令我們欣喜地獲選為奧里爾學院的院長。我欠馬克的感激現在已經無以回報了。但是謝謝你，馬克，謝謝你在近三十年來為我做的一切。

最後要誠摯感謝的，是那些在《絲綢之路》出版後讀了這本書的人。這本書並不是我所有著作中最短的，我對它所獲得的回應感到驚訝又欣喜，我激動地發現有這麼多人想要用不同的視角來回首過往。我希望用這本苗條得多的新書來回報那些抱著又厚又重的上一本的讀者。

我尤其感激那些把《絲綢之路》推薦給朋友、家人甚至是陌生人的讀者。當然，這是一本書可以擁有的最高肯定了。我希望所有讀這本書的人都能享受閱讀過程，並能夠再次鼓勵其他人也讀一讀這本書。歷史有用是有其理由的。它能幫助人們解釋為什麼我們是我們，而且能教給我們有用的教訓，幫助我們避免在前人摔倒的地方犯同樣的錯。

就此而言，我非常高興這本續篇能夠和面向青少年讀者的《全彩插畫版絲綢之路》一同面世。那些學齡孩子成長得很快（正如我們從媒體中得知的，他們比以往成長得更快），他們應該要理解這個他們將要繼承的世界。閱讀是一個幫助下一代學習和思考的方式，但是對歷史加以討論亦是無價的。我希望這系列的書能把人們匯聚起來。理解歷史不僅有趣，而且重要。

彼德・梵科潘

二〇一八年九月於牛津

注釋

前言

1 Ferdinand von Richthofen, 'Über die zentralasiatischen Seidenstrassen bis zum 2. Jahrhundert. n. Chr.', *Verhandlungen der Gesellschaft für Erdkunde zu Berlin* 4 (1877), pp. 96–122.

2 Yuqi Li, Michael J. Storozum, Xin Wang and Wu Guo, 'Early irrigation and agropastoralism at Mohuchahangoukou (MGK), Xinjiang, China', in *Archaeological Research in Asia* 12 (2017), 23–32.

3 'Spy satellites are revealing Afghanistan's lost empires', *Science* 358.6369 (2017). Emily Hammer et al, 'Remote assessments of the archaeological heritage situation in Afghanistan', *Journal of Cultural Heritage* 33 (2018), 125–44.

4 See, for example, Kathryn Franklin and Emily Hammer, 'Untangling Palimpsest Landscapes in Conflict Zones: a "Remote Survey", in Spin Boldak, Southeast Afghanistan', *Journal of Field Archaeology* 43.3 (2018), pp. 58–73.

5 Taylor R. Hermes et al., 'Urban and nomadic isotopic niches reveal dietary connectivities along Central Asia's Silk Roads', *Scientific Reports* 8.5177 (2018).

6 Paola Pollegiono et al., 'Ancient Humans Influenced the Current Spatial Genetic Structure of Common Walnut Populations in Asia', *Plos One* 10.1371 (2015), pp. 1–16.

7 Ranajit Das, Paul Wexler, Mehdi Pirooznia and Eran Elhaik, 'Localizing Ashkenazic Jews to Primeval Villages in the Ancient Iranian Lands of Ashkenaz', *Genome Biology and Evolution* 8.4 (2016), pp. 1132–49.

8 Alexander F. More et al., 'Next-generation ice core technology reveals true minimum natural levels of lead (Pb) in the atmosphere: Insights from the Black Death', *GeoHealth* 1 (2017), pp. 211–19.

9 State Department, Memorandum of Conversation, Byroade to Matthews, 'Proposal to Organize a Coup d'état in Iran', 26 November 1952, General Records of the Department of State 1950–54, Central Decimal File 788.00/11-2652.

10 Strategic Air Command, 'Atomic Weapons Requirements Study for 1959' in W. Burr (ed.), *National Security Archive Electronic Briefing Book No.* 538.

11 BBC News, 'Turkey sentences 25 journalists to jail for coup links', 9 March 2018.

12 Nergis Demirkaya, 'Hükümetin 2023 planı: 5 yılda 228 yeni cezaevi', *Gazete Duvar*, 10 December 2017.

13 https://news.nike.com/news/kobe-x-silk-shoe-inspired-by-kobe-bryant-s-personal-connections-to-asia-and-europe

14 https://www.hermes.com/uk/en/product/poivre-samarcande-eau-de-toilette-V38168/

15 Kevin G. Hall and Ben Wieder, 'Trump dreamed of his name on towers across former Soviet Union', McClatchy DC Bureau, 28 June 2017; Adam Davidson, 'Trump's business of corruption', *New Yorker*, 21 August 2017.

16 Oscar Rousseau, 'Phase 1 construction scope of Kuwait's $86bn Silk City revealed', ArabianIndustry.com, 19 February 2019.

17 Turkmenistan.gov.tm, '2018 год: Туркменистан – сердце Великого Шёлкового пути', 2 January 2018.

18 *BP Statistical Review of World Energy June 2017*, pp. 12, 26.

19 US Department of Agriculture, *Grain: World Markets and Trade*, July 2018.

20 US Geological Survey, *Mineral Commodity Summaries* 2017, pp. 135, 151.

21 UN Office on Drugs and Crime, *Afghanistan Opium Survey 2007* (Islamabad), p. v.

22 Alfred W. McCoy, *In the Shadows of the American Century: The Rise and Decline of US Global Power* (London, 2017), p. 111.

23 UN Office on Drugs and Crime, *Afghanistan Opium Survey 2017. Challenges to sustainable development, peace and security* (2018), p. 4; for the value of the markets, see UNODC, Drug Trafficking at https://www.unodc.org/unodc/en/drug-trafficking/index.html

24 Andrew Gilmour, 'Imprisoned, threatened, silenced: human rights workers across Asia are in danger', *Guardian*, 18 May 2018. See also Freedom House, *Freedom of the Press 2017* (April, 2017).

25 Asian Development Bank, *Asia 2050. Realizing the Asian Century* (2011), p. 3.

26 PricewaterhouseCoopers, *The World in 2050. Will the shift in global economic power continue?* (2015), p. 11.

27 Oxford Economics, *Global Cities: Which Cities will be leading the global economy in 2035?* (Oxford, November 2018).

28 George Magnus, *Red Flags: Why Xi's China is in Jeopardy* (London, 2018), p. 117.

29 International Monetary Fund, Press release, 'People's Republic of China: 2017 Article IV Consultation', 8 August 2017.

30 'A Fifth of China's Homes Are Empty. That's 50 Million Apartments', Bloomberg, 8 November 2018.

31 See Lisa Yiu and Lao Yun, 'China's Rural Education: Chinese Migrant Children and Left-Behind Children', *Chinese Education and Society* 50 (2017), pp. 307–14; Lake Lui, 'Gender, Rural-Urban Inequality and Intermarriage in China', *Social Forces* 95.2 (2016), pp. 639–62.

第1章　通向東方之路

1 'The President's News Conference with President Boris Yeltsin of Russia in Vancouver', 4 April 1993', in Public Papers of the President of the United States, William J. Clinton, January 20 to July 31, 1993, p. 393.

2 https://www.nobelprize.org/nobel_prizes/peace/laureates/1993/press. html

3 Agence France-Presse, 'Forgiveness gesture in accepting Nobel prize', 9 December 2013.

4 Joint Statement of the Democratic People's Republic of Korea and the United States of America, New York, June 11, 1993, at http://nautilus.org/wp-content/uploads/2011/12/CanKor_VTK_1993_06_11_joint_statement_dprk_usa.pdf

5 United Nations Peacemaker, 'Agreement on the Maintenance of Peace along the Line of Actual Control in the India–China Border, 7 September 1993'.

6 Geremie Barmé, 'Red Eclipse', in *Red Rising, Red Eclipse. China Story Yearbook 2012* https://www.thechinastory.org/yearbooks/yearbook-2012/;J. Gewirtz, *Unlikely Partners; Chinese Reformers, Western Economists, and the Making of Global China* (Cambridge, Mass., 2017), pp. 245ff.

7 Fareed Zakaria, 'Give South Korea a gold medal', *Washington Post*, 8 February 2018.

8 Infosys, *Navigate Your Next Annual Report 2017–18*, 13 April 2018.

9 S. V. Krishnamachari, 'How Rs 950 invested in Infosys in 1993 IPO is now worth over Rs 50 lakh', *International Business Times*, 9 June 2017.

10 For more information on Qatar Airways, see https://www.qatarairways.com/en/about-qatar-airways.html

11 *Gulf Times*, 'Qatar Airways signs MoU to buy 25% stake in Moscow's Vnukovo Airport', 4 April 2018.

12 Paul Routledge and Simon Hoggart, 'Major hits out at Cabinet', *Guardian*, 25 July 1993.

13 FIFA, 'History of Football – The Origins', http://www.fifa.com/about-fifa/who-we-are/the-game/index.html

14 *Independent*, 'Arsenal fans' group set to urge Alisher Usmanov not to sell his shares to Stan Kroenke', 4 October 2017.

15 Cinzia Sicca and Alison Yarrington, *The Lustrous Trade. Material Culture and the History of Sculpture in England and Italy, c.1700–1860* (London, 2001).

16 Charles Thompson, *The Travels of the Late Charles Thompson*, 3 vols (Reading, 1744), 1, p. 67.

17 World Bank, 'From local to global: China's role in global poverty reduction and the future of development', 7 December 2017.

18 Niall Ferguson and Xiang Xu, 'Make Chimerica Great Again', *Hoover Institution Economic Working Paper* 18105, 3 May 2018, p. 11.

19 Julien Girault, 'Hu Keqin; "Nous prenons un soin extrême de nos terres", en France', *Le Point*, 23 February 2018.

20 Sylvia Wu, 'China Wine Imports: Australia and Georgia taking a leap', *Decanter*, 5 February 2018.

21 Adam Sage, 'Bordeaux whines as rich Chinese give lucky names to old châteaux', *The Times*, 23 November 2017; Natalie Wang, 'Bordeaux wary of rich Chinese changing estates' names', *The Drinks Business*, 30 November 2017.

22 IATA, *20 Year Passenger Forecast Update*, 24 October 2017.

23 Aaron Chong, 'Boeing sees demand for 500,000 new pilots in Asia-Pacific', *FlightGlobal*, 7 December 2016.

24 Australian and International Pilots Association, 'Australian pilots land $750,000 in China', 28 December 2017.

25 Richard Weiss, 'Pilot Shortage Forces World's Biggest Long-Haul Airline to Cut Flights', Bloomberg, 11 April 2018.

26 Wolfgang Georg Arlt, *China's Outbound Tourism* (London, 2006), p. 19.

27 United Nations World Tourism Organisation, Press release, 'Strong outbound tourism demand from both traditional and emerging markets in 2017', 23 April 2018.

28 CLSA, *Chinese outbound tourists – new 2017 report*, 19 July 2017. For estimates of Chinese passport holders, see, for example, Goldman Sachs, *The Asian Consumer. The Chinese Tourist Boom, November 2015*.

29 The Donkey Sanctuary, *Under the Skin. The emerging trade in donkey skins and its implications for donkey welfare and livelihoods* (January 2017).

30 BBC News, 'Niger bans the export of donkeys after Asian demand', 6 September 2016; Media Group Tajikistan Asia Plus, 'Donkey market booms in Tajikistan', 4 January 2017.

31 Kimon de Greef, 'Rush for Donkey Skins in China Draws Wildlife Traffickers', *National Geographic*, 22 September 2017.

32 Filipa Sá, 'The Effect of Foreign Investors on Local Housing Markets: Evidence from the UK', *CEPR Discussion Paper No DP11658* (2016), pp. 1–43.

33 Emanuele Midolo, 'Russian investors: Welcome to Londongrad', *Propertyweek*, 13 April 2018.

34 Yuan Yang and Emily Feng, 'China's buyers defy the law to satisfy thirst for foreign homes', *Financial Times*, 13 March 2018.

35 Esha Vaish and Dasha Afansieva, 'Hong Kong property investors go trophy hunting in London despite Brexit', Reuters, 21 August 2017.

36 Matt Sheehan, 'How Chinese Real Estate Money is Transforming the San Francisco Bay Area', MacroPolo, 22 August 2017; Paul Vieira, Rachel Pannett and Dominique Fong, 'Western Cities Want to Slow Flood of Chinese Home Buying. Nothing Works', *Wall Street Journal*, 6 June 2018.

37 Dinçer Gökçe, 'Kiler, Sapphire'de 47 daire birden sattı', *Hürriyet*, 21 February 2017.

38 Faseeh Mangi, '135 Million Millennials Drive World's Fastest Retail Market', Bloomberg, 28 September 2017.

39 Euromonitor International, '10 Facts about India', 12 January 2014. For income distribution to the top earners, see L. Chancel and T. Piketty, 'Indian income inequality, 1922–2015: From British Raj to Billionaire Raj?', World Inequality Database Working Paper Series No. 2017/11.

40 Boston Consulting Group, *The New Indian: The Many Facets of a Changing Customer* (March, 2017).

41 Bain & Co., *Luxury Goods Worldwide Market Study, Fall–Winter 2017*, 22 December 2017; Yiling Pan, 'Luxury Spending to Double in China Over Next 10 Years, Says McKinsey', *Jing Daily*, 15 June 2017.

42 CPP Luxury, 'Prada Group opens seven stores in Xi'an China', 25 May 2018.

43 Astrid Wendlandt, 'Chanel snaps up four companies to secure high-end silk supplies', Reuters, 22 July 2016; Yiling Pan, 'China Wants Fewer Burberry and BV Handbags, More Chanel and Hermès', *Jing Daily*, 23 April 2018.

44 Angelica LaVito, 'Starbucks is opening a store in China every 15 hours', *South China Morning Post*, 6 December 2017.

45 Cleofe Maceda, 'UAE's residents' luxury goods spending to reach more than $8 billion in 2017', *Gulf News*, 20 November 2017.

46 Associated Press, 'China's new baby policy lifts stocks, sinks condom maker', 30 October 2015.

47 Credit Suisse, *Spotlighting China's new two child policy*, 30 October 2015.

48 'Dolce & Gabbana's racism debacle in China could be one of the costliest brand missteps ever', *Quartz*, 26 November 2018.

49 Zhong Sheng, '人民日報鐘聲：中國公民合法、正當權益不容侵犯', *People's Daily*, 9 December 2018.

50 Leyland Cecco, 'Canada Goose shares slide amid Beijing-Ottawa row over Huawei CFO arrest', Guardian, 12 December 2018.

51 CLSA, *Chinese Outbound Tourism – New 2017 Report* (2017).

52 World Bank, GDP Growth (annual percentage) at https://data.worldbank.org/indicator/NY.GDP.MKTP.KD.ZG

53 Wouter Baan, Lan Luan, Felix Poh, Daniel Zipser, 'Double-clicking on the Chinese consumer. 2017 China Consumer Report', McKinsey & Company, 2017.

54 Bangalore Water Supply and Sewerage Board, *Bengaluru Water Supply and Sewerage Project (Phase 3) in the State of Karnataka, India. Final Report (2017); Times of India*, 'Water Crisis: Is Bengaluru heading for Day Zero?', 13 February 2018.

55 For Russia, see Orlando Figes, *A People's Tragedy: The Russian Revolution 1891–1924* (London, 1996), pp. 84ff, esp. pp. 111–15; for Turkey, Michael M. Gunter, 'Political Instability in Turkey During the 1970s', *Conflict Quarterly* 9.1 (1989), pp. 63–77; Sabri Sayari, 'Political Violence and Terrorism in Turkey, 1976–80: A Retrospective Analysis', *Terrorism and Political Violence* 22.2 (2010), pp. 198–215.

56 See, for example, Ronak Patel and Frederick Burkle, 'Rapid Urbanization and the Growing Threat of Violence and Conflict: A 21st Century Crisis', *Prehospital and Disaster Medicine* 27.2 (2012), pp. 194–7.

57 UN Habitat, *Urbanization and Development. Emerging Futures. World Cities Report 2016* (2016), p. 5.

58 Jeremy Pal and Elfatih Eltahir, 'Future temperature in southwest Asia projected to exceed a threshold for human adaptability', *Nature Climate Change* 6 (2016), 197–200; Suchul Kang and Elfatih Eltahir, 'North China Plain threatened by deadly heatwaves due to climate change and irrigation', *Nature Communications* 9 (2018), 1–9.

59 Amnesty International, 'Saudi Arabia: Reports of torture and sexual harassment of detained activists', 20 November 2018.

60 Warren P. Strobel, 'CIA Intercepts Underpin Assessment Saudi Crown Prince Targeted Khashoggi', *Wall Street Journal*, 1 December 2018.

61 Abdullah bin Zayed al Hahyan, 'In the Middle East, momentum for women must pick up speed', *Globe and Mail*, 30 May 2018; *Al-Jazeera*, 'UAE rights activist Ahmed Mansoor sentenced to 10 years in prison', 30 May 2018.

62 State Council of China, 'China looks to regulate city growth', 22 February 2016.

63 Adam Schreck, 'Isolation by the West fuels a tech start-up boom in Iran', *Phys Org*, 5 June 2017.

64 Techrasa Press Release, 'Silk Roads Start-up Announces Irnas' Top 10 Start-ups', 5 November 2017.

65 For a useful infographic, see https://www.statista.com/chart/10012/fintech-adoption-rates/

66 'How Ant Financial grew larger than Goldman Sachs', CNBC, 8 June 2018.

67 Shrutika Verma, 'Paytm valuation pegged at $10 billion after secondary share sale', *Livemint*, 23 January 2018.

68 See for example Indikator.ru, 'Предприниматели стали меньше финансировать науку', 2 November 2017.

69 United States Senate Committee on Armed Services, 'Advance Policy Questions for Lieutenant General Paul Nakasone, ISA Nominee for Commander, US Cyber Command', 1 March 2018.

70 Pavel Kantyshev, 'Путин предложил госкомпаниям закупать российский софт', *Vedemosti*, 30 March 2016.

71 US Computer Emergency Readiness Team, Alert (TA18-106A), 'Russian State-Sponsored Cyber Actors Targeting Network Infrastructure Devices', 16 April 2018.

72 關於對FSB的攻擊，見Pierluigi Paganini, '0v1ru$ hackers breach FSB contractors SyTech and expose. Russian intel projects', *Security Affairs*, 20 July 2019.

73 See, for example, Sergei Brilev, 'Хочется плакать': вирус атаковал Минздрав, МЧС, МВД, РЖД, 'Сбербанк' и 'Мегафон', *Vesti.ru*, 13 May 2017.

74 RIA Novosti, 'Клименко объяснил слова главы Роскомнадзора о "блокировке Facebook" ', 26 September 2017.

75 Donie O'Sullivan, Drew Griffin and Curt Devine, 'Russian company had access to Facebook user data through apps', CNN Tech, 11 July 2018.

76 Interfax, 'Роскомнадзор будет блокировать инструменты для обхода запрета на Telegram по запросу', 16 April 2018.

77 See Ella George, 'Purges and Paranoia', *London Review of Books* 40.10 (2018), pp. 22–32; *Turkish Minute*, 'Turkish govt ready to block "abnormal" social media messages on election day', 26 May 2018.

78 Sarah Zheng, 'Beijing tries to pull the plug on VPNs in internet "clean-up"', *South China Morning Post*, 13 July 2017.

79 See, for example, Peter Frankopan, *The Silk Roads: A New History of the World* (London, 2015), pp. 202ff.

80 Madeleine Albright, 'Will We Stop Trump Before It's Too Late', *New York Times*, 8 April 2018.

第11章　通向世界心臟之路

1 Jason Blevins, 'Donald Trump, in Grand Junction, says he will "drain the swamp in Washington, D.C."', *Denver Post*, 18 October 2016.

2 Jonathan Swan, 'Trump calls for "hell of a lot worse than waterboarding"', *The Hill*, 6 February 2016.

3 Cassandra Vinograd and Alexandra Jaffe, 'Donald Trump in Indiana Says China is "Raping" America', CNBC, 2 May 2016.

4 White House, 'Presidential Memorandum Regarding Withdrawal of the United States from the Trans-Pacific Partnership Negotiations and Agreement', 23 January 2017.

5 White House, 'Statement by President Trump on the Paris Climate Accord', 1 June 2017.

6 White House, 'Executive Order Protecting the Nation from Foreign Terrorist Entry into the United States', 27 January 2017.

7 White House, 'Remarks by President Trump on the Policy of the United States Towards Cuba', 16 June 2017.

8 Shawn Donnan, 'Is there political method in Donald Trump's trade madness?', *Financial Times*, 23 March 2018.

9 http://www.europarl.europa.eu/resources/library/media/20180411RES01553/20180411RES01553.pdf

10 Reuters, 'EU is not at war with Poland, says EU's Juncker', 17 January 2018.

11 Agence France-Presse, 'Italy threatens EU funding in migrant row', 25 August 2018.

12 *The Herald*, 'Boris Johnson: EU tariffs would be "insane" if UK backs Brexit', 21 June 2016.

13 BBC News, 'Liam Fox warning of customs union "sellout"', 27 February 2018; Chloe Farand, 'UK government post-Brexit plans to create Africa free-trade zone are being internally branded "Empire 2.0" ', *Independent*, 6 March 2017.

14 UK Prime Minister's Office, press release, 'PM; UK should become the global leader in free trade', 4 September 2016.

15 Association of Southeast Asian Nations, http://asean.org/?static_post=rcep-regional-comprehensive-economic-partnership; Yasuyuki Sawada, quoted in Asian Development Bank, *International Financing Review Asia. Special Report: Growing up Fast* (2018), p. 9.

16 Turkmenistan.ru, 'В Туркменистане открыт новый железнодорожный мост Туркменабат – Фараб', 7 March 2017.

17 *AKIPress*, 'CTSO to help Tajikistan to reinforce its border with Afghanistan', 11 June 2018; *Novosti Radio Azattyk*, 'Состоялась первая встреча глав оборонных ведомств Кыргызстана и Узбекиста на',13 June 2018.

18 Dana Omirgazy, 'Shymkent hosts first Kazakh-Uzbek business forum', *Astana Times*, 25 May 2018.

19 Uzbekistan National News Agency, press release, 'The Year of Uzbekistan in Kazakhstan and the Year of Kazakhstan in Uzbekistan will be held', 16 September 2017.

20 Uzbekistan National News Agency, Press release, 'Uzbekistan and Kazakhstan: dynamic development of cooperation based on friendship and brotherhood', 2 March 2018.

21 CA News, 'Казахстан будет поставлять до 2 млн тонн нефти в Узбекистан', 2 April 2019.

22 *AzerNews*, 'Trade turnover between Uzbekistan and Tajikistan doubles', 22 June 2018.

23 Tasnim News Agency, 'Grounds Paved for Long-Lasting Cooperation between Iran, Azerbaijan: Official', 4 June 2018.

24 *Pahjwok Afghan News*, 'Afghanistan, Tajikistan sign two co-operation accords', 24 June 2018.

25 Simon Parani, *Let's not exaggerate: Southern Gas Corridor prospects to 2030*, Oxford Institute for Energy Studies Paper NG 135 (July 2018).

26 Fawad Yousafzai, 'Work on CASA-1000 power project in full swing: Tajik diplomat', *The Nation*, 19 July 2018.

27 *Dispatch News Desk*, 'Kyrgyzstan keen to improve bilateral trade with Pakistan: Envoy', 10 May 2018.

28 TASS, 'ЕАЭС и Иран завершают подготовку соглашения о зоне свободной торговли', 9 April 2018.

29 Nicholas Trickett, 'Reforming Customs, Uzbekistan Nods Towards the Eurasian Economic Union', *The Diplomat*, 26

April 2018.

30 United Nations Office on Drugs and Crime, 'President of Uzbekistan calls to develop reliable mechanisms of co-operation in Central Asia at the international conference in Samarkand', 10 November 2017.

31 See, for example, Raikhan Tashtemkhanova, Zhanar Medeubayeva, Aizhan Serikbayeva and Madina Igimbayeva, 'Territorial and Border Issues in Central Asia: Analysis of the Reasons, Current State and Perspectives', *The Anthropologist* 22.3 (2015), pp. 518–25; International Crisis Group, 'Central Asia: Border Disputes and Conflict Potential', *Asia Report* 33 (2002).

32 For the draft agreement, see Kommersant, 'Море для своих Пять стран договорились о разделе Каспия', 23 June 2018.

33 Bruce Pannier, 'A landmark Caspian agreement – and what it resolves', *Qishloq Ovozi*, 9 August 2018.

34 Interfax, 'Kyrgyzstan, Uzbekistan agree to swap land on border', 14 August 2018.

35 *Astana Times*, 'Kazakhstan resolves all Central Asian border issues, announces Kazakh President', 20 April 2018.

36 Virpi Stucki, Kai Wegerich, Muhammad Mizanur Rahaman and Olli Varis, *Water and Security in Central Asia. Solving a Rubik's Cube* (New York, 2014); Suzanne Jensen, Z. Mazhitova and Rolf Zetterström, 'Environmental pollution and child health in the Aral Sea region in Kazakhstan', *Science of the Total Environment* 206.2–3 (1997), pp. 187–93.

37 *Fergana Informationnov agentstvo*, 'Соляная буря превысила допустимую концентрацию пыли на северо-западе Узбекистана в шесть раз', 27 May 2018; *RIA Novosti*, 'Белая пыль неизвестного происхождения накрыла столицу Туркмении', 28 May 2018.

38 Matt Warren, 'Once Written Off for Dead, the Aral Sea Is Now Full of Life', *National Geographic*, 16 March 2018.

39 United Nations Office for the Coordination of Humanitarian Affairs, 'Drought grips large parts of Afghanistan', 6 June 2018.

40 Ben Farmer and Akhtat Makoli, 'Afghanistan faces worst drought in decades, as UN warns 1.4 million people need help', 22 July 2018.

41 Igor Severskiy, 'Water related problems of Central Asia: some results of the (GIWA) international water assessment program', *Ambio* 33 (2004), pp. 52–62.

42 Albek Zhupankhan, Kamshat Tussupova and Ronny Berndtsson, 'Water in Kazakhstan, a key Central Asian water management', *Hydrological Sciences Journal* 63.5 (2018), pp. 752–62.

43 F. M. Shakil 'New Indian dam threatens to parch Pakistan', *Asia Times*, 28 May 2018.

44 Khalid Mustafa, 'India out to damage Pakistan's water interests on Kabul river', *The News*, 5 June 2016; Jehangir Khattak, 'Pakistan's unfolding water disaster', *Daily Times*, 2 June 2018; Nirupama Subramanian, 'In Kishanganga dam security, more than Pakistan shelling, sabotage a concern', *Indian Express*, 23 May 2018.

45 Hongkai Gaa et al., 'Modelling glacier variation and its impact on water resource in the Urumqi Glacier No. 1 in Central Asia', *Science of the Total Environment*, 844 (2018), pp. 1160–70.

46 Babak Dehghanpisheh, 'Water crisis spurs protests in Iran', Reuters, 29 March 2018; Shashank Bengali and Ramin Mostaghim, 'A long-simmering factor in Iran protests: climate change', *LA Times*, 17 January 2018.

47 Khamenei.ir, 'Persian New Year 1397; Support for Iranian Products', 20 March 2018.

48 Trend News Agency, 'Water shortage hits Iran's hydroelectric power plants', 4 June 2018.

49 Tasnim News Agency, 'Afghanistan Committed to Supplying Iran's Water Share, Zarif Says', 6 May 2018.

50 Address by HE Mr Shavkat Mirziyoyev, President of the Republic of Uzbekistan at the General Debate of the 72nd Session of the United Nations General Assembly, 19 September 2017. For the full text, see https://gadebate.un.org/sites/default/files/gastatements/72/uz_en.pdf

51 Human Rights Watch Report, 'Uzbekistan: A Year in to New Presidency, Cautious Hope for Change', 25 October 2017; Human Rights Watch Report, 'Time to Seek Hard Commitments on Uzbekistan's Human Rights Record', 9 May 2018.

52 Committee to Protect Journalists, 'Uzbekistan releases remaining jailed journalists', 7 May 2018.

53 Freedom House, *Uzbekistan: the Year After*, August 2017.

54 Andrew Higgins, 'As Authoritarianism Spreads, Uzbekistan Goes the Other Way', *New York Times*, 1 April 2018; Editorial Board, 'A Hopeful Moment for Uzbekistan', *New York Times*, 13 April 2018.

55 Human Rights Watch, 'US: Focus on Rights as Uzbek Leader Visits', 15 May 2018.

56 Luca Anceschi, 'Modernising authoritarianism in Uzbekistan', *Open Democracy*, 9 July 2018.

57 Trend News Agency, 'Ashgabat and Dushanbe hold talks on consular issues', 20 April 2018.

58 *Turkmen Petroleum*, ' "Узбекнефтегаз" о планах работы на морских шельфах в Азербайджане и Туркменистане', 27 June 2017.

59 Anadolu Agency, 'Train service linking Baku–Tbilisi–Kars launched', 30 October 2017; Reuters, 'First freight train from China arrives in Iran in "Silk Road" boost': media,16 February 2016; Xinhua, 'First China–Britain freight train reaches London', 18 January 2017.

60 Mehr News Agency, 'Iran–Kazakhstan transit potentials complementary: Press. Rouhani', 12 August 2018.

61 Ministry of Foreign Affairs of the Russian Federation, 'Foreign Minister Sergey Lavrov's remarks and answers', 7 April 2016.

62 *Financial Express*, 'India–Iran–Russia resume talks on activating key trade corridor', 7 April 2018.

63 P. Stoban, 'India Gears Up to Enter the Eurasian Integration Path', Institute for Defence Studies and Analyses, 7 June 2017.

64 Cited by Mohsen Shariantinia, 'Sanctions threaten Iran's dream of becoming Eurasian transport hub', 20 July 2018.

65 *Times of Oman*, 'You could soon travel visa-free to Kazakhstan from Oman', 8 May 2018.

66 Kazinform, 'Silk Visa to be launched in early 2019', 21 December 2018.

67 Kamila Aliyeva, 'Five Nations agree to create Lapis Lazuli transport corridor', *AzerNews*, 15 November 2017.

68 *Dispatch Daily News*, 'Turkmenistan will build Ashgabat–Turkmenabat Autobahn', 19 June 2018.

69 Eurasianet, 'Turkmenistan's new $1.5 billion port: Show over substance', 3 May 2018.

70 *Туркменистан сегодня*, 'Морская гавань Туркменбаши отмечена международными наградами', 2 May 2018.

71 Turkmenistan.ru, 'Ashgabat enters Guinness Book of World Records as most white-marble city', 26 May 2013. For a summary of all the world records, see https://www.turkmenistan-kultur.at/oesterreich739-guinness-book.html

72 Туркменские велосипедисты установили новый мировой рекорд в честь Дня велосипеда', *Radio Azatlyk*, 3 June 2019.

73 Apa, 'Azərbaycan, İran və Rusiya elektroenergetika sistemlərinin birləşdirilməsi üzrə işçi qrup yaradacaq', 26 April 2018.

74 Rashid Shirinov, 'Azerbaijan, Iran sign agreement on electricity sale', *AzerNews*, 13 April 2018.

75 *Tehran Times*, 'Rail freight transport in Iran up 55%', 14 August 2017.

76 *Iran Daily*, 'Iran's transit revenues up by 20%', 10 April 2018.

77 Anadolu Agency, 'Turkey, Kazakhstan look to boost ties "in all areas" ', 19 April 2018.

78 Ministry of Foreign Affairs of the Republic of Kazakhstan, 'Chairman and judges to Astana International Financial Centre Court take oath', 7 December 2017.

79 *Dawn*, 'Bonhomie marks opening of TAPI gas pipeline', 24 February 2018.

80 Eurasianet, 'Reports: Pakistan pushes through accelerated plan for TAPI', 2 May 2018.

81 *Pashtun Times*, 'Taliban announce stout support for TAPI gas pipeline project', 23 February 2018.

82 Anisa Shaheed, 'Taliban Discussing Peace Offer, says Former Member', *ToloNews*, 11 April 2018.

83 See for example *UzDaily*, 'Представители Узбекистана провели рабочие встречи с движением 'Талибан', 18 June 2018.

84 Associated Press, 'NATO Backs Afghan Leader's Offer of Talks With the Taliban', 27 April 2018.

85 Department of Defense, 'Department of Defense Press Briefing by General Nicholson via teleconference from Kabul, Afghanistan', 22 August 2018.

86 US Department of State, Office of Inspector General, 'Operation Freedom's Sentinel: Report to the United States

Congress', 1 January 2018–31 March 2018 (2018).

87 Bob Woodward, *Fear: Trump in the White House* (London, 2018), p. 221.

88 Gordon Lubold and Jessica Donati, 'Trump Orders Big Troop Reduction in Afghanistan', *Wall Street Journal*, 20 December 2018.

89 Mujib Mashal and Fahim Abed, 'Taliban Peace Talks Cast Uncertainty on Presidential Vote', 29 August 2019.

90 US Geological Survey, 'Preliminary Assessment of Non-Fuel Mineral Resources of Afghanistan, 2007' (October 2007).

91 Global Witness, *War in the Treasury of the People. Afghanistan, lapis lazuli and the battle for mineral wealth* (May 2016).

92 Global Witness, *Talc: The Everyday Mineral Funding Afghan Insurgents. How talc from Afghanistan's opaque and poorly regulated mining sector is helping fuel the Islamic State and Taliban* (May 2018).

93 Uran Botobekov, 'ISIS Uses Central Asians for Suicide Missions', *The Diplomat*, 1 December 2016; Edward Lemon, *Pathways to Violent Extremism: evidence for Tajik recruits to Islamic State* (2018).

94 Mohammed Elshimi, Raffaello Pantucci, Sarah Lain and Nadine Salman, *Understanding the Factors Contributing to Radicalisation Among Central Asian Labour Migrants in Russia*, Royal United Services Institute for Defence and Security Studies, Occasional Papers (2018).

95 Fikret Dolukhanov, 'Uzbekistan, Tajikistan to hold joint military drills for first time', Trend News Agency, 18 April 2018. TASS, 'Россия и Узбекистан дали старт совместному антитеррористическому учению', 4 October 2017; Fakhir Rizvi, 'China, Pakistan, Afghanistan, Tajikistan to conduct joint Counter-terrorism Exercise', *Urdu Point*, 26 April 2018.

96 Indian Defence Ministry spokesman, quoted in *Hindustan Times*, 'India, Kazakhstan armies begin joint military exercises in Himchal Pradesh', 2 November 2017.

97 TASS, 'Более трех тысяч военных примут участие в учениях ШОС 'Мирная миссия – 2018' на Урале', 4 June 2018.

98 Dipanjan Roy Chaudhury, 'First joint military drills for India and Pakistan courtesy SCO', *Economic Times*, 9 June 2018.

99 PressTV, 'Iran, Pakistan to share border or peace, friendship: Pakistani Army', 29 December 2017; Mehr News Agency,

'Iran, Pakistan determined to boost border security', 12 March 2018. For the summoning of the Iranian ambassador to Pakistan, Al-Jazeera, 'Iran threatens to hit "terror safe havens" in Pakistan', 9 May 2017.

100 *Financial Tribune*, 'Iran Welcomes Gas Swap Deals with Turkmenistan', 3 April 2018; *Iran Daily*, 'Turkmenistan, Iran, to take gas dispute to intl. arbitration', 5 December 2017.

101 AKIPress, 'Turkmenistan lodges lawsuit against Iran in International Court of Arbitration', 17 August 2018.

102 *Ozodlik*, 'Бердымухамедов вызвал к себе руководство компании, строившей ашхабадский аэропорт из-за дефекта здания', 13 January 2017.

103 Bruce Pannier, 'Good News for Uzbekistan Is Not Good News for Turkmenistan', *Qishloq Ovozi*, 25 April 2018; Radio Azatlyk, 'В Туркменистане дорожают лекарства, ощущается дефицит', 27 July 2018.

104 IMF, *Opening Up in the Caucasus and Central Asia. Policy Frameworks to Support Regional and Global Integration*, July 2018.

105 Jason Holland, 'Turkmenistan opens US$2.25 billion airport with 1,100sq m of duty free and retail space', *The Moodie Davitt Report*, 14 October 2016.

106 *Озодлик*, 'Бердымухамедов вызвал к себе руководство компании, строившей ашхабадский аэропорт из-за дефекта здания', 13 January 2017.

107 Альтернативные новости Туркменистана, 'Ниже уровня толчка. В Гумдаге полиция занялась туалетами и мусорными свалками', 21 May 2018.

108 Attracta Mooney, 'Kazakh sovereign wealth fund is latest victim of oil price fall', *Financial Times*, 8 January 2016.

109 Edward Robinson, 'Bank's $4 Billion Fraud Allegations Return to London Courtroom', Bloomberg, 20 November 2017.

110 Max Seddon, Lionel Barber and Kathrin Hille, 'Elvira Nabiullina shuts down Russia's banking "banditry"', *Financial Times*, 19 October 2016.

111 *BNE Intellinews*, 'Taliban pledge protection as construction starts on Afghan part of TAPI pipeline', 26 February 2018.

112 Bruce Pannier, 'Why Didn't Turkmen, Uzbek Leaders Mention "Line D" To China?', *Qishloq Ovozi*, 27 April 2018.

113 President of the Republic of Kazakstan, 'Заявление Главы Государства' 21 February 2019.

114 RadioFreeEurope, 'Tajik Muslim Leader Declares Boxing, Other Sports Forbidden', 1 June 2018.

115 Eurasianet, 'Tajikistan slaps restrictions on imports from Uzbekistan', 6 July 2018.

116 Mullorachab Yusyfi, 'Тақозо аз додситон : 'Қарори вазорати маорифро бекор кунед', Radio Ozodi, 26 June 2018.

117 Radio Azatlyk, 'Туркменистан: не достигшие тридцатилетия мужчины не будут допущены к зарубежным поездкам', 16 April 2018.

118 *New Fronts, Brave Voices. Press Freedom in South Asia 2016–2017*, IFJ Press Freedom Report for South Asia (2016–2017); *Daily Times*, 'Another journalist targeted', 23 June 2018; Raju Gopalakrishnan, 'Indian journalists say they are intimidated, ostracised if they criticise Modi and the BJP', Reuters, 26 April 2018.

119 Reuters, 'Kazakh police detain dozens at anti-government rally', 9 May 2018; Joanna Lillis, 'Is Kazakhstan's political opposition creeping back?' Eurasianet, 24 May 2018. 關於此事的更多背景訊息・見同上・*Dark Shadows. Inside the Secret World of Kazakhstan* (London, 2018).

120 World Bank, 'Gender Equality – Europe and Central Asia', 1 March 2018, http://www.worldbank.org/en/region/eca/brief/gender.

121 International Monetary Fund, 'Islamic Republic of Iran, IMF Country Report 18/93' (2018)

122 *Times of Israel*, 'Iran currency hits record low, crashing through 50,000 rial to the US dollar', 28 March 2018.

123 BBC News, 'Six charts that explain the Iran protests', 4 January 2018.

124 See, for example, Karim Sadjadpour, 'The Battle for Iran', *The Atlantic*, 31 December 2017; Najmeh Bozorgmehr, 'Iran's disillusioned youth spare no one in display of anger', *Financial Times*, 2 January 2018.

125 President Trump tweet, 1 January 2018.

126 Brent D. Griffiths, 'Giuliani: Trump is "committed to" regime change in Iran', *Politico*, 5 May 2018.

127 'Full text of speech by Rudy Giuliani at Grand Gathering 2018', Iran Probe, 5 July 2018.
128 White House, 'Remarks by President Trump on the Joint Comprehensive Plan of Action', 8 May 2018.
129 International Atomic Energy Agency, 'Verification and monitoring in the Islamic Republic of Iran in light of United Nations Security Council resolution 2231 (2015)', 22 February 2018.
130 Tasnim News, 'IRGC Warns US of Consequences of Military Action', 24 May 2018.
131 White House, 'Remarks by LTG H. R. McMaster at the United States Holocaust Memorial Museum Simon-Skjodt Center – "Syria, Is the Worst Yet to Come?"', 15 March 2018.
132 Jeffrey Goldberg, 'Saudi Crown Prince: Iran's Supreme Leader "Makes Hitler Look Good"', *The Atlantic*, 2 April 2018.
133 BBC News, 'Iran hits back over Saudi's prince's "Hitler" comment', 24 November 2017.
134 *Al Arabiya*, 'Mohammad bin Salman's full interview', 3 May 2017.
135 *Middle East Eye*, 'Iran warns Saudi Arabia after prince's "battle comments"', 8 May 2017.
136 *Haaretz*, 'After Crown Prince Recognizes Israel's Right to Exist, Saudi King Reiterates Support for Palestinians', 4 April 2018.
137 Raf Sanchez, 'Saudi Arabia "doesn't care" about the Palestinians as long as it can make a deal with Israel against Iran, says former Netanyahu advisor', *Daily Telegraph*, 25 November 2017.
138 Daily Sabah, 'Israel welcomes Saudi mufti's pro-Israel remarks, invites him to visit the country', 14 November 2017.
139 Anshel Pfeffer, 'Israeli minister confirms "secret" Saudi talks', *The Times*, 21 November 2017.
140 'Arab nations slam Israel's "racist, discriminatory" Jewish nation-state law', *Times of Israel*, 21 July 2018; 'High Court said to advise El Al to drop suit over Saudi route to India', *Times of Israel*, 22 July 2018.
141 Amir Tibon, 'Report: Netanyahu Asked Trump to Stick With Saudi Crown Prince After Khashoggi Murder', *Haaretz*, 1 November 2018.
142 CNN, 'Transcript: Donald Trump's New York press conference', 27 September 2018.

第三章　通向北京之路

1 Xinhua, Speech by Xi Jinping, 'Promote People-to-People Friendship and Create a Better Future', 7 September 2013.

2 Richard A. Boucher, 'US Policy in Central Asia: Balancing Priorities (Part II)', Statement to the House International Relations Subcommittee on the Middle East and Central Asia, 26 April 2006.

3 *People's Daily*, 'US scheming for "Great Central Asia" strategy', 4 August 2006; for S. Frederick Starr's paper, 'A Partnership for Central Asia', *Foreign Affairs* July/August 2005.

4 US State Department, 'Remarks on India and the United States: A Vision for the 21st Century', 20 July 2011.

5 China.org.cn, 'Decision of the Central Committee of the Communist Party of China on Some Major Issues Concerning Comprehensively Deepening the Reform', Article 26, Section VII, 12 November 2013.

6 State Council Information Office, 'Six major economic corridors form the "Belt and Road" framework. China Development Bank invests $890bn', 2 May 2015.

7 Export-Import Bank of China, press release, 'Bank plays a policy-based financial role to support the construction of "One Belt and One Road" ', 14 January 2014.

8 China International Trade Institute, *Industrial Cooperation between Countries along the Belt and Road* (August, 2015).

9 HSBC, 'Reshaping the Future World Economy', 11 May 2017.

10 François de Soyres, Alen Mulabdic, Siobhan Murray, Nadia Rocha Gaffuri and Micele Ruta, *How Much will the Belt and Road Initiative reduce trade costs?*, World Bank Policy Working Paper 8614, October 2018.

11 Xinhua, 'Full text of President Xi Jinping's speech at opening of Belt and Road forum', 14 May 2017.

12 Rani Sankar Bosu, 'BRI will bring China and ASEAN closer', China. org.cn, 22 May 2017.

13 Xinhua, 'President Xi says to build Belt and Road into road for peace, prosperity', 14 May 2017.

14 YouTube, 'What's wrong with the world? What can we do?', https://www.youtube.com/watch?v=RkkGb14zIVY

15 Xinhua, 'Full text of President Xi Jinping's speech at opening of Belt and Road forum', 14 May 2017.

16 James Kynge, 'How the Silk Road plans will be financed', *Financial Times*, 9 May 2016.
17 For China's experiences in the 1980s and 90s, see Gewirtz, *Unlikely Partners*, op. cit.
18 Jamil Anderlini, 'Interview: "We say, if you want to get rich, build roads first" ', *Financial Times*, 25 September 2018.
19 Jonathan E. Hillman, 'How Big Is China's Belt and Road?', Center for Strategic and International Studies, 3 April 2018.
20 Frankopan, *Silk Roads*, passim.
21 Press TV, 'Iran opens new trade link under new Silk Road plan', 26 June 2018.
22 Turkmenistan Segodnya, 'В Туркменабате тожественно открыт монумент «Шёлковый путь,' 8 April 2018.
23 Rigina Madzhitova, 'Уникальный проект, или как 12 ворот Ташкента превратят город в сердце Великого шелкового пути', Podrobno.uz, 5 September 2018.
24 Jonathan Hillman, 'A Chinese world order', *Washington Post*, 23 July 2018.
25 For example, Sajjad Hussain, 'China's CPEC investment in Pakistan reach $62 billion', *Livemint*, 12 April 2017; Arif Rafiq, 'China's $62 Billion Bet on Pakistan', *Foreign Affairs*, 25 October 2017;
26 Dr Shahid Rashid, executive director of the Center of Excellence for CPEC, quoted in *The News International*, 'CPEC contribution to cross $100bn by 2030', 9 February 2018.
27 Khaleeq Kiani, 'If all goes well, 10 CPEC projects may be completed', *Dawn*, 1 January 2018.
28 Mehtab Haider, 'China may be involved in running Karachi–Peshawar railway', *The News*, 5 February 2018.
29 *Tribune*, 'Cement sales touch record high at 4.2 million tons in October', 4 November 2017.
30 Eva Grey, 'China turns Malaysia's East Coast Rail Link into reality', *Railway Technology*, 1 October 2017.
31 Xinhua, 'Laotians expect Laos–China railway to bring tangible benefits', 4 February 2018.
32 For a survey of current major BRI infrastructure projects, see *International Financing Review Asia. Asian Development Bank Special Report: Coming up Fast* (April 2018).
33 'China to establish court for OBOR disputes', *Asia Times*, 25 January 2018.

34 Saptarshi Ray, 'China to tunnel beneath Himalayas for Nepal railway link', *The Times*, 23 June 2018.

35 Anil Giri, 'China looks at Nepal as potential gateway to South Asia, expands footprints in market', *Hindustan Times*, 19 October 2017.

36 Turloch Mooney, 'New Asia–Europe rail services added amid weak ocean rates', *Journal of Commerce*, 31 May 2016.

37 An additional ten containers were unloaded at Duisberg, *Railway Gazette*, 'First China to UK rail freight service arrives in London', 18 January 2017.

38 Dirk Visser, 'Snapshot: The World's Ultra-Large Container Ship Fleet', *The Maritime Executive*, 2 June 2018.

39 Quoted in The *Economist*, 'Western firms are coining it along China's One Belt, One Road', 3 August 2017.

40 Goldman Sachs, 'The Rise of China's New Consumer Class' at http://www.goldmansachs.com/our-thinking/macroeconomic-insights/growth-of-china/chinese-consumer/

41 Zhidong Li, Kokichi Ito and Ryoichi Komiyama, *Energy Demand and Supply Outlook in China for 2030 and A Northeast Asian Energy Community – The automobile strategy and nuclear power strategy of China* (2018).

42 Robin Mills, 'China's Big Play for Middle East Oil', Bloomberg, 10 May 2017; Elena Mazneva, Stephen Bierman and Javier Blas, 'China Deepens Oil Ties With Russia in $9 Billion Rosneft Deal', Bloomberg, 8 September 2017; Anthony Dipaola and Aibing Guo, 'China's CNPC pays $1.18 billion for concessions in Abu Dhabi', *World Oil*, 21 March 2018.

43 US Energy Information Administration, 'China surpassed the United States as the world's largest crude oil importer in 2017', 5 February 2017.

44 Yoram Evron, 'The Challenge of Implementing the Belt and Road Initiative in the Middle East: connectivity projects under conditions of limited political engagement', *China Quarterly* 237 (2019), 196–216.

45 Reuters, 'Kazakhstan to produce nuclear fuel for China', 26 May 2017.

46 Fred Gale, James Hansen and Michael Jewison, *China's Growing Demand for Agricultural Imports*, US Department of Agriculture, (2014), pp. 11–12.

47 China Water Risk, 'North China Plain Groundwater', statement, 26 February 2013.
48 *South China Morning Post*, 'Air quality worsening in China's Yangtze River Delta in 2018, figures show', 23 May 2018.
49 Li Gao, 'Greening Chinese Patent Law to Incentivize Green Technology Innovation in China', in Yahong Li, *The Role of Patents in China's Industrial Innovation* (Cambridge, 2017), pp. 79–105.
50 See, for example, Xinhua, 'President vows vast battle with pollution', 19 May 2018.
51 International Monetary Fund, Press release 18/200, 'IMF Staff Completes 2018 Article IV Mission to China', 29 May 2018.
52 Yan Chunlin, 'Visible and invisible hand in creating and reducing overcapacity', in Scott Kennedy (ed.), *State and Market in Contemporary China: Toward the 13th Five-Year Plan* (Lanham, 2016), pp. 30–32; Peter Ferdinand, 'Westward ho – The China dream and "one belt, one road": Chinese foreign policy under Xi Jinping', *International Affairs* 92.4 (2016), pp. 941–57.
53 Andrei Kirillov, 'В Казахстане регулярно говорят о некачественном ремонте дорог', *Kapital*, 26 June 2014.
54 Asian Development Bank, *Meeting Asia's Infrastructure Needs* (2017).
55 ICE, 'People Research on India's Consumer Economy', 360° survey 2016.
56 Tom Hancock, 'US fast food chains chase growth in small-town China', *Financial Times*, 18 October 2017; Salvatore Babones, 'China's middle class is pulling up the ladder behind slowly', *Foreign Policy*, 1 February 2018.
57 Tom Hancock and Wang Xueqiao, 'China's smaller cities compete to increase population', *Financial Times*, 20 July 2018.
58 Zhao Lei, 'Xinjiang's GDP growth beats the national average', *China Daily*, 20 October 2017; Frank Tang, 'Xinjiang halts all government projects as crackdown on debt gets serious', *South China Morning Post*, 4 April 2018.
59 Joseph Hope, 'Returning Uighur Fighter and China's National Security Dilemma', *China Brief* 18(13), 25 July 2018.
60 Emily Feng, 'Crackdown in Xinjiang: Where have all the people gone?', *Financial Times*, 5 August 2018.
61 Nectar Gan, 'Ban on beards and veils – China's Xinjiang passes law to curb ' "religious extremism" ', *South China*

Morning Post, 30 March 2017.

62 The *Economist*, 'China has turned Xinjiang into a police state like no other', 3 May 2018; Stephanie Nebehay, 'UN says it has credible reports that China holds million Uighurs in secret camps', Reuters, 10 August 2018. For re-education camps, see Radio Free Asia, 'Around 120,000 Uyghurs Detained For Political Re-Education in Xinjiang's Kashgar Prefecture', 22 January 2018.

63 Feng, 'Crackdown in Xinjiang', op. cit.

64 Human Rights Watch, '*Eradicating Ideological Viruses.' China's Campaign of Repression against Xinjiang's Muslims* (London, 2018).

65 Weida Li, 'Beijing responds to Xinjiang policy criticism, blames "anti-China forces"', *GB Times*, 14 August 2018.

66 Associated Press, 'China to UN panel: No arbitrary detention in Uighur region', 13 August 2018.

67 Radio Free Asia, 'Xinjiang Political "Re-Education Camps" Treat Uyghurs "Infected by Religious Extremism"', CCP Youth League, 8 August 2018.

68 Zhang Hui, 'Xinjiang city urges terrorists to turn themselves in within 30 days', *Global Times*, 19 November 2018.

69 Philip Wen and Olzhas Auyezov, 'Tracking China's Muslim Gulag', Reuters, 29 November 2018.

70 State Council Information Office of The People's Republic of China, *White Paper: Fights against Terrorism and Extremism in Xinjiang* (March, 2019).

71 Yuan Yang and Madhumita Murgia, 'Data leak reveals China is tracking almost 2.6m people in Xinjiang', FT, 17 February 2019.

72 Loretta Chao and Don Clark, 'Cisco Poised to Help China Keep an Eye on Its Citizens', *Wall Street Journal*, 5 July 2011; Deutsche Bank, Markets Research, Dahua, 24 July 2017 https://img3.gelonghui.com/pdf201707/pdf20170726111536650.pdf.

73 Xinhua, 'President Xi vows intense pressure on terrorism', 27 June 2014.

74 Reuters, 'China stages another mass anti-terror rally in Xinjiang', 19 February 2017.

75 Adrian Zenz and James Liebold, 'Chen Quanguo: The Strongman Behind Beijing's Securitization Strategy in Tibet and Xinjiang', *China Brief* 17(12), 21 September 2017.

76 Abdullo Ashurov, 'Аз донишҷӯёни тоҷик дар Чин хостанд, рӯза нагиранд', *Radioi Ozodi*, 9 June 2018.

77 Nurtai Lakhanuly, 'Это было как в аду'. Рассказы побывавших в китайских лагеря,' *Radio Azattyk*, 23 May 2018. Also see here Bruce Pannier, 'China's New Security Concern – The Kazakhs', *Qishloq Ovozi*, 8 August 2017.

78 Xinhua, 'Xi calls for building "great wall of iron" for Xinjiang's stability', 10 March 2017.

79 Congressional-Executive Commission on China, 'Chairs Urge Ambassador Branstad to Prioritize Mass Detention of Uyghurs, Including Family Members of Radio Free Asia Employees', 3 April 2018.

80 See, for example, Franz J. Marty, 'The curious case of Chinese troops on Afghan soil', *Central Asia-Caucasus Analyst*, 3 February 2017.

81 Paul Goble, 'What Is China's Military Doing on the Afghan–Tajik Border?', *Eurasia Daily Monitor* 15(20), 8 February 2018.

82 Farhan Bokhari, Kiran Stacey and Emily Feng, 'China courted Afghan Taliban in secret meetings', *Financial Times*, 8 August 2018.

83 Reuters, 'Pakistan scrambles to protect China's "Silk Road" pioneers', 11 June 2017.

84 Permanent Court of Arbitration, 'The South China Sea Arbitration (The Republic of Philippines v. The People's Republic of China)', 12 July 2016 at https://www.pcacases.com/web/view/7

85 Richard A. Bitzinger, 'China's Plan to Conquer the South China Sea Is Now Clear', *The National Interest*, 10 May 2018.

86 Vu Huang, 'Vietnam asks China to end bomber drills in Paracels', *VnExpress*, 31 May 2018.

87 Manuel Mogato, 'Philippines takes "appropriate action" over Chinese bomber in disputed South China Sea', Reuters, 21 May 2018.

88 US Department of Defense, 'Remarks by Secretary Hagel at plenary session at International Institute for Strategic Studies Shangri-La Dialogue', 31 May 2014.

89 Ankit Panda, 'How Much Trade Transits the South China Sea? Not $5.3 Trillion a Year', *The Diplomat*, 7 August 2017.

90 *China Power*, 'How much trade transits the South China Sea?' 2 August 2017.

91 *Tanker Shipping & Trade*, 'China looks beyond the Middle East for its crude oil fix', 29 August 2017.

92 See, for example, Ian Storey, 'China's "Malacca Dilemma"', *China Brief* 6(8), 12 April 2006.

93 *Japan Times*, 'China–Japan maritime crisis would undermine "Belt and Road" initiative: PLA document', 23 September 2018.

94 *Japan Times*, 'Japan developing supersonic glide bombs to defend Senkaku Islands', 25 September 2018.

95 Jeffrey Wasserstrom, *Global Shanghai, 1850–2010: A History in Fragments* (London, 2009), p. 1.

96 For example, James A. Millward, 'Is China a colonial power?' *New York Times*, 4 May 2018.

97 Keith Johnson, 'Why is China Buying Up Europe's Ports?', *Foreign Policy*, 2 February 2018.

98 *Seatrade Maritime News*, 'Cosco reveals $620m Piraeus development plan', 29 January 2018.

99 For OOCL see Costas Paris, 'China's Cosco Agrees to Buy Shipping Rival OOCL', *Wall Street Journal*, 8 July 2017.

100 Janet Eom, '"China Inc." Becomes China the Builder in Africa', *The Diplomat*, 29 September 2016.

101 David Dollar, 'China's engagement with Africa. From Natural Resources to Human Resources', *John L. Thornton Center at Brookings* (2016).

102 Xinhua, 'Full text of Chinese President Xi Jinping's speech at opening ceremony of 2018 FOCAC Beijing summit', 4 September 2018.

103 Yusuf Alli, 'Obasanjo urges African leaders to ensure peace', *The Nation*, 28 June 2018.

104 Rogerio Jelmayer, 'Chinese investment, loans to LatAm staying high', *BN Americas*, 25 June 2018.

105 TeleSur, 'China Approves US$5Bn Loan For Venezuelan Oil Development', 3 July 2018. For inflation in Venezuela,

Reuters, 'Venezuela's hyperinflation soars to 24,572 percent', 12 June 2018.

106 *América Economica*, 'Venezuela recibirá US$250M del Banco de Desarrollo de China para impulsar producción de crudo', 4 July 2018.

107 Haley Zaremba, 'Maduro looks to China for a bailout', OilPrice.com, 23 September 2018.

108 Ministry of Foreign Affairs of the People's Republic of China, 'China's Policy Paper on Latin America and the Caribbean (full text)', 5 November 2008. Carlos Torres and Randy Woods, 'China is Boosting Ties in Latin America. Trump Should Be Worried', Bloomberg, 3 January 2018.

109 *People's Daily*, '習近平致信祝賀中國－拉美和加勒比國家共同體論壇第二屆部長級會議開幕', 23 January 2018.

110 Kejal Vyas, 'China Talks With Venezuela Opposition to Protect Investments', *Wall Street Journal*, 12 February 2019; Xinhua, 'China refutes report of contact with Venezuelan opposition', 13 February 2019.

111 Digital Belt and Road Program (DBAR), *Science Plan. An International Science Program for the Sustainable Development of the Belt and Road Region Using Big Earth Data* (2017), p. 2.

112 Hillman, 'How Big Is China's Belt and Road?', op. cit.

113 See, for example, Fernando Ascensão et al, 'Environmental challenges for the Belt and Road Initiative', *Nature Sustainability* 1 (2018), pp. 206–9.

114 Boris Ngounou, 'Congo Brazzaville: Chinese Agil Congo suspended for environmental disaster', *Afrika* 21, 31 January 2019.

115 Leo Timm, 'The Authoritarian Model Behind China's "One Belt, One Road"', *Epoch Times*, 21 May 2018.

116 Jonathan E. Hillman, 'China's Belt and Road Is Full of Holes', Center for Strategic and International Studies, 4 September 2018.

117 Joseph S. Nye, 'Xi Jinping's Marco Polo Strategy', Project Syndicate, 12 June 2017; Sarah McGregor, 'China Boosts Its US Treasuries Holdings by Most in Six Months', Bloomberg, 18 April 2018.

118 James Kynge, 'How the Silk Road plans will be financed', *Financial Times*, 9 May 2016.

119 Testimony by Jonathan Hillman, 'Statement Before the US–China Economic and Security Review Commission', 25 January 2018.

120 Quoted by Mark Magnier and Chun Han Wang, 'China's Silk Road Initiative Sows European Discomfort', *Wall Street Journal*, 15 May 2017.

121 US Department of State, 'Remarks – Secretary of State Rex Tillerson On US–Africa Relations: A New Framework', 6 March 2018.

122 Embassy of the People's Republic of China in the Republic of Zimbabwe, 'All-weather Friendship between China and Zimbabwe Beats the Slander', 26 May 2016.

123 For Mugabe's fortune, see Wikileaks, 'Assets of President Mugabe and Senior Goz and ruling party leaders', 29 August 2001. For Grace Mugabe's PhD, *News24*, 'Grace Mugabe's PhD the greatest academic fraud in history: academics', 3 February 2018. For China's role, Simon Tisdall, 'Zimbabwe: was Mugabe's fall as a result of China flexing its muscle?', *Guardian*, 21 November 2017.

124 Xinhua, 'Xi announces 10 major programs to boost China–Africa cooperation in coming 3 years', 4 December 2015.

125 Victoria Breeze and Nathan Moore, 'China has overtaken the US and UK as the top destination for anglophone African students', 30 June 2017.

126 James Carey, 'Tired of US "Aid" (Exploitation), Africa and Global South Look to China', *Mint Press News*, 18 January 2018.

127 Howard French, 'From Quarantine to Appeasement', *Foreign Policy*, 20 May 2015.

128 Colum Lynch, 'Genocide Under Our Watch', *Foreign Policy*, 18 April 2015.

129 François-Régis Legrier, 'La bataille d'Hajin: Victoire tactique, défaite stratégique?', *Revue Défense Nationale. Formation et commandement*, February 2019, p. 71.

130 Amitav Acharya, 'Asia after the liberal international order', *East Asia Quarterly* 10.2 (2018).

131 David Pilling and Adrienne Klasa, 'Kenya president urges rebalance of China–Africa trade', *Financial Times*, 14 May 2017.

132 *Business Day*, Kenya's Nairobi–Mombasa highway faces delays as legislators fret over debt', 12 April 2018.

133 David G. Landry, 'The Risks and Rewards of Resource-for-Infrastructure deals; Lessons from the Congo's Sicomines Agreement', *China Africa Research Initiative*, Working Paper 16 (May 2018).

134 David G. Landry, 'The Belt and Road Bubble is starting to burst', *Foreign Policy*, 27 June 2018.

135 Center for Global Development, *Examining the Debt Implications of the Belt and Road Initiative from a Policy Perspective*, CGD Policy Paper 121 (2018).

136 Charles Clover, 'IMF's Lagarde warns China on "Belt and Road" debt', *Financial Times*,12 April 2018.

137 Alexander Sodiqov, 'Tajikistan Cedes Disputed Land to China', *Eurasia Daily Monitor*, 24 January 2011.

138 Jeffrey Reeves, *Chinese Foreign Relations with Weak Peripheral States. Assymetrical economic power and Insecurity* (London, 2016), pp. 78ff.

139 John Hurley, Scott Morris and Gailyn Portelance, 'Examining the Debt Implications of the Belt and Road Initiative from a Policy Perspective', *Center for Global Development Policy Paper* 121 (March 2018), p. 17; also IMF, 'Lao People's Democratic Republic. 2017 Article IV Consultation', March 2018.

140 Joaquim José Reis, 'Mais de metade da dívida ao estrangeiro é à China, a quem cada angolano já deve 754 USD', *Expansão*, 11 May 2018. For Angola's per capita income, see https://data.worldbank.org/country/Angola

141 Tatyana Kudryavtseva, 'State debt of Kyrgyzstan reaches $703 per each resident', 24.kg, 11 April 2018; World Bank, GDP per capita (current US$), Kyrgyzstan.

142 Nurjamal Djanibekova, 'Kyrgyzstan: Power plant blame game threatens political showdown', Eurasianet, 18 May 2018.

143 P. K. Vasudeva, 'Sri Lanka's Handing Over Hambantota Port to China has Enormous Ramifications', *Indian Defence*

Review, 30 January 2018.

144 *Gulf News*, 'No more flights from Sri Lanka's second airport', 6 June 2018.

145 *NewsIn.Asia*, 'Mattala airport in south Sri Lanka may help India strengthen links with ASEAN', 17 August 2017.

146 *Times of India*, 'Arun Jaitley's remark on "One Belt, One Road" shows unease in ties with China', 8 May 2017.

147 Ministry of External Affairs, India, 'Official spokesperson's response to query on participation of India in OBOR/BRI Forum', 13 May 2017.

148 Indrani Bagchi, 'India slams China's One Belt One Road initiative, says it violates sovereignty', *Times of India*, 14 May 2017.

149 Zhong Nan, 'World loves belt and braces approach', *China Daily*, 15 May 2017.

150 Zhang Xin, 'Indian Ambassador to China optimistic about future of bilateral relations', *Global Times*, 25 January 2018.

151 Liaqat Ali et al., 'The potential socio-economic impact of China Pakistan Economic Corridor', *Asian Development Policy Review* 5.4 (2017), pp. 191–8.

152 Ankit Panda, 'Geography's Curse: India's Vulnerable "Chicken's Neck"', *The Diplomat*, 8 November 2013.

153 *India Today*, 'Full-scale India–China war likely soon, Washington will back New Delhi: Meghnad Desai', 5 August 2017.

154 *The Hindu*, 'Army prepared for a two and a half front war: General Rawat', 8 June 2017.

155 See Frankopan, *Silk Roads*, pp. 294ff and above all Christopher Clark, *The Sleepwalkers: How Europe Went to War in 1914* (London, 2012).

156 See for example Zack Brown, 'Did Pakistan Just Blink', *National Interest*, 28 February 2019.

157 *First Post*, 'Pakistan seals $5 billion deal to buy eight Chinese attack submarines', 31 August 2016.

158 Christopher Clary and Ankit Panda, 'Safer at Sea? Pakistan's Sea-Based Deterrent and Nuclear Weapons Security', *Washington Quarterly* 40(3) (2017), pp. 149–68.

159 Asian News International, 'Chinese navy ships in Gwadar, a concern: Indian Navy Chief', 1 December 2017.

160 Yuji Kuronuma, 'Maldives lifts state of emergency, defusing China–India tensions', *Nikkei Asian Review*, March 23 2018.

161 Manu Pubby, 'No confrontation or warning shots at Chinese warships near Maldives: Indian Navy', *The Print*, 28 March 2018.

162 Brahma Chellaney, 'India's Choice in the Maldives', *Project Syndicate*, 19 February 2018.

163 Ai Jun, 'Unauthorized military intervention in Malé must be stopped', *Global Times*, 12 February 2018.

164 Saurav Jha, 'Successful Pre-Induction Trial of India's Agni-V Intercontinental Ballistic Missile Takes It Closer to Deployment', *Delhi Defence Review*, 18 January 2018

165 Yin Han, 'India naval exercises inflame tensions with China, expand potential conflict from land to sea: observers', *Global Times*, 26 February 2018.

166 *The Economist*, 'Australia is edgy about China's growing presence on its doorstep', 20 April 2018.

167 Catherine Graue and Stephen Dziedzic, 'Federal Minister Concetta Fierravanti-Wells accuses China of funding "roads that go nowhere" ', ABC News, 10 January 2018.

168 David Wroe, 'Australia takes over Solomon Islands internet cable amid spies' concerns about China', *Sydney Morning Herald*, 25 January 2018; prime minister of Australia, media release, 'Australia and France sign future submarine inter-governmental agreement', 20 December 2016.

169 ABC, 'New Ait Force spy drones to monitor South China Sea, fleet of six planes to cost $7bn', 26 June 2018.

170 Government of New Zealand, *Strategic Defence Policy Statement 2018* (2018).

171 Rod McGurk and Nick Perry, 'Pacific nations plan new security pact as Chinese aid grows', *Associated Press*, 6 July 2018.

172 A reduction of the French force by a third was eventually agreed: *La Croix*, 'La France réduit ses effectifs sur sa base de Djibouti', 27 July 2015.

173 *Middle East Monitor*, 'Djibouti welcomes Saudi Arabia plan to build a military base', 28 November 2017,

174 Michel Oduor, 'Erdoğan opens largest Turkish embassy during visit to Somalia', 4 June 2016.

175 *Horn Observer*, 'Turkey Government to Construct a Modern Military Training Base for Somali Army', 18 February 2018.

176 *Japan Times*, 'Japan to expand SDF base in tiny but strategically important Djibouti', 19 November 2017.

177 *Stratfor*, 'The UAE joins an exclusive club', 8 December 2016.

178 Adel Abdul Rahim and Ahmed Yusuf, 'Sudan, Qatar ink $4B deal to develop Suakin seaport', 26 March 2018.

179 *Qaran News*, 'Russia offers to build military base in Zeila in exchange for Somaliland recognition', 2 April 2018.

180 Katrina Manson, 'Jostling for Djibouti', *Financial Times*, 1 April 2016.

181 United States Africa Command, Transcript, 'Gen. Thomas D. Waldhauser at HASC Hearing on National Security Challenges and US Military Activities in Africa; US Africa Commander's 2018 Posture testimony to the House Armed Services Committee', 6 March 2018.

182 Simeon Kerr and John Aglionby, 'DP World accuses Djibouti of illegally seizing container terminal', *Financial Times*, 23 February 2018; IMF, 'Djibouti. Staff Report for the 2016 Article IV Consultation – Debt Sustainability Analysis', 6 February 2017.

183 For the purpose of the base, Wang Xu, 'Beijing confirms military support facilities in Djibouti', *China Daily*, 27 November 2015; for construction, *Stratfor*, 'Looking Over China's Latest Great Wall', 27 June 2017.

184 Dennis J. Blasko, 'The 2015 Chinese Defense White Paper on Strategy in Perspective: Maritime Missions Require a Change in the PLA Mindset', *China Brief* 15(12), 19 June 2015.

185 Yang Sheng, 'More support bases to be built to assist PLA Navy: analyst', *Global Times*, 12 February 2012.

186 World Bank, 'The World Bank in São Tomé and Prìncipe. Overview', 8 April 2016.

187 Visão, 'Empresa chinese vai construer porto de águas profundas em São Tomé e Príncipe', 13 October 2015.

188 Xinhua, 'Chinese FM meets São Tomé and Prìncipe counterpart', 17 January 2018.

189 Leng Shumei, 'São Tomé and Prìncipe breaks ties with Taiwan', 21 December 2016.

190 *Panamá América*, 'Empresa China invertirá $900 millones en Colón', 23 May 2016.

191 BBC News, 'Panama cuts ties with Taiwan in favour of China', 13 June 2017.
192 CDN, 'Gobierno RD rompe relaciones diplomáticas con Taiwan y establece relaciones con China', 30 April 2018.
193 Xinhua, 'El Salvador establishes diplomatic ties with China', 21 August 2018.
194 *Bollettino Sala Stampa della Santa Sede*, 'Comunicato circa la firma di un Accordo Provvisorio tra la Santa Sede e la Repubblica Popolare Cinese sulla nomina dei Vescovi', 22 September 2018; *Focus Taiwan*, 'Vatican–China accord unlikely to be political: ROC ambassador', 18 September 2018.
195 *The Economist*, 'Donald Trump's phone call with Taiwan's president spreads alarm', 3 December 2016.
196 Jeff Mason, Stephen J. Adler and Steve Holland, 'Exclusive: Trump spurns Taiwan president's suggestion of another phone call', Reuters, 28 April 2017.
197 White House, 'Statement from the Press Secretary on China's Political Correctness', 5 May 2018.
198 Nikhil Sonnad, 'Versace is the latest major brand to express its 'sincere apologies' to China', Quartz, 11 August 2019.
199 David Bandurski, 'Yan Xuetong on the bipolar state of our world', *China Media Project*, 26 June 2018.
200 Ibid.
201 State Department, 'US Chiefs of Mission to the Dominican Republic, El Salvador, and Panama Called Back for Consultations', 7 September 2018.
202 White House, 'Statement from the Press Secretary on El Salvador', 23 August 2018.
203 Office of Senator Marco Rubio, 'Rubio, Gardner, Colleagues Introduce Legislation Requiring US Strategy to Help Strengthen Taiwan's Diplomatic Standing', 5 September 2018.
204 Greg Clary, 'State Department says US cutting off aid to El Salvador, Guatemala and Honduras', CNN, 31 March 2019
205 United States Trade Representative, '2017 Report to Congress on China's WTO Compliance', January 2018.
206 Commission on the Theft of American Intellectual Property, 'Update to the IP Commission Report. The Theft of American Intellectual Property: Reassessments of the Challenge and United States Policy', February 2017.

207 Robert Sutter, 'China–Russia Relations. Strategic Implications and US Policy Options', National Bureau of Asian Research, September 2018.

208 Department of Defense, 'Remarks by Secretary Mattis at the US Naval War College Commencement, Newport, Rhode Island', 15 June 2018.

209 United States Senate, Committee on Armed Services, 'Hearing to consider the nomination of: General Mark A. Milley, USA, for reappointment to the grade of general and to be Chairman of the Joint Chiefs of Staff', 11 July 2019.

210 Josh Glancy, 'Cold War hawks in a new flap about China, *The Times*, 5 May 2019.

211 Paul Musgrave, 'The Slip That Revealed the Real Trump Doctrine', *Foreign Policy*, 2 May 2019.

212 Department of Defense, 'Press Briefing by Pentagon Chief Joint Spokesperson Dana W. White and Joint Staff Director Lt. Gen Kenneth F. McKenzie Jr. in the Pentagon Briefing Room', 31 May 2018,

213 Office of the Secretary of Defense, *Military and Security Developments Involving the People's Republic of China 2018, Annual Report to Congress* (2018).

214 US Senate, Armed Services Committee, 'Advance Policy Questions for Admiral Philip Davidson', 17 April 2018.

215 Ben Guarino, 'The Navy called USS *Zumwalt* a warship Batman would drive. But at $800,000 per round, its ammo is too pricey to fire', *Washington Post*, 8 November 2016.

216 Arthur Dominic Villasanta, 'China Says "No" to USS *Zumwalt* Patrols off Eastern North Korea near China', *Chinatopix*, 7 February 2017.

217 *Navy Times*, 'Navy's *Zumwalt* back underway after Panama Canal breakdown', 1 December 2016.

218 John M. Donnelly, 'Zombie *Zumwalt*: The Ship Program That Never Dies', *Roll Call*, 21 May 2018.

219 Christopher Cavas, 'China among invitees to major US exercise', *Defense News*, 29 May 2017.

220 US Department of Defense, 'Remarks by Secretary Mattis at Plenary Session of the 2018 Shangri-La Dialogue', 2 June 2018.

221 Jesse Johnson, 'US needs new bases and new capabilities in Asia to counter China threat, defense chief nominee says,' *Japan Times*, 17 July 2019.

222 Colin Packham and Jonathan. Barrett, 'US seeks to renew Pacific islands security pact to foil China,' Reuters, 5 August. 2019.

223 Americas Society/Council of the Americas, 'Remarks: Assistant Secretary of State for Western Hemisphere Affairs Kimberly Breier', 29 April 2019.

224 Nurit Ben, 'Officials warn of present-day Cold War between US, China at global conference', *i24News*, 9 January 2019.

225 Jiang Shigong, 'Philosophy and History: Interpreting the "Xi Jinping Era" through Xi's Report to the Nineteenth National Congress of the CCP', translated by David Ownby, *Open Times* (2018); for a commentary, David Ownby and Timothy Creek, 'Jiang Shigong, On Philosophy and History', Australian Centre on China in the World, The China Story, 11 May 2018.

226 Jiang Shigong, 'Philosophy and History' op. cit.

第四章　通向對立之路

1 Ellen Sheng, 'The Five Biggest Chinese Investments in the US in 2016', *Forbes*, 21 December 2016.

2 Tom Kington, 'Mosque-Building Bin Ladens Buy Marble Once Used for Churches', *Daily Beast*, 4 August 2014.

3 Michele Nash-Hoff, 'Should We Allow the Chinese to Buy Any Company They Want?', *Industry Week*, 9 January 2018.

4 Dylan Byers, 'Pacific Exclusive: Warner talks tough on big tech', CNN Tech, *Pacific Newsletter*, 27 April 2018.

5 Michael LaForgia and Gabriel J. X. Dance, 'Facebook Gave Data Access to Chinese Firm Flagged by US Intelligence', *New York Times*, 5 June 2018.

6 House of Representatives, Energy and Commerce Committee, Press Release, 'Walden and Pallone on Facebook's Data-Sharing Partnerships with Chinese Companies', 6 June 2018.

7 Ali Breland, 'Facebook reveals data-sharing partnerships, ties to Chinese firms in 700-page document dump', *The Hill*, 30 June 2018.

8 Casey Newton, 'Google's ambitions for China could trigger a crisis inside the company', *The Verge*, 18 August 2018.

9 Kate Conger, 'Google Removes "Don't Be Evil" Clause from Its Code of Conduct', *Gizmodo*, 18 May 2018.

10 Ryan Gallagher, 'Google Shut Out Privacy and Security Teams from Secret China Project', *The Intercept*, 29 November 2018.

11 Colin Lecher, 'Google employees raise more than $200,000 in pledges for strike fund', *The Verge*, 29 November 2018.

12 Taylor Hatmaker, 'VP Pence calls on Google to end work on a search engine for China', *TechCrunch*, 4 October 2018.

13 *Good Morning America*, Interview, ABC, 3 November 2015.

14 Trump, Staten Island speech, 'Trump: I'm So Happy China Is Upset; "They Have Waged Economic War Against Us" ', Transcript on Real Clear Politics, 17 April 2016.

15 *The Economist*, 'The Economist interviews Donald Trump', 3 September 2015.

16 B. Milanović, *Global Inequality: a new approach for the age of globalization* (Cambridge, MA, 2016), p. 20.

17 Woodward, *Fear*, pp. 272–3.

18 Shawn Donnan, 'Is there political method in Donald Trump's trade madness', *Financial Times*, 23 March 2018.

19 Lingling Wei and Yoko Kubota, 'Trump Weights Tariffs on $100 Billion More of Chinese Goods', *Wall Street Journal*, 5 April 2018

20 For the text of the letter to the president, see https://fonteva-customer-media.s3.amazonaws.com/00D61000000dOrPEAU/psDunXQF_RILA%20301%20Letter.pdf

21 Scott Horsley, 'Trump Orders Stiff Tariffs on China, In Hopes of Cutting Trade Gap by $50 Billion', *NPR*, 22 March 2018.

22 BlackRock Investment Institute, *Global Investment Outlook Q2 1018* (April 2018).

23 For example, Ana Swanson, 'Trump Proposes Re-joining Trans-Pacific Partnership', *New York Times*, 12 April 2018.

24 White House, 'Peter Navarro: "Donald Trump Is Standing Up For American Interests" ', 9 April 2018.

25 Sarah Zheng, 'How China hit Donald Trump's supporters where it hurts as tariffs target Republican Party's heartlands', *South China Morning Post*, 5 April 2018.

26 Steven Lee Myers, 'Why China is Confident It Can Beat Trump in a Trade War', *New York Times*, 5 April 2018.

27 Nathaniel Meyersohn, 'Walmart is where the trade war comes home', *CNN Money*, 19 September 2018.

28 Woodward, *Fear*, pp. 135–6.

29 Eli Meixler, 'President Trump Is "Very Thankful" for Xi Jinping's Conciliatory Talk on Trade', *Time*, 11 April 2018.

30 White House, 'Joint Statement of the United States and China Regarding Trade Consultations', 19 May 2018.

31 David Lawder, 'US–China trade row threatens global confidence: IMF's Lagarde', Reuters, 19 April 2018.

32 Ashley Parker, Seung Min Kim and Philip Rucker, 'Trump chooses impulse over strategy as crises mount', *Washington Post*, 12 April 2018.

33 Courtney Kube, Kristen Welker, Carol E. Lee and Savannah Guthrie, 'Trump Wanted Tenfold Increase in Nuclear Arseral, Surprising Military, NBC News, 11 October 2017.

34 Jeffrey Goldberg, 'The Man Who Couldn't Take It Anymore', *The Atlantic*, October 2019.

35 Bob Woodward,*Fear*.

36 Mark Lander and Ana Swanson, 'Chances of China Trade Win Undercut by Trump Team Infighting', *New York Times*, 21 May 2018.

37 Jonathan Swan, 'Axios Sneak Peek', Axios.com, 21 October 2018.

38 Gabriel Wildau, 'China's Xi Jinping hits out at "law of the jungle" trade policies', *Financial Time*s, 5 November 2018.

39 White House, 'Statement from the Press Secretary Regarding the President's Working Dinner with China', 1 December 2018.

40 Xinhua: 'Xi, Trump agree to ease trade tensions, maintain close contacts', 3 December 2018.

41 'Global shares jump on US–China trade "truce" ', BBC News, 3 December 2018.

42 3 December 2018.

43 Xinhua: 'Xi, Trump agree to ease trade tensions, maintain close contacts', 3 December 2018

44 Donald Trump tweet, 24 February 2019.

45 Alan Rappeport and Keith Bradsher, 'Trump Says He Will Raise Existing Tariffs on Chinese Goods to 30%', *New York Times*, 23 August 2019.

46 Joanna Ossinger, 'JPMorgan. Picks. Tariff Stocks and Trims S&P's 2020 Estimate', *Bloomberg*, 16 August 2019.

47 Joel Gehrke, 'State Department preparing for clash of civilisations with China', *Washington Examiner*, 30 April 2019.

48 Demetri Sevastopulo and Tom Mitchell, 'US considered ban on student visas for Chinese nationals', *Financial Times*, 2 October 2018.

49 Ellie Bothwell, 'Insuring Against Drop in Chinese Students', *Times Higher Education*, 29 November 2018.

50 Annie Karni, 'Trump rants behind closed doors with CEOs', *Politico*, 8 August 2018.

51 *The National Interest*, 'The Interview: Henry Kissinger', 19 August 2015.

52 *National Security Strategy of the United States of America* (2017).

53 *Summary of the 2018 National Defense Strategy of the United of America. Sharpening the American Military's Competitive Edge* (2018).

54 CNN Transcripts, 'Intelligence Chiefs Take Questions from Senate Intelligence Committee', 13 February 2018.

55 Paul Heer, 'Understanding the Challenge from China', *The Asan Forum*, 3 April 2018; Evan Feigenbaum, 'Reluctant Stakeholder: Why China's Highly Strategic Brand of Revisionism is More Challenging Than Washington Thinks', *Carnegie Endowment*, 27 April 2018.

56 John Micklethwait, Margaret Talev, Jennifer Jacobs, 'Trump threatens to pull US out of WTO if it doesn't "shape up"', Bloomberg, 30 August 2018.

57 BBC News, 'US quits UN Human Rights Council', 20 June 2018.
58 Ministry of Foreign Affairs, Russian Federation, 'Вступительное слово и.о. Министра иностранных дел России С.В.Лаврова в ходе переговоров с Министром иностранных дел Ирана М.Д.Зарифом, Москва, 14 мая 2018 года', 14 May 2018.
59 Brent D. Griffiths, 'Giuliani: Trump is "committed to regime change in Iran" ', *Politico*, 5 May 2018.
60 Gardiner Harris, 'Pompeo Questions the Value of International Groups like UN and EU', *New York Times*, 4 December 2018.
61 James Mattis' resignation letter in full, BBC News, 20 December 2018.
62 TASS, 'Зариф: США, а не Иран играют деструктивную роль в Сирии', 28 April 2018.
63 PressTV, 'Rouhani warns of US unilateralism threat in address to SCO summit', 10 June 2018.
64 President of Russia, Transcript, 'Пленарное заседание Петербургского международного экономического форума', 25 May, 2018.
65 Chris Giles, 'IMF chief warns trade war could rip apart global economy', *Financial Times*, 11 April 2018.
66 Donald Trump tweets, 26 July 2018.
67 Samuel Smith, 'Mike Pence Spoke With Pastor Andrew Brunson, Threatens Turkey With Sanctions If Not Released', *Christian Post*, 26 July 2018.
68 *Hürriyet Daily News*, 'Turkish Lira hits record low after US says reviewing duty-free access', 6 August 2018.
69 Alyza Sebenius and Toluse Olorunnipa, 'Trump calls Turkey a "problem", says detained pastor isn't spy', Bloomberg, 17 August 2018; Maximillian Hess, 'Turkish lira casts pall over Caucasus and Central Asia', Eurasianet, 21 August 2018.
70 Mike Bird, 'Sinking Turkish lira, Indian rupee fuel fears of contagion', *Wall Street Journal*, 14 August 2018.
71 Permanent Mission of the People's Republic of China to the UN, 'Foreign Ministry Spokesperson Hua Chunying's Regular Press Conference', 16 July 2018.

72 Wolfgang Ischinger, 'Und wer sammelt die Scherben auf?', *Berliner Morgenpost*, 27 January 2019.
73 Francis Elliott, 'Trump turns up heat as G7 splits over Russia', *The Times*, 9 June 2018.
74 Guy Chazan, 'Germany to miss NATO defence spending pledge', *Financial Times*, 27 April 2018.
75 Paul Taylor, 'Trump's Next Target: NATO', *Politico*, 14 June 2018.
76 Stephanie Nebehay, 'China, EU lambast United States for miring WTO in crisis', Reuters, 17 December 2018.
77 Gabrila Galindo, 'Trump: EU was "set up to take advantage"of US', *Politico*, 28 June 2018.
78 Fox News, 'Transcript. President Trump: Supreme Court nominees will move quickly if I choose right person', 1 July 2018.
79 Cristina Maza, 'Donald Trump threw Starburst candies at Angela Merkel, said "Don't say I never give you anything" ', *Newsweek*, 20 June 2018.
80 Jennifer Hansler, 'Merkel responds to Trump: "I have witnessed Germany under Soviet control" ', 11 July 2018.
81 Center for Economic Studies, 'ifo institute: New US import duties on cars could reduce German car exports to the US by 50 percent in the long term', 15 February 2019.
82 Oliver Moody, 'US poses bigger threat than Putin or Xi, say voters', *The Times*, 12 February 2019.
83 Spencer Ackerman, 'US Officials "at a Fucking Loss" Over Latest Russia Sellout', 18 July 2018; BBC News, 'Trump rejects proposal for Russia to interrogate US citizens', 19 July 2018.
84 Susan Rice tweet, 18 July 2018.
85 Donald Trump tweet, 10 June 2018.
86 BBC News, 'G7 summit: UK PM Theresa May backs Trudeau after Trump attacks', 11 June 2018.
87 Josh Dawsey, 'Trump derides protections for immigrants from "shithole" countries,' *Washington Post*, 12 January 2018.
88 Daniel Estrin, 'New cuts in medical aid to Palestinians by Trump administration', NPR, 7 September 2018.
89 Ainara Tiefenthäler and Natalie Reneau, 'Swastikas, Shields and Flags: Branding Hate in Charlottesville', 15 August 2017;

Allison Kaplan Sommer, 'From Swastikas to David Duke; Nazism and anti-Semitism Take Centre Stage at Charlottesville Rally', *Haaretz*, 13 August 2017; *Washington Post*, 'Deconstructing the symbols and slogans spotted in Charlottesville', 18 August 2017.

90 Rosie Grey, 'Trump Defends White-Nationalist Protesters: "Some Very Fine People on Both Sides"', *The Atlantic*, 15 August 2017.

91 Sasha Abramsky, 'Trump Is Now Openly Supporting Fascists', *The Nation*, 30 November 2017.

92 Jeffrey Goldberg, 'A Senior White House Official Defined the Trump Doctrine: "We're America, Bitch"', *The Atlantic*, 11 June 2018.

93 Ibid.

94 Bruce Blair and Jon Wolfsthal, 'Trump can launch nuclear weapons whenever he wants, with or without Mattis', *Washington Post*, 23 December 2018.

95 David Graham, 'James Mattis' Final Protest against the President', *The Atlantic*, 20 December 2018.

96 Bien Perez, 'Apple's China sales grow for second straight quarter on strong iPhone demand', *South China Morning Post*, 2 February 2018.

97 Peter Eavis, 'How Trump's Tariffs Tripped up Alcoa', *New York Times*, 19 July 2018.

98 Daniel Ren, 'Half of US firms in China foresee acute pain from new tariffs as trade war escalates, AmCham survey finds', *South China Morning Post*, 12 September 2018.

99 Marc Jones, 'Markets suffer worst year since global financial crisis', Reuters, 20 December 2018.

100 David Welch, 'GM Falls Victim to Trump's Trade War as Metal Prices Sink Profit', Bloomberg, 25 July 2018.

101 Boeing Statement, 'Boeing Raises Forecast for New Airplane Demand in China', 6 September 2017.

102 Scott Cendrowski, 'Inside China's Global Spending Spree', *Fortune*, 12 December 2016; Keith Bradsher, 'US Firms Want In on China's Global "One Belt, One Road" Spending', *New York Times*, 14 May 2017.

103 US Department of the Treasury, 'Treasury Sanctions Russian Cyber Actors for Interference with the 2016 US Elections and Malicious Cyber-Attacks', 15 March 2018.

104 Henry Sanderson, 'Metal prices surge after US sanctions on Rusal', *Financial Times*, 19 April 2018; Henry Sanderson, 'Alumina price hits all-time high as US sanctions hit Irish refinery', *Financial Times*, 18 April 2018.

105 Heather Long, 'Foreign suppliers are flooding the US aluminium market', *Washington Post*, 1 March 2018.

106 Julian Barnes and Matthew Rosenberg, 'Kremlin sources go quiet, leaving CIA in the dark about Putin's plans for midterms', *New York Times*, 24 Augut 2018.

107 'Iran tells Trump to stop tweeting about oil prices', Associated Press, 5 July 2018.

108 Owen Matthews, 'U.S. Gives Russia "Unexpected Present" With Iran Sanctions and Oil Price Surge', *Newsweek*, 30 May 2018.

109 David Lawder, 'US Commerce Dept probing steel "profiteering" after tariffs', Reuters, 20 June 2018.

110 US Senate, Committee on Armed Services, *Political and Security Situation in Afghanistan*, 3 October 2017.

111 Peter Frankopan, 'These Days All Roads Lead to Beijing', *New Perspectives Quarterly* (2017).

112 Henny Sender and Kiran Stacey, 'China takes "project of the century" to Pakistan', *Financial Times*, 17 May 2017.

113 Radio Azatlyk, 'Назарбаев: Китай в отличие от Запада 'никогда не диктует свои условия'', 29 April, 2019.

114 Centre for Strategic and International Studies, 'Defining Our Relationship with India for the Next Century: An Address by Secretary of State Rex Tillerson', 18 October 2017.

115 'HASC Hearing on National Security Challenges', 6 March 2018, op. cit.

116 United States Senate Committee on Armed Services, 'Nominations –Wolters – Townsend', 2 April 2019.

117 Bernadine Mutanu, 'How Kenya lost Jack Ma's lucrative deal to Rwanda', *Nairobi News*, 23 March 2019; Brian Ngugi, 'Chinese group to build Sh200bn Athi River City, *Business Daily*, 22 March 2019.

118 Joshua P. Melzer, 'Deepening the United States–Africa trade and investment relationship, Brookings Institute, 28 January

2016.

119 Deb Riechmann, ‘CIA: China is waging a “quiet kind of cold war” against US’, Associated Press, 21 July 2018.

120 *Indian Express*, ‘Donald Trump’s quotes on India: Narendra Modi is a great man, I am a fan of Hindus’, 16 October 2016.

121 White House, ‘Vice President Mike Pence Editorial: “Donald Trump’s New American Strategy for Afghanistan Will Undo Past Failures” ’, 21 August 2017.

122 US Senate, *Political and Security Situation in Afghanistan*, 3 October 2017.

123 Andrew J. Pierre, *The Global Politics of Arms Sales* (Princeton, 1982), pp. 221–2.

124 Richard Staar, *Foreign Policies of the Soviet Union* (Stanford, 1991), p. 250.

125 Stockholm International Peace Research Institute, ‘Asia and the Middle East lead rising trend in arms imports, US exports grow significantly, says SIPRI’, 12 March 2018.

126 Saurav Jha, ‘The India–Russia–US Energy Triangle’, *The Diplomat*, 12 July 2018.

127 US Senate, *Political and Security Situation in Afghanistan*, 3 October 2017.

128 US State Department, ‘Briefing on the Indo-Pacific Strategy’, 2 April 2018.

129 US Pacific Command, ‘Raisina Dialogue Remarks: Let’s Be Ambitious Together’, 2 March 2016.

130 Greg Torode, Jess Macy Yu, ‘Taiwan courts security ties with bigger friends as Beijing snatches allies’, Reuters, 14 September 2018.

131 Dipanjan Roy Chaudhury, ‘Old friends better than two new friends: PM Modi to Putin’, *Economic Times*, 16 October 2016.

132 Raj Kumar Sharma, ‘For durable India–Russia relationship, trade ties need to expand’, Observer Research Foundation, 20 October 2018.

133 Bipin Rawat, ‘India has an independent policy, keen to procure weapons from Russia’, *The New Indian Express*, 7 October 2018.

134 *Business Standard*, 'No joint patrols with foreign navies for India: Manohar Parrikar', 26 July 2016.
135 News18, 'We're the Piggy Bank Everybody Likes to Rob: Trump Targets India at G-7 Over 100% Tariff', 11 June 2018.
136 Rick Perry Tweet, 12 July 2019.
137 Amy Kazmin, 'What is behind the tensions in US-India relations?' *Financial Times*, 25 June 2019.
138 Indrani Bagchi, 'Amid trade war, India offers to buy 1,000 planes, more oil from US', *Times of India*, 23 June 2018; Neha Dasgupta, Nidhi Verma, 'India, top buyers of US almonds, hits back with higher duties', Reuters, 21 June 2016.
139 Sujan Dutta, 'India, US sign landmark military communications secrecy pact at historic meeting', *The Print*, 6 September 2018.
140 *Times of India*, 'I'm first Indian PM you came out of Beijing to receive: PM Narendra Modi to Xi Jinping in Wuhan', 27 April 2018.
141 Ankit Panda, 'How Far Can Sin-India Joint Economic Cooperation in Afghanistan Go?', *The Diplomat*, 1 May 2018.
142 *India Today*, 'India, China ink 2 MoUs on sharing of Brahmaputra river data and supply of non-Basmati rice', 9 June 2018; *The Hindu*, 'India, China militaries to set up hotline after Wuhan meeting', 2 May 2018.
143 Brent D. Griffith, 'Giuliani: Trump is "committed to" regime change in Iran', *Politico*, 5 May 2018.
144 White House, 'Remarks by President Trump on the Joint Comprehensive Plan of Action', 8 May 2018.
145 State Department, 'After the Deal: A New Iran Strategy', 21 May 2018.
146 Kenneth Katzman, *Iran Sanctions*, Congressional Research Service, 29 June 2018, p. 60.
147 Asa Fitch and Aresu Eqbali, 'Iran's Rial at Historic Low as US Sanctions Loom', *Wall Street Journal*, 30 July 2018; Thomas Erdbrink, 'Protests Pop Up Across Iran, Fueled by Daily Dissastisfaction', *New York Times*, 4 August 2018.
148 Virginia Pietromarchi, 'US sanctions hit Iranian patients once again', *Al-Monitor*, 8 November 2018.
149 S. Zaidi, 'Child Mortality in Iraq', *Lancet* 350.9084 (1997), 1105; but now also see Tim Dyson and Valeria Cetorelli, 'Changing views on child mortality and economic sanctions in Iraq: a history of lies, damned lies and statistics', *BMJ*

Global Health 2, 2017, 1–5.

150 Department of State, 'Interview with Hadi Nili of BBC Persian', 7 November 2018.

151 Asharq al-Awsat, 'Iran arrests 67 people amid approval for special corruption courts', 13 August 2018; Bozorgmehr Sharafedin, 'Iran parliament censures Rouhani in sign pragmatists losing sway', Reuters, 28 August 2018.

152 طرح استیضاح ظریف از سوی نمایندگان جبهه پایداری, Entekhab.ir, 22 November 2018.

153 Agence France-Presse, 'Iran urges UN court to halt "economic strangulation" by US', 27 August 2018.

154 Paris Today, 'US lawyer: ICJ "lacks prima facie jurisdiction to hear Iran's claims"', 28 August 2018.

155 US Department of State, 'After the Deal: A New Iran Strategy', 21 May 2018.

156 Reuters, 'Destroying Iran deal would have unforeseeable consequences, China's Li warns', 9 July 2018.

157 Imran Khan, 'The US, electricity and Iran: What's behind the Iraq protests', Al-Jazeera, 21 July 2018.

158 Rohollah Faghihi, 'How Trump is uniting Rouhani and Iran's Revolutionary Guards', *Al-Monitor*, 9 July 2018.

159 *Kommersant*, 'Иран не та страна, на которую можно давить', 18 July 2018.

160 El'nar Bainazarov, 'Из Севастополя — в Тегеран и Дамаск', *Izvestiya*, 21 August 2018.

161 Gordon Duff, 'Iran Promises Trump "The Mother of All Wars" ', *New Eastern Outlook*, 29 July 2018.

162 IRNA, 'Pakistani media widely covers President Rouhani's remarks', 23 July 2018.

163 Donald Trump tweet, 23 July 2018.

164 Amanda Macias, 'No walkback this time: National security advisor John Bolton doubles down on Trump's Iran threat', CNBC, 23 July 2018.

165 Tasnim News, لشکر سلیمانی خطاب به ترامپ: شام تا امروز چه ن July 2018.

166 *Times of India*, 'Countries that continue to deal with Iran could face US sanctions, warns John Bolton', 13 May 2018.

167 Yashwant Raj, 'US wants India to stop Iran oil imports by November 4, no waiver on sanctions', 27 June 2018.

168 Heesu Lee and Debjit Chakraborty, 'Iran oil waivers: How India, other buyers are lining up after US exemptions',

Economic Times, 8 November 2018.

169 Suhasini Haidar and Sriram Lakshman, 'Oil import from Iran may be reduced as US mulls waiver', *Hindu Times*, 13 April 2019.

170 Office of the Supreme Leader, Iran, 'Ayatollah Khamenei: Let Muslims lead fight on terror', 24 May 2016.

171 'India commits huge investment in Chabahar', *India Today*, 23 May 2016.

172 Ritesh Kumar Singh, 'India Pushes for Stronger Eurasian Linkages', *Brink News*, 29 July 2018.

173 'India gets US waiver for development of strategic Chabahar Port in Iran', *Indian Express*, 8 November 2018.

174 F. M. Shakil, 'Chabahar Port lures Afghan traffic away from Karachi', *Asia Times*, 2 February 2018.

175 BNE Intellinews, 'US to tolerate India's Iran trade corridor but demands end to oil imports', 28 June 2018.

176 Atul Aneja, 'India, Uzbekistan to route their trade through Chabahar', *The Hindu*, 10 June 2018.

177 Reuters, 'Turkey says will not cut off trade ties to Iran at behest of others', 29 June 2018.

178 Islamic Republic News Agency, 'Turkey to continue to trade with Iran: Minister of Economy', 11 May 2018.

179 Vahap Munyar, 'Turkey "won't take step back against US: Erdoğan"', *Hürriet Daily News*, 29 July 2018.

180 Rufiz Hafizoglu, 'Turkey does not intend to stop relations with Iran for sake of US – Erdoğan', *Trend*, 25 July 2018.

181 Sam Borden, 'Nike withdraws Iran World Cup squad's supply of boots due to sanctions', *ESPN*, 11 June 2018.

182 Reuters, 'Total marks return with South Pars gas deal', 3 July 2017.

183 'China's CNPC replaces France's Total in Iran's South Pars project', Reuters, 26 November 2018; Chen Aizhu, 'CNPC suspends investment in Iran's South Pars after US pressure: sources', Reuters, 12 December 2018.

184 Steven Mufson and Damian Paletta, 'Boeing, Airbus to lose $39 billion in contracts because of Trump sanctions on Iran', *Washington Post*, 9 May 2018.

185 Reuters, 'China says will maintain normal ties with Iran', 21 June 2018.

186 Peter Siegenthaler and Dahai Shao, 'Swiss firms pushed to put Tehran dreams on hold', Swissinfo.ch, 14 June 2018.

187 United States Securities and Exchange Commission, 'Exxon Mobil Corporation Form 10-K', 28 February 2018.
188 Henry Foy, 'Exxon says to withdraw from Russia JVs with Rosneft', *Financial Times*, 1 March 2018,
189 *Die Welt*, 'Neuer US-Botschafter Grenell sorgt in Berlin für Ärger', 9 May 2018.
190 *Frankfurter Allgemeine*, 'Wie hart Amerikas Forderung deutsche Unternehmen trifft', 11 May 2018.
191 *Der Spiegel*, 'Altmaier nennt Schutz deutscher Firmen vor US-Sanktionen schwierig', 11 May 2018.
192 Hans von der Burchard, 'EU to block Trump's Iran sanctions by activating old law', *Politico*, 17 May 2018.
193 Emmanuel Macron tweet, 9 June 2018.
194 Roberta Rampton, 'Any agreement with North Korea will be "spur of the moment" – Trump', Reuters, 9 June 2018.
195 Armin Arefi, 'Strobe Talbott: "Trump, c'est l'Amérique toute seule" ', 28 June 2018.

第五章　通向未來之路

1 Barbara Stephenson, 'Time to Ask Why. President's Views', American Foreign Service Association, December 2017.
2 Bill Faries and Mira Rojanasakul, 'At Trump's State Department, Eight of Ten Top Jobs Are Empty', Bloomberg, 2 February 2018; Robbie Gramer, 'Mapped: 38 US Ambassadorships remain empty', *Foreign Policy*, 9 April 2018.
3 James Hohmann, 'The Daily 202: Trump has no nominees for 245 important jobs, including an ambassador to South Korea', *Washington Post*, 12 January 2018.
4 Maggie Haberman, Helene Cooper and Ron Nixon, 'Melania Trump Says an Aide "No Longer Deserves the Honor of Serving in This White House" ', *New York Times*, 13 November 2018.
5 Jonathan Stempel, 'Saudi Arabia must face US lawsuits over September 11 attacks', Reuters, 28 March 2018.
6 Bruce Riedel, 'Saudi defense spending soars, but not to America's benefit', *Al-Monitor*, 13 May 2018.
7 White House, 'Remarks by President Trump and Crown Prince Mohammed Bin Salman of the Kingdom of Saudi Arabia Before Bilateral Meeting', 20 March 2018.

8 Ibid.

9 US State Department, 'Remarks with Saudi Foreign Minister Adel al-Jubeir', 29 April 2018.

10 White House, 'Remarks by President Trump and Crown Prince Mohammed', op. cit.

11 Tim Marcin, 'Donald Trump pitched "beautiful" weapons to Qatar, then suggested country supports 'radical ideology', *Newsweek*, 6 June 2017.

12 *The National*, 'Saudi official hints at Qatar-canal announcement', 1 September 2018.

13 Reuters, 'Iran sends planes of food to Qatar amid concerns of shortages', 11 June 2017.

14 Lawrence Delevingne, Nathan Layne, Karen Freifeld, 'Inside Qatar's charm offensive to win over Washington', Reuters, 5 July 2018.

15 White House, 'Remarks by President Trump and Crown Prince Mohammed', op. cit.

16 White House, 'Statement from President Donald J. Trump on Standing with Saudi Arabia', 20 November 2018.

17 Phil Mattingly, Zachary Cohen and Jeremy Herb, 'Exclusive: US intel shows Saudi Arabia escalated its missile program with help from China.' CNN, 5 June 2019; David Charter, Trump sold nuclear tech. to Saudis in secret after Khashoggi killing', *The Times*, 6 June 2019.

18 Katie Paul, Idrees Ali, 'Saudi Arabia says it is beacon of "light" against Iran despite Khashoggi crisis', Reuters, 27 October 2018.

19 Reuters, 'Saudi Arabia to exclude German firms from government tenders – Spiegel', 25 May 2018.

20 Michel Cabirol, 'L'Arabie Saoudite bloque le contrat des corvettes Meko A200 en Egypte', *La Tribun*e, 5 November 2018.

21 Alexandre Counis and Ninon Renaud, 'Défense: BAE plombé par l'embargo allemand sur l'Arabie Saoudite', *Les Echos*, 21 February 2019.

22 Mattias Gebauer and Christoph Schult, 'Großbritannien wirft Berlin mangelnde Bündnistreue vor', *Der Spiegel*, 19 February 2019.

23 Josh Dehaas, ‘Saudi Arabia’s demand that students go home could hurt Canada economy’, *CTV News*, 6 August 2018.

24 Ivan Safronov and Tatiana Edovina, ‘ “Триумф” для монарха. От первого визита в Россию короля Саудовской Аравии ждут ракетного контракта’, *Kommersant*, 5 October 2017.

25 Marc Bennetts, ‘Putin: Syria war is priceless for testing weapons’, *The Times*, 8 June 2018.

26 Richard Mably and Yara Bayoumy, ‘Exclusive – OPEC, Russia consider 10- to 20-year oil alliance: Saudi Crown Prince’, Reuters, 27 March 2018.

27 Natasha Turak, ‘Alleged Saudi ballistic missile base signals greater divergence from Washington’, CNBC, 1 February 2019.

28 Ben Blanchard, ‘Saudi Arabia strikes $10 billion China deal, talks de-radicalisation with Xi’, Reuters, 22 February 2019.

29 Cristina Maza, ‘Saudi Arabia’s Mohammed bin Salman defends China’s use of concentration camps for Muslims during visit to Beijing’, *Newsweek*, 22 February 2019.

30 TASS, ‘Путин и Эрдоган наметили пути развития сотрудничества России и Турции’, 4 April 2018.

31 Carlotta Gail and Andrew Higgins, ‘Turkey Signs Russian Missile Deal, Pivoting From NATO’, *New York Times*, 12 September 2017.

32 Xinhua, ‘Turkey inks deal to buy S-400 missile’, 25 July 2017.

33 *Hürriyet Daily News*, ‘Ankara, Moscow seal historic S-400 missile deal’, 29 December 2017.

34 Reuters, ‘US’s Pompeo presses Turkey on S-400 missiles purchase from Russia’, 27 April 2018.

35 TASS, ‘СМИ: Турция рассматривает возможность приобретения истребителей Су-57 вместо F-35’, 29 May 2018.

36 *Hürriyet Daily News*, ‘Turkish, Chinese army officials to meet soon’, 28 July 2018.

37 Ministry of Foreign Affairs of the People’s Republic of China, ‘Xi, Erdgogan agree to enhance China–Turkey cooperation’, 27 July 2018.

38 Presidency of the Republic of Turkey, ‘A New Era will be Heralded in Our Region Based on Stability and Prosperity’, 14

May 2017.

39 *Global Times*, 'Look at China–Turkey ties objectively', 20 August 2018.

40 Joe Gould, 'Top 3 takeaways from Mattis on Capitol Hill', *Defense News*, 26 April 2018.

41 Janosch Delcker, 'Merkel backs climate protests after talk of hybrid warfare', Politico.eu, 16 February 2019.

42 TASS, 'Зариф: США, а не Иран играют деструктивную роль в Сирии', 29 April 2018.

43 TASS, 'Россия, Турция и Иран договорились стимулировать переговоры по новой сирийской конституции', 29 April 2018.

44 *Hürriyet Daily News*, 'Russia, Turkey, Iran stress unity at Syria talks', 28 April 2018.

45 Mark Galeotti, 'The international army games are decadent and depraved', *Foreign Policy*, 24 August 2018.

46 Robert Hutton, 'Russia Using KGB Tactics to Wage War on West, UK Lawmaker Says', Bloomberg, 4 June 2018.

47 House of Commons Foreign Affairs Committee, 'Moscow's Gold: Russian Corruption in the UK', 15 May 2018.

48 Sophie Tatum, Barbara Starr, Mike Conte, 'Mattis: Putin "tried again to muck around in our elections" ', *CNN Politics*, 1 December 2018.

49 *The Tower*, 'New Turkish Reports, Statements Trigger Scrutiny of New-Ottoman Foreign Policy', 25 April 2013.

50 Diyar Guldogan, 'Turkish Republic continuation of Ottoman Empire', Anadolu Agency, 10 February 2018.

51 Dilly Hussain, 'Turkish TV's new-found love for all things Ottoman', *Middle East Eye*, 29 September 2017.

52 For the Ottoman revival, Nick Danforth, 'Turkey's New Maps are Reclaiming the Ottoman Empire', *Foreign Policy*, 23 October 2016. For responses to the US, Dorian Jones, 'Turkey's Erdoğan Vows Not to Bow to US Threats', *Voice of America*, 29 July 2018.

53 Ministry of External Affairs India, 'Official Spokesperson's response to query on participation of India in OBOR/BRI Forum', 13 May 2017.

54 Theresa Fallon, 'Is the EU on the Same Page as the United States on China?', Asan Forum, 30 June 2016.

55 European Union External Action, 'The European way to connectivity – a new strategy on how to better connect Europe and Asia', 19 September 2018.

56 Xinhua, 'Full text of President Xi Jinping's speech at opening of Belt and Road forum', 14 May 2017.

57 Department of Transport, UK, '£20 million Leeds station entrance opens up access to city's development', 4 January 2016.

58 Georgi Gotev tweet, 29 August 2019.

59 Archbishop of Canterbury, 'An address to the Assembly of the Conference of European Churches', Novi Sad, Serbia, 3 June 2018.

60 European Council, 'Remarks by President Donald Tusk before the G7 summit in Ise-Shima, Japan', 26 May 2016.

61 Theresa Fallon, 'The EU, the South China Sea, and China's successful wedge strategy', *Asia Maritime Transparency Initiative*, 13 October 2016.

62 Prime Minister of Hungary, 'Viktor Orbán's speech at the conference "China-CEE Political Parties Dialogue" ', 8 October 2016.

63 Macedonian Information Agency, 'EU failure in Balkans is a call to China and Russia, President Ivanov tells UK's Telegraph', 5 November 2017.

64 Mark Galeotti, 'Do the Western Balkans face a coming Russian storm?', European Council on Foreign Relations, 4 April 2018.

65 Ryan Heath and Andrew Gray, 'Beware Chinese Trojan horses in the Balkans, EU warns', *Politico*, 27 July 2018.

66 Lucrezia Poggetti, 'One China – One Europe? German Foreign Minister's Remarks Irk Beijing', *The Diplomat*, 9 September 2017.

67 Ministry of Foreign Affairs of the People's Republic of China, 'Foreign Ministry Spokesperson Hua Chunying's Regular Press Conference', 31 August 2017.

68 Federal Foreign Office of Germany, 'Speech by Foreign Minister Sigmar Gabriel at the Munich Security Conference', 17

February 2018.

69 Federal Foreign Office of Germany, 'Speech by Minister for Foreign Affairs Heiko Maas at the National Graduate Institute for Policy Studies in Tokyo, Japan', 25 July 2018.

70 Associated Press, 'Chinese premier praises EU, says free trade must be upheld', 7 July 2018.

71 *Arab News*, 'Saudi Arabia plans to introduce Chinese into the curriculum at all education levels', 22 February 2019.

72 Hugh Tomlinson and Didi Tang, 'Mohammed bin Salman shrugs off western fury with China alliance', *The Times*, 21 February 2019.

73 Wang Yi, 'China and Arab states draw up a blueprint for cooperation in the new era', *Gulf News*, 8 July 2018.

74 Gu Liping, 'China sees Saudi Arabia as important partner in Belt and Road construction: Chinese FM', *China News Service*, 22 May 2018.

75 Chen Aizhu, 'China's CNPC ready to take over Iran project if Total leaves: sources', Reuters, 11 May 2017.

76 Peter Frankopan, 'How long can China stay out of Middle East politics?', *Al-Araby*, 27 September 2017.

77 Agence-Presse France, 'China to provide $20bn in loans for Arab states' economic development', 10 July 2018.

78 *The New Arab*, 'Chinese leader pledges billions of dollars for Arab "revival" ', 10 July 2018.

79 Ministry of Foreign Affairs of PRC, 'The Ministry of Foreign Affairs Holds a Briefing for Chinese and Foreign Media on President Xi Jinping's Attendance at the Opening Ceremony of the 8th CASCF Ministerial Meeting', 6 July 2018.

80 Shibley Telhami, 'Why is Trump undoing decades of US policy on Jerusalem?', Brookings Institution, 5 December 2017.

81 Vivian Salama, Rebecca Ballhaus, Andrew Restuccia and Michael C Bender, President Trump Eyes a New Real-Estate Purchase: Greenland', *Wall Street Journal*, 16 August 2019; BBC News, 'Greenland: Trump criticises 'nasty' Denmark over cancelled visit', 21 August 2019.

82 US State Department, 'Remarks on America's Indo-Pacific Economic Vision', 30 July 2018.

83 Jordan Fabian, 'Trump says he could win Afghan war in a week but doesn't want to kill 10 million people,' *The Hill*, 22

July 2019.

84 Donald Trump tweet, 1 January 2018.

85 Philip Rucker and Robert Costa, ' "It's a hard problem": Inside Trump's decision to send troops to Afghanistan', *Washington Post*, 21 August 2017.

86 Saeed Shah, 'Pakistan Foreign Minister Says US Has Undermined Countries' Ties', *Wall Street Journal*, 5 January 2018.

87 Anwar Iqbal, 'America suspends entire security aid to Pakistan', *Dawn*, 5 January 2018.

88 Reuters, 'US's Pompeo warns against IMF bailout for Pakistan that aids China', 30 July 2018.

89 Farhan Bokhari and Kiran Stacey, 'Pakistan hits back at US resistance to IMF bailout', *Financial Times*, 31 July 2018.

90 Wang Cong, 'New govt to expand ties with China: officials', *Global Times*, 31 July 2018.

91 Shahbaz Rana, 'China agrees to give $2b loan to Pakistan', *Express Tribune*, 28 July 2018.

92 Shahbaz Rana, 'PM Imran secures $6b lifeline from Saudi Arabia', *Express Tribune*, 23 October 2018.

93 Associated Press, 'Pakistan to seek IMF bailout despite Saudi Assistance', PM, 24 October 2018.

94 Sanaullah Khan, ' "Pakistan will be a very important country in coming future", says Saudi crown prince', *Dawn*,17 February 2019.

95 *Times of Islamabad*, 'Saudi Arabia becomes key partner in Pakistan China CPEC: Chinese media', 14 January 2019.

96 *Economic Times*, 'Mohammed bin Salman orders release of 850 Indian prisoners at PM Narendra Modi's request', 20 February 2019; *Tribune*, 'Saudi Arabia reduces visit visa fees for Pakistanis', 16 February 2019.

97 Reuters, 'India to remove trade privileges, ensure complete isolation of Pakistan: finance minister', 15 February 2019.

98 *Times of India*, 'Virat Kohli on India-Pakistan World Cup game: We will respect government's decision', 23 February 2019.

99 Nitin Gokhale, 'Govt has no option but to react militarily after Pulwama massacre: Lieutenant General (retd) DS Hooda', *My Nation*, 15 February 2019.

100 *First Post*, 'India's missile deal with Russia, trade with Iran despite US sanctions may create unease in New Delhi–Washington ties', 29 May 2018.

101 Samuel Ramani, 'Russia and Pakistan: a durable anti-American alliance in South Asia', *The Diplomat*, 21 April 2018; Zafar Bhutta, 'Pakistan, Russia set to sign $10b offshore pipeline deal next week', *Express Tribune*, 3 June 2018.

102 Marie Solis, 'Children will be separate from parents at border if crossing illegally, Jeff Sessions says in immigration crackdown', *Newsweek*, 7 May 2018; Franco Ordoñez, 'Exclusive; Trump looking to erect tent cities to house unaccompanied children', McClatchy Bureau DC, 12 June 2018.

103 Katy Vine, 'What's Really Happening When Asylum-Seeking Families Are Separated?', *Texas Monthly*, 15 June 2018.

104 Sonia Moghe, Nick Valencia and Holly Yan, 'DNA tests are in the works for separated migrant children and parents', CNN Politics, 5 July 2018; Matt Smith and Aura Bogado, 'Immigrant children forcibly injected with drugs, lawsuit claims', *Reveal*, 20 June 2018.

105 Heather Timmons, 'Chart: Trump's new tariffs punish America's closest allies', *Quartz*, 31 May 2018.

106 Leigh Thomas and Pascale Denis, 'France says Europe united against US tariffs as Germany eyes negotiation', 8 July 2018.

107 *National Security Strategy of the United States of America* (2017).

108 US Treasury statement, 'Treasury Designates Russian Oligarchs, Officials, and Entities in Response to Worldwide Malign Activity', 6 April 2018.

109 Dan Merica, 'Trump declares "nobody has been tougher on Russia" in meeting with Baltic leaders', CNN Politics, 3 April 2018.

110 Nicholas Trickett, 'Russia's Unhappy Energy Marriage with China', *The Diplomat*, 28 March 2018.

111 Galina Starinskaya, 'Россия увеличит экспорт нефти в Китай', *Vedemosti*, 12 January 2018.

112 Ravi Prasad, 'Can the Belt and Road Initiative offer New Hope for China's rust belt?', *The Diplomat*, 28 June 2018.

113 Reuters, 'China says Syrian strikes violate international law, urges dialogue', 14 April 2018.
114 Associated Press, 'China's defense chief calls his Moscow trip a signal to the US', 3 April 2018.
115 Xinhua, 'Chinese president says relations with Russia at "best time in history" ', 3 July 2017.
116 *Global Times*, 'Xi tells Russian media he cherished deep friendship with Putin', 5 May 2019.
117 *RT*, 'A cake, a vase and...a BOX of ice cream: Putin's birthday gifts that blew Xi Jinping away, 15 June 2019.
118 Bill Gertz, 'Chinese military joining Russians, for nuclear war games, Washington Free Beacon, 24 August 2018.
119 Asawin Suebsaeng, Andrew Desiderio, Sam Stein and Bethany Allen-Ebrahimian, 'Henry Kissinger Pushed Trump to Work With Russia to Box in China', *Daily Beast*, 25 July 2018.
120 Robert Sutter, *China-Russia Relations. Strategic Implications and US Policy Options*, National Bureau of Asian Research, September 2018.
121 US State Department, 'Remarks on "America's Indo-Pacific Economic Vision" ', 30 July 2018.
122 Amy Brittin, Ashley Parker and Anu Narayanswamy, 'Jared Kushner and Ivanka Trump made at least $82 million in outside income last year while serving in the White House, filings show', *Washington Post*, 11 June 2018.
123 Kinling Lo, Lee Jeong-ho, Bhahvan Jaipragas, 'Xi Jinping, Mike Pence trade barbs over trade at APEC summit while selling visions for regional cooperation', *South China Morning Post*, 17 November 2018.
124 Bhavan Jaipragas, 'Mike Pence to unveil rival to "dangerous" Belt and Road Initiative at APEC summit', *South China Morning Post*, 15 November 2018.
125 *Philippine Star*, 'Duterte statements on China-held features could disadvantage Philippines', 15 November 2018.
126 Christina Mendez, Paolo Romero, 'Philippines, China sign MoU on joint gas, oil development', *Philippine Star*, 21 November 2018.
127 US Congress, Build Act of 2018, text at https://www.congress.gov/bill/115th-congress/senate-bill/2463/text.
128 White House, 'Remarks by National Security Advisor John R. Bolton on the Trump Administration's New Africa

Strategy', 13 December 2018.
129 Ty McCormick, 'Trump's America First Budget Puts Africa Last', *Foreign Policy*, 22 March 2017.
130 Whitney Schneidman and Landry Signé, 'The Trump administration's Africa strategy: Primacy of partnership?', Brookings Institution, 20 December 2018.
131 Hugh Tomlinson and Aoun Sahi, 'US offers to withdraw troops from Afghanistan', *The Times*, 19 December 2018.
132 Operation Inherent Resolve, 'Coalition forces remain committed to enduring defeat of ISIS', 15 December 2018.
133 Department of State, 'Department Press Briefing', 11 December 2018.
134 Donald Trump tweet, 19 December 2018; Rick Noack, 'Why Trump is suddenly going back on his promise to withdraw all US troops from Syria, explained in one map', *Wall Street Journal*, 22 February 2019.
135 David Chater and Michael Evans, 'Phone call to Erdogan triggered Trump's decision', *The Times*, 22 December 2018.
136 Ministry of Foreign Affairs of the Russian Federation, 'Выступление и ответы на вопросы СМИ Министра иностранных дел России С.В.Лаврова', 21 September 2018.
137 *Al-Monitor*, 'Putin grants Erdogan last chance to end Idlib quagmire on Turkey's terms', 23 September 2018.
138 Tasnim News, 'سران در نشست تهران| روحانی: حکومت دمشق باید بر کل سرزمین سوریه مستقر شود' 16,' September 2018.
139 See for example David Halbfinger, 'Syria Pullout by US Tilts Mideast Toward Iran and Russia, Isolating Israel', *New York Times*, 20 December 2018; Ishaan Tharoor, 'The biggest winner of Trump's Syria withdrawal? Turkey', *Washington Post*, 20 December 2018.
140 Joe Gould and Tara Copp, 'US troops staying in Syria until Iran leaves', *Defense News*, 24 September 2018.
141 Qingdao Declaration, 10 June 2018.
142 Catherine Putz, 'Sauytbay Trial in Kazakhstan Puts Astana in a Bind with China', *The Diplomat*, 27 July 2018.
143 Oleg Yegorov, 'Russian intelligence saved Erdoğan from overthrow – media reports', Russia Beyond the Headlines, 21

July 2016.
144 International Crisis Group, 'Russia and Turkey in the Black Sea and South Caucasus', Report No. 250, 28 June 2018.
145 Sam Jones and Kathrin Hille, 'Russia's military ambitions make waves in the Black Sea', *Financial Times*, 13 May 2016.
146 Kira Latukhina, 'Путин рассказал про 'вежливых людей' в Крыму', *Rossiiskaya Gazeta*, 15 March 2015.
147 Radio Free Europe, 'Erdogan pledges support for Ukraine's territorial integrity during Kyiv visit', 10 October 2017.
148 Order of the President of the Republic of Kazakhstan, 'Об утверж дении Военной доктрины Республики Казахстан', Zakon.kz, 29 September 2017.
149 US Department of State, 'The United States and Kazakhstan – An Economic Partnership for the 21st century', 16 January 2018.
150 Kommersant, 'Москва выговорилась в адрес союзников', 11 June 2018.
151 *RIA Novosti*, 'Кайрат Абдрахманов: речь не идет о размещении военных баз США на Каспии', 11 August 2018.
152 Tatiana Ivanshchenko, 'Сибиряки считают, что теряют Байкал', *Regum*, 27 February 2018.
153 Charles Clover and Archie Zhang, 'China land grab on Lake Baikal raises Russian ire', *Financial Times*, 4 January 2018.
154 Catherine Putz, 'Protests in Kazakhstan Over Land Code Changes', *The Diplomat*, 27 April 2016.
155 Saeed Kamali Dehghan, 'Iran threatens to block Strait of Hormuz over US oil sanctions', 5 July 2018.
156 Allan Jacob, 'US says it's ready to protect shipping in the Gulf after Iran threat', 1 September 2018.
157 US Central Command, 'Theater Counter Mine and Maritime Security Exercise', 10 September 2018.
158 The Tower, 'Experts: Iran Advancing Nuclear Program with Help of North Korea', 1 March 2017; The Tower, 'Pentagon Looks at New Evidence of Military Cooperation between Iran and North Korea', 5 May 2017.
159 Jon Gambrell, 'US aircraft carrier enters Persian Gulf after long absence', Associated Press, 21 December 2018.
160 ISNA, 'Iran will not allow USS *John C. Stennis* to come near territorial waters', 24 December 2018.
161 For the amount of oil and liquids passing through the Strait of Hormuz, US Energy Information Administration, 'World

Oil Transit Chokepoints', 25 July 2017. For UK dependence on oil and gas imports from this region, Office for National Statistics, 'UK energy: how much, what type and where from?', 15 August 2016.

162 Rick Roack, 'The oil route that could be behind the escalating Trump–Iran threats, explained', 24 July 2018.

163 Jonathan Fulton, 'China's power in the Middle East is rising', *Washington Post*, 9 August 2018.

164 Reuters, 'China chides Iran over threat to block oil exports through Strait of Hormuz', 6 July 2018.

165 *Vesti*, 'МИД Китая призвал 'Роснефть' уважать суверенитет КНР', 17 May 2018.

166 Tass, 'Сухопутные войска РФ получили бригадный комплект комплекса "Искандер-М",' 8 June 2017.

167 Guy Plopsky, 'Why is Russia Aiming Missiles at China?', *The Diplomat*, 12 July 2017.

168 Laura He, 'HNA sells property and logistics assets to Chinese tycoon Sun Hongbin for US$305 million', 12 March 2018; Don Weiland, 'Default reignites questions over China groups' state backing', 7 June 2018; Elvira Pollina, 'Elliott launches action to take control of AC Milan – source', Reuters, 9 July 2018.

169 Zhou Xiaochuan, '守住不發生系統性金融風險的底線', http://www.pbc.gov.cn/goutongjiaoliu/113456/113469/3410388/index.html

170 Stefania Palma, 'Malaysia suspends $22bn China-backed projects', *Financial Times*, 5 July 2018; Kuunghee Park, 'Malaysia finally scraps $3billion China-backed pipeline plans', Bloomberg, 10 September 2018.

171 Abdul Rashin Thomas, 'Sierra Leone's vanity international airport construction project is dead', *Sierra Leone Telegraph*, 9 October 2018; David Mwere, 'China may take Mombasa port over Sh227bn SGR debt: Ouko', *Daily Nation*, 20 December 2018.

172 Iain Marlow and Dandan Li, 'How Asia Fell Out of Love with China's Belt and Road Initiative', Bloomberg, 10 December 2018.

173 Simon Mundy and Kathrin Hille, 'Maldives seeks to renegotiate with China over Belt and Road debt', *Financial Times*, 31 January 2019.

174 Jeremy Page and Saeed Shah, 'China's Global Building Spree Runs Into Trouble in Pakistan', 22 July 2018.

175 Jamil Anderlini, Henny Sender and Farhan Bokhari, 'Pakistan rethinks its role in Xi's Belt and Road plan', *Financial Times*, 9 September 2018.

176 Stephen Dziedzic, 'Tonga urges Pacific nations to press China to forgive debts as Beijing defends its approach', ABC, 16 August 2018.

177 Jon Emont and Myo Myo, 'Chinese-funded port gives Myanmar a sinking feeling', *Wall Street Journal*, 15 August 2018.

178 James Kynge, 'China's Belt and Road difficulties are proliferating across the world', *Financial Times*, 9 July 2018.

179 Sarah Zheng, 'China embarks on belt and road publicity blitz after Malaysia says no to debt-heavy infrastructure projects', *South China Morning Post*, 26 August 2018.

180 Xinhua, 'Xi pledges to bring benefits to people through Belt and Road Initiative', 27 August 2018.

181 'BRF: What differs from Xi's speech last time and what it signals', 26 April 2019.

182 Xinhua, 'Full text of Chinese President Xi Jinping's speech at opening ceremony of 2018 FOCAC Beijing summit', 4 September 2018.

183 Yonas Abiye, 'Chinese government to restructure Ethiopia's debt', *The Reporter*, 8 September 2018.

184 Christian Shepherd, Ben Blanchard, 'China's Xi offers another $60bn to Africa, but says no to "vanity" projects', Reuters, 3 September 2018.

185 Bhavan Jaipragas, 'Xi and Mahatir have a "very special understanding", Malaysia's trade minister says', *South China Morning Post*, 18 January 2019; Anisah Shukry and Anuradha Raghu, 'Malaysia Nears Deal with China to Revive $20 Billion Rail', Bloomberg, 19 February 2019.

186 Bhavan Jaipragas, 'I'd side with rich China over fickle US: Malaysia's Mahatir Mohamad', *South China Morning Post*, 8 March 2019.

187 Saeed Shah, 'China's Belt-and-Road Initiative Puts a Squeeze on Pakistan', *Wall Street Journal*, 3 April 2019.

188 Bank of England, 'From the Middle Kingdom to the United Kingdom: spillovers from China', *Quarterly Bulletin* Q2 (2018), op. cit.

189 David Lawder and Elias Glenn, 'Trump says US tariffs could be applied to Chinese goods worth $500 billion', Reuters, 5 July 2018.

190 Bank of England, 'From the Middle Kingdom to the United Kingdom.' op. cit.

191 BBC News, 'Boris Johnson's resignation letter and May's reply in full', 9 July 2018.

192 Tasnim News Agency, 'Iran, Kazakhstan plan trade in own currencies', 12 August 2018.

193 Heiko Maas, 'Wir lassen nicht zu, dass die USA über unsere Köpfe hinweg handeln', *Handelsblatt*, 21 August 2018.

194 Christina Larsen, 'China's massive investment in artificial intelligence has an insidious downside', *Science*, 8 February 2018.

195 Xinhua, 'Beijing to build technology park for developing artificial intelligence', 3 January 2018; *The Economist*, 'China talks of building a "digital silk road"', 31 May 2018.

196 CB Insights, *Top AI Trends To Watch in 2018* (2018).

197 Embassy of the People's Republic of China in the United Kingdom of Great Britain and Northern Ireland, 'Xi Jinping Urges Breaking New Ground in Major Country Diplomacy with Chinese Characteristics', 23 June 2018.

198 Stephen Chen, 'Artificial Intelligene, immune to fear or favour, is helping to make China's foreign policy', *South China Morning Post*, 30 July 2018.

199 Jamie Fullerton, 'China's new CH-5 Rainbow drone leaves US Reaper "in the dust"', *The Times* 18 July 2017.

200 Jeremy Page and Paul Sonne, 'Unable to Buy US Military Drones, Allies Place Orders With China', *Wall Street Journal*, 17 July 2017.

201 Bill Gertz, 'China in race to overtake the US in AI warfare', *Asia Times*, 30 May 2018.

202 George Allison, 'The speech delivered by the Chief of the Defence Staff at the Air Power Conference', *UK Defence*

Journal, 13 July 2018.

203 Stephen Chen, 'New Chinese military drone for overseas buyers "to rival" US's MQ-9 Reaper', *South China Morning Post*, 17 July 2017.

204 Boris Egorov, 'Rise of the Machines: A look at Russia's latest combat robots', 8 June 2017.

205 Robert Mendick, Ben Farmer and Roland Oliphant, 'UK military intelligence issues warning over Russian supertank threat', *Daily Telegraph*, 6 November 2016.

206 Anastasia Sviridova, 'Специалисты обсудили успехи и недостатки в сегменте отечественной робототехники', *Krasnaya Zvezda*, 4 June 2018.

207 Dave Majumdar, 'The Air Force's Worst Nightmare: Russia and China Could Kill Stealth Fighters', *The National Interest*, 28 June 2018.

208 Zachary Keck, 'China's DF-26 "Carrier-Killer" Missile Could Stop the Navy in Its Track (without Firing a Shot)', *The National Interest*, 20 April 2018.

209 Aanchal Bansal, 'India's first manned space mission to send three persons', *Economic Times*, 29 August 2018.

210 Stephen Clark, 'China sets new national record for most launches in a year', *Spaceflight Now*, 27 August 2018; Ernesto Londoño, 'China on the march in Latin America with new space station in Argentina', *Financial Review*, 2 August 2018.

211 White House, 'Remarks by President Trump at a Meeting with the National Space Council and Signing of Space Policy Directive-3', 18 June 2018.

212 Shawn Donnan, 'US strikes deal with ZTE to lift ban', *Financial Times*, 7 June 2018.

213 Lu Shaye, 'China's ambassador: Why the double standard for justice for Canadians, Chinese?' *The Hill Times*, 9 January 2019; *Global Times*, 'Resignation reveals political interference', 27 January 2019.

214 Gordon Corera, 'Alex Younger: MI6 chief questions China's role in UK tech sector', BBC News, 3 December 2018.

215 Jordan Robertson and Michael Riley, 'The Big Hack: How China Used a Tiny Chip to Infiltrate US Companies',

Bloomberg, 4 October 2018.
216 Charles Clover, 'China–Russia rocket talks sparks US disquiet over growing links', *Financial Times*, 17 January 2018.
217 Patti Domm, 'US could target 10 Chinese industries, including new energy vehicles, biopharma', CNBC, 22 March 2018.
218 John Grady, 'Pentagon Research Chief Nominee: China, Russia Racing to Develop Next Generation Weapon Technology', United States Naval Institute, 11 May 2018.
219 United States Institute of Peace, *Providing for the Common Defence*, 13 November 2018.
220 BBC News, 'Trump accuses China of election "meddling" against him', 26 September 2018.
221 David Nakamura and Anne Gearan, 'Pence says China is trying to undermine Trump because it "wants a different American president", *Washington Post*, 4 October 2018.
222 Shane Harris, 'The CIA is returning its central focus to nation-state rivals, director says', *Washington Post*, 24 September 2018.
223 *China–Russia Relations*, p.5.
224 IMF, 'World Economic Outlook', October 2018.
225 Bandurski, 'Yan Xuetong on the Bipolar state of our world', op.cit.
226 Edward Luce, 'Henry Kissinger: "We are in a very, very grave period" ', 20 July 2018.
227 Xinhua, 'Reform, opening up break new ground for China: article', 13 August 2018.
228 Clare Foges, 'Our timid leaders can learn from strongmen', *The Times*, 23 July 2018.
229 State Council Information Office, 'Full text: Xi Jinping's keynote speech at the World Economic Forum', 6 April 2017.
230 Reuters, 'Trump says tariffs could be applied to Chinese goods', 5 July 2018.
231 Frankopan, *Silk Roads*, xv.
232 Minnie Chan, 'China's army infiltrated by "peace disease" after years without a war, says its official newspaper', *South China Morning Post*, 3 July 2018.

233 US Department of Defense, *Military and Security Developments Involving the People's Republic of China*, 2018, op. cit.
234 Jessica Donati. 'US signals it could sanction China over Iran oil imports', *Wall Street Journal*, 16 August 2018.
235 He Huifeng, 'China's private economy set for winter "colder and longer than expected", warns Chinese billionaire', *South China Morning Post*, 28 December 2018.
236 Bloomberg, 'China Lowers Growth Target and Cuts Taxes as Economy Slows', 5 March 2019.
237 Xi Jinping '習近平：提高防控能力著力防範化解重大風險　保持經濟持續健康發展社會大局穩定', Communist Party of China website, 21 January 2019 http://cpc.people.com.cn/n1/2019/0121/c64094-30582574.html
238 Qiushi，〈在「不忘初心、牢記使命」主題教育工作會議上的講話〉，2019。
239 Rachel Adams-Heard and Nick Wadhams, 'China rejects US request to cut Iran oil imports', Bloomberg, 3 August 2018; Xinhua, 'Reform, opening up break new ground for China: article', 13 August 2018, op. cit.
240 Jia Xiudong, 'Deep understanding of the trade war allows China more composure', *People's Daily*, 10 August 2018.
241 Reuters, 'China paper warns it won't play defense on trade as Trump lauds tariffs', 17 September 2018.
242 Cheng Li, 'How China's Middle Class Views the Trade War', *Foreign Affairs*, 10 September 2018.
243 '許章潤，我們當下的恐懼與期待' at https://theinitium.com/article/20180724-opinion-xuzhangrun-fear-hope/
244 Xinhua, 'Xi Jinping Thought on Socialism with Chinese Characteristics for a New Era', 17 March 2018.
245 Julian Gewirtz, 'Xi Jinping Thought Is Facing a Harsh Reality Check', *Foreign Policy*, 15 August 2018.
246 Chen Aizhu, 'CNPC suspends investment in Iran's South Pars after US pressure', Sources, Reuters, 12 December 2018.
247 Kommersant, 'Китай не рискнул связываться с рублем', 27 December 2018.
248 Jihad Azour, 'How to Spend a $210 Billion Oil Windfall', Bloomberg, 18 June 2018.
249 Andrew Entous, 'Israeli, Saudi and Emirati officials privately pushed for Trump to strike a "grand bargain" with Putin', *New Yorker*, 8 July 2018.
250 Reuters, 'Remember: "China, China, China", acting US defense secretary says', 2 January 2019.

251 David Gompert, Astrid Stuth Cevallos and Cristina Garafola, 'War with China. Thinking Through the Unthinkable', RAND Corporation (2016).

252 Jonathan Swan, ' "He wants them to suffer more": Inside Trump's China bet', *Axios*, 21 October 2018.

253 Jan Wolfe, 'US official suggests Italy avoid China's Belt and Road plan', Reuters, 9 March 2019.

254 European Commission and HR/VP contribution to the European Council, 'EU-China – A strategic outlook', 12 March 2019.

255 Philip Blenkinsop, Robin Emmott, 'EU leaders call for end to "naivety" in relations with China', Reuters, 22 March 2019.

256 Nektaria Stamouli, 'Germany's Fraport Takes Over 14 Airports in Greece', Wall Street Journal, 11 April 2017.

257 Sarah Ponczek and Vildana Hajric, 'Market Earnings Angst Goes Beyond Apple With Outlooks Darkening', Bloomberg, 3 January 2019.

258 Binyamin Applebaum, 'Their Soybeans Piling Up, Farmers Hope Trade War Ends Before Beans Rot', *New York Times*, 5 November 2018.

259 Bureau of Democracy, Human Rights and Labor, *Country Reports on Human Rights Practices for 2017* (2018), p. i.

彼德・梵科潘作品集2

絲綢之路續篇：霸權移轉的動盪時代，當今的世界與未來文明新史

2020年2月初版 定價：新臺幣490元
2020年7月初版第三刷

著者 Peter Frankopan
彼德・梵科潘
譯者 苑默文
叢書主編 王盈婷
校對 呂佳真
封面設計 許晉維
內文排版 林婕瀅

副總編輯 陳逸華
總經理 陳芝宇
社長 羅國俊
發行人 林載爵

出版者 聯經出版事業股份有限公司
地址 新北市汐止區大同路一段369號1樓
叢書主編電話 (02)86925588轉5316
台北聯經書房 台北市新生南路三段94號
電話 (02)23620308
台中分公司 台中市北區崇德路一段198號
暨門市電話 (04)22312023
台中電子信箱 e-mail：linking2@ms42.hinet.net
郵政劃撥帳戶第0100559-3號
郵撥電話 (02)23620308
印刷者 文聯彩色製版印刷有限公司
總經銷 聯合發行股份有限公司
發行所 新北市新店區寶橋路235巷6弄6號2樓
電話 (02)29178022

行政院新聞局出版事業登記證局版臺業字第0130號

本書如有缺頁，破損，倒裝請寄回台北聯經書房更換。 ISBN 978-957-08-5457-2 (精裝)
聯經網址：www.linkingbooks.com.tw
電子信箱：linking@udngroup.com

國家圖書館出版品預行編目資料

絲綢之路續篇：霸權移轉的動盪時代，當今的世界與未來文明新史/ Peter Frankopan著．苑默文譯．初版．新北市．聯經．2020年2月．336面．14.8×21公分（彼德·梵科潘作品集 2）
譯自：The New Silk Roads: the present and future of the world
ISBN 978-957-08-5457-2（精裝）
[2020年7月初版第三刷]

1.經濟合作 2.亞洲史 3.二十一世紀

552.3 108021571